中国非洲研究院文库

津巴布韦
独立与发展道路

吴传华 ◎ 著

中国社会科学出版社

图书在版编目（CIP）数据

津巴布韦独立与发展道路 / 吴传华著 . —北京：中国社会科学出版社，2019.4
ISBN 978-7-5203-4433-3

Ⅰ.①津… Ⅱ.①吴… Ⅲ.①津巴布韦—历史 Ⅳ.①K475

中国版本图书馆 CIP 数据核字（2019）第 090214 号

出 版 人	赵剑英
责任编辑	陈雅慧
责任校对	王　斐
责任印制	戴　宽

出　　版	中国社会科学出版社
社　　址	北京鼓楼西大街甲 158 号
邮　　编	100720
网　　址	http://www.csspw.cn
发 行 部	010-84083685
门 市 部	010-84029450
经　　销	新华书店及其他书店
印　　刷	北京明恒达印务有限公司
装　　订	廊坊市广阳区广增装订厂
版　　次	2019 年 4 月第 1 版
印　　次	2019 年 4 月第 1 次印刷
开　　本	710×1000　1/16
印　　张	15.75
字　　数	231 千字
定　　价	78.00 元

凡购买中国社会科学出版社图书，如有质量问题请与本社营销中心联系调换
电话：010-84083683
版权所有　侵权必究

目　　录

序　言 …………………………………………………………（1）

导论　津巴布韦是个什么样的国家 ……………………………（1）

第一章　津巴布韦早期历史（10—19世纪）………………（13）
　　第一节　绍纳人的起源与演变 ………………………………（13）
　　第二节　古代绍纳王国 ………………………………………（19）
　　第三节　葡萄牙殖民者入侵 …………………………………（34）
　　第四节　恩德贝莱王国 ………………………………………（40）

第二章　辉煌的古代绍纳文明 …………………………………（44）
　　第一节　大津巴布韦遗址 ……………………………………（44）
　　第二节　大津巴布韦文明创造者之争 ………………………（53）
　　第三节　古代绍纳经济社会状况 ……………………………（57）

第三章　英国南非公司殖民入侵和统治（1890—1923）……（63）
　　第一节　英国南非公司成立 …………………………………（63）
　　第二节　英国南非公司入侵 …………………………………（69）
　　第三节　第一次解放斗争 ……………………………………（75）
　　第四节　英国南非公司统治 …………………………………（81）

第四章　从自治殖民地到单方面独立(1923—1965) ……………(86)
　　第一节　自治殖民地时期 ………………………………(86)
　　第二节　中非联邦 ………………………………………(91)
　　第三节　单方面独立 ……………………………………(98)

第五章　通往民族独立之路(1945—1980) …………………(106)
　　第一节　早期民族主义运动 ……………………………(106)
　　第二节　民盟和人盟创立 ………………………………(109)
　　第三节　第二次解放斗争 ………………………………(120)
　　第四节　走向独立 ………………………………………(125)

第六章　国家重建与发展(1980—1989) ……………………(132)
　　第一节　独立之初的形势 ………………………………(132)
　　第二节　民族和解 ………………………………………(136)
　　第三节　国家重建 ………………………………………(143)

第七章　政治经济变革与调整(1990—1999) ………………(150)
　　第一节　民主化浪潮的影响 ……………………………(150)
　　第二节　经济结构调整计划 ……………………………(152)
　　第三节　社会分化 ………………………………………(157)

第八章　政治经济危机与动荡(2000—2009) ………………(164)
　　第一节　"快车道"土地改革 …………………………(164)
　　第二节　2008年大选危机 ………………………………(173)
　　第三节　西方制裁与"向东看"政策 …………………(177)

第九章　津巴布韦本土化政策 …………………………………(182)
　　第一节　本土化政策的背景和目的 ……………………(182)
　　第二节　本土化政策的主要内容 ………………………(186)
　　第三节　本土化政策的实施情况 ………………………(196)

第十章 继往开来的十年(2010—2019) ……………………… (208)
第一节 2013年宪法与大选 ……………………………… (208)
第二节 穆加贝时代终结 ………………………………… (214)
第三节 姆南加古瓦新政 ………………………………… (224)

参考文献 ……………………………………………………… (230)

序　言

对大多数国人而言，津巴布韦共和国（The Republic of Zimbabwe）是个遥远而陌生的国度。有些人可能压根儿就不知道这个国家，有些人也许听说过，但并不清楚它到底是在非洲还是在拉丁美洲，或者其他什么地方。同样，津巴布韦的老百姓对中国的了解也是少之又少，笔者在津巴布韦工作期间，就曾遇到过津巴布韦年轻人很认真地问："中国还有皇帝吗？"这样的问题，令人哭笑不得。但是坐下来认真思考，这说明中国人民和非洲人民之间相互的、直接的了解还太少，或者说远远不够。这里要强调中非"直接"了解，而不是通过第三方媒介，具体说就是不通过西方媒介来了解彼此，形成对彼此的印象。因此需要中非政府、媒体、智库、学者加倍努力，进一步加强交流与合作，通过各种方式、各种渠道、各种媒介、各种出版物，向中国人民介绍一个真实的非洲，向非洲人民介绍一个真实的中国。

笔者2014年4月第一次踏上津巴布韦的土地，在中国驻津巴布韦大使馆工作，负责中津文化教育交流与合作，到2016年10月任期结束离开津巴布韦，前后共两年半的时间。其间曾到过津巴布韦许多地方，与社会各界人士直接打交道，结交了许多当地朋友，面对面了解他们的工作生活，了解这个国家的政治、经济、文化、历史、习俗等方方面面。人都是情感动物，在一个地方待久了，很自然地会对它产生感情。渐渐地，津巴布韦有了第二故乡的感觉，回国后也一直关注着个国家的发展。2017年11月，津巴布韦政治变天，93岁高龄、执政长达37年的总统罗伯特·穆加贝（Robert Mugabe）最终以"主动"辞职黯然收场，原副总统埃默森·姆南加古瓦（Emmerson Mnangagwa）继任总统。一个旧的时代结束了，一个新的时代开始了！津巴布韦人民举国欢庆，希望能够迎接一个新时代，迎接一个美好的未来。但是，现实远非如此美好。"后穆加贝时代"的津巴布韦发展依然举步维艰，经济不但没有好转的迹象，反而有继续下滑的危险，货币危机愈演愈烈，人民生活依然艰难。人们不禁要问：津巴布韦是怎么了？津巴布韦将走向何方？津巴布韦该怎样做才能变好？

的确，不仅津巴布韦人民在问这个问题，国际社会在关注津巴布韦的形势和发展，学术界也在努力探究。津巴布韦虽然只是一个小国，但要想全面深入研究它也绝非易事。津巴布韦人民饱受长达近百年的殖民统治和奴役之苦，经历了血与火的斗争才赢得民族独立，但是殖民主义的影响并未彻底消除，而是一直持续至今。20世纪90年代西方民主化浪潮席卷非洲大陆，津巴布韦也走上了多党民主化道路，而事实上它又长期是一党执政国家，甚至是"一个人的国家"。穆加贝这位按照西方民主模式选出来的总统却被西方认为是"独裁者"，西方发达国家因此对津巴布韦实行长期制裁，严重影响了该国经济社会发展，广大普通百姓成为最大受害者。在经历了"没有流血的政治剧变"之后，姆南加古瓦继任总统，并在2018年7月的大选中获胜，成为名副其实的民选总统，并被寄予厚望能够带领这个国家走出危机，走向繁荣。然而，待喧嚣落尽、回归正常以后，人们发现这个国家面临的困难和挑战有增无减，改变现状的难度超乎想象。货币短缺，物资匮乏，物价飞涨，就业困难，工资拖欠，人民生活愈发艰难。2019年1月，燃油短缺导致加油站排队加油的车辆排出十几公里以外，作为应对之策，政府宣布成倍上调燃油价格，这成为压垮骆驼的最后一根稻草，大规模暴力骚乱再次来袭，使这个国家又一次陷入风雨飘摇之中。然而，这不是第一次，也不会是最后一次。在津巴布韦，骚乱似乎成了"家常便饭"，政治选举会引发骚乱，经济恶化会引发骚乱，反对派游行示威会引发骚乱，政府实施某项政策会引发骚乱，而每一次骚乱都会对社会稳定产生影响，给国家发展带来伤害，给人民心灵造成创伤，并且容易陷入周而复始的恶性循环。

津巴布韦是南部非洲内陆国家，它既有非洲国家的共性，也有自身独特的个性,其独立道路可以说是非洲国家争取民族解放的一个缩影,其发展道路也可以说是非洲国家谋求发展繁荣的一个代表。那么,津巴布韦这个国家是怎么来的?它遭受了什么样的殖民统治?又是怎样获得民族独立的?殖民主义的深远影响表现在哪些方面?西式民主制度为什么并没有给津巴布韦带来发展繁荣?西方民主的双重标准和西方长期制裁是如何影响津巴布韦稳定与发展的?津巴布韦未来将走向何方、发展前景如何?笔者试图通过本书对津巴布韦独立与发展道路进行一些研究,作出一些思考,厘清脉络,分析问题,找到答案,以此来加深对这个国家的认识和了解,为我国的非洲国别研究作出微薄贡献,为像津巴布韦这样的发展中国家探寻独立自主发展道路提供个案研究视角。

要研究一个国家、一个问题,首先需要搞清楚国内外关于这个国家、这个问题的研究现状,这就需要收集大量资料,做大量调查研究。

我国关于非洲国家国别史的研究还较为薄弱,除了对埃及和南非这一北一南两个重要非洲国家的研究较多以外,对其他非洲国家的国别研究都还不是很多,由我国学者撰写的相关专著则更少,对津巴布韦的研究便属于这种情况。

1995年何丽儿所著《津巴布韦——南部非洲的一颗明珠》[①]由当代世界出版社出版,这本20多年前出版的书是我国第一本关于津巴布韦的学术专著,是我们了解和研究津巴布韦的必读书。由于受当时的条件限制,书中难免存在一些与史实有出入和疏漏的地方,如关于大津巴布韦遗址的描述(第30—32页),把穆斯林称作"伊斯兰人"(第39页),一些数字错误(如第1页,高草原"长约650米宽80米",应为"千米"),以及一些人名、地名的翻译问题等。但是,瑕不掩瑜,《津巴布韦——南部非洲的一颗明珠》是一部开创性著作。

2011年社会科学文献出版社出版了陈玉来编著的列国志系列丛书之一《列国志:津巴布韦》[②],书中许多内容借鉴了《津巴布韦——南部非洲的一颗明珠》,并在此基础上进行更新和扩充,是了解津巴布韦的有益

---

① 何丽儿:《津巴布韦——南部非洲的一颗明珠》,当代世界出版社1995年版。
② 陈玉来:《列国志:津巴布韦》,社会科学文献出版社2011年版。

参考书。

此外，从20世纪80年代起，我国学者陆续在不同的国际问题研究学术期刊上发表了一些关于津巴布韦的论文，集中在津巴布韦独立斗争、政治经济发展、土地改革、大选危机、穆加贝研究等方面。其中的代表作有：顾欣尔的《独立后的津巴布韦》（载《国际问题研究》1982年第3期）、潘琪的《津巴布韦：回顾与展望》（载《国际政治研究》1982年第1期）、何丽儿的《津巴布韦的"民主化"风潮与执政党对策》（载《西亚非洲》1994年第3期）、曾强的《津巴布韦局势及其"向东看"政策》（载《亚非纵横》2007年第5期）、高秋福的《津巴布韦严重的经济与政治危机剖析》（载《西亚非洲》2007年第12期）、沈晓雷的《津巴布韦殖民时期的土地剥削、种族隔离与民族反抗》（载《世界民族》2016年第4期），以及笔者本人的《津巴布韦的本土化政策及其对中国投资的影响》（载《西亚非洲》2017年第5期）和《津巴布韦的政治剧变：原因、影响和走势》（载《非洲发展报告2017—2018》，社会科学文献出版社2018年版），等等。所有这些学术论文都为我们从事系统、深入的津巴布韦研究提供了重要参考，打下了良好基础。

译著方面，由津巴布韦、南非等多国学者合作编写的《津巴布韦史：从殖民前时期到2008年》，是一部津巴布韦通史，内有大量的评论内容，是研究津巴布韦的一部重要参考书。这本书的中译本《津巴布韦史》于2013年出版，如译者所说，主要供国内研究人员参考，内容未作删减。但遗憾的是，这本书的翻译有许多疏漏和不严谨之处，同一本书里，甚至同一页，同一人名、地名的翻译都不统一；有些明显的翻译错误，如将"拥有政治权力"译为"关注政治权利"（第54页），将"南罗得西亚班图大会"译为"南罗得西亚班图国会"（第84页），将"激进组织"译为"种族主义组织"（第85页）等，意思大相径庭；此外还有很多处英文错误，在出版时都没有认真地对照原书。当然，此书毕竟为国内研究人员提供了参考，只是在阅读尤其是引用这本书时，最好参阅下英文版原书。

由英国与津巴布韦学者合著的《土地与政治：津巴布韦土地改革的

迷思》①，是一本关于津巴布韦土地改革的专著，也是目前国内最新出版的唯一的关于津巴布韦土地改革的译著。此书论述了老兵与土地、两次土地改革以及土地改革以后的农业发展等情况，为我们了解和研究津巴布韦土地改革这一全世界都关注的热点问题提供了重要参考，为世界上关于农业生产率与粮食安全的讨论提供了更为丰富的经验与教训。

由联合国教科文组织编写、中国对外翻译出版有限公司翻译出版的《非洲通史》（八卷本）②，堪称非洲研究的大部头、权威性著作，是非洲研究的必读书目，其中各卷涉及南部非洲和津巴布韦的内容具有重要参考价值。但遗憾的是，由于本书各个章节是由不同的译者进行翻译的，译名体例不统一的情况普遍存在，如"Mapungebwe"有的地方译为"马庞格布韦"，而有的地方又译成"马蓬格布韦"。另外，还有明显的错误，例如，在第五卷《十六至十八世纪的非洲》关于"纪年说明"中，将"公元"说成了"公元前"，"公元前1800年 = +1800年"应该是"公元1800年 = +1800年"，"3世纪AD = 公元前3世纪"应该是"3世纪AD = 公元3世纪"。好在这一疏漏在后来的卷本中被发现并及时改了过来，但是在本卷中却难以弥补，成为"明面上的瑕疵"。

由P. E. N. 廷德尔著、陆彤之译的《中非史》③，是一本出版于津巴布韦独立以前的译著，是我国关于津巴布韦、赞比亚和马拉维三国以及由它们的前身（分别是南罗得西亚、北罗得西亚和尼亚萨兰）组成的"中非联邦"研究最早的参考书之一。该书记述了以上三国所在地区从旧石器时代起，到19世纪末沦为英国殖民地，再到组成中非联邦的历史。用出版者的话来说，该书虽然是"站在中产阶级立场上，从英国殖民地开拓者的角度来写的"，但还是"可以从字里行间看到中非人民遭受殖民统治和蹂躏的苦难历程，帝国主义掠夺中非的人力、资源和土地并进行敲骨吸髓的剥削的罪行，以及中非人民反对帝国主义、反对殖民主义、

---

① ［英］约瑟夫·汉隆等：《土地与政治：津巴布韦土地改革的迷思》，沈晓雷等译，社会科学文献出版社2018年版。
② 联合国教科文组织编写《非洲通史》国际科学委员会：《非洲通史》（第一——第八卷），中国对外翻译出版有限公司2013年版。
③ ［英］P. E. N. 廷德尔：《中非史》，陆彤之译，上海人民出版社1974年版。

反对种族主义斗争的情况"。因此该书"仍不失为一本具有一定参考价值的中非地区史简编"。

相对于国内而言,国外关于津巴布韦的研究成果则丰富得多,全面得多,深入得多,系统得多。联合国教科文组织的《非洲通史》(第一卷)指出,撒哈拉沙漠及其以南地区的非洲文化在很大程度上属于口头文化,即使像西非这样从16世纪以来就存在文字的地区的文化,也是属于口头文化,因为只有少数人会写字(第102页)。由于早期没有自己的文字记载,最早关于津巴布韦的文字材料是用殖民者的语言写成的,首先是葡萄牙语,然后是英语。

要研究一个国家,必须首先了解其历史;要研究津巴布韦早期历史,则需要借助葡萄牙语史料。津巴布韦大学历史系讲师 H. H. K. 比拉借助葡萄牙档案馆的史料,通过走访当地居民搜集口述历史和民间传说,完成了专著《一个绍纳王国的贸易与政治:1575—1902 年马尼卡王国与其非洲邻国和葡萄牙人》①。该书以马尼卡王国为研究对象,以王国的历史为主线,涵盖古代各绍纳王国之间的关系、葡萄牙人入侵津巴布韦、恩贡尼人北迁改变当地历史进程、英国殖民者与葡萄牙人你争我夺等内容,全景式勾勒出津巴布韦上下400年的历史变迁。书中含有大量古代人名、地名、计量单位等专有名词,引述葡萄牙人撰写留存的历史资料,如果缺少相关历史背景知识,阅读起来较为困难。

津巴布韦历史学家戴维·比奇以研究津巴布韦和绍纳历史著称,是该领域的权威专家,其代表作《绍纳与津巴布韦900—1850 年:绍纳历史纲要》②,以翔实的资料,严谨的论述,较为全面地呈现了津巴布韦境内主体民族绍纳族纵横一千年的历史,重点放在大津巴布韦、穆塔帕、托尔瓦、昌加米尔等四个国家实体上,既有地域广度,又有历史跨度,是了解津巴布韦历史的必读之作。比奇的其他学术著作还有《绍纳和他

---

① H. H. K. Bhila, *Trade and Politics in a Shona Kingdom: The Manyika and Their African and Portuguese Neighbours 1575 – 1902*, Longman Group Limited, UK, 1982.

② D. N. Beach, *The Shona & Zimbabwe 900 – 1850: An Outline of Shona History*, Heinemann Educational Books Ltd., London, 1980.

们的邻居们》①《津巴布韦战争与政治：1840—1900 年》② 等，都是了解研究津巴布韦历史非常有帮助的书。

出生于南非、长期就职于葡萄牙里斯本大学的历史学家 W. G. L. 兰德尔斯所著《穆塔帕帝国：15—19 世纪》③ 一书，以简洁的文风描述了穆塔帕帝国起源、建立、扩张与衰落的过程，穆塔帕帝国的经济状况、政治社会结构、宗教信仰和对外贸易，以及葡萄牙人入侵对穆塔帕帝国的影响，穆塔帕帝国最终走向衰落。该书为我们呈现了一幅曾经盛极一时的绍纳王国的全貌。

大津巴布韦遗址是非洲乃至世界面积最大、风格最独特、最具震撼力的古代遗址之一，是非洲除了金字塔之外最伟大的石头建筑遗址，直到今天仍然有许多未解之谜。津巴布韦白人考古学家彼得·加莱克致力于大津巴布韦遗址的考古研究，并著有《大津巴布韦》④ 和《大津巴布韦：描述与解释》⑤ 等书，简要概述了大津巴布韦遗址的历史、组成和考古发现情况，认为该遗址是非洲人的杰作。这与白人种族主义者的观点相左，因此他的研究成果在津巴布韦独立前只能在国外出版，他于1973年在伦敦出版《大津巴布韦》一书。1982 年津巴布韦独立后在哈拉雷出版的《大津巴布韦：描述与解释》，则是对前书的更新与完善。建筑学家瓦尔弗雷德·马勒沃斯的力作《大津巴布韦遗址之谜：一种新的诠释》⑥，从建筑、考古、地理、历史、人文、经济、贸易等多种角度，将大津巴布韦放在更广的人类社会时间和空间里进行考察，大胆得出推论，认为大津巴布韦最早建于公元 700—900 年，是将大量黑人奴隶从东部非洲运往阿拉伯帝国阿巴斯王朝的奴隶贸易中心，与历史上有名的阿巴斯王朝

---

① David Beach, *The Shona and Their Neighbours*, Wiley-Blackwell, 1994.
② D. N. Beach, *War and Politics in Zimbabwe 1840-1900*, Mambo Press, Harare, 1986.
③ W. G. L. Randles, Translated by R. Roberts, *The Empire of Monomotapa: From the Fifteenth to the Nineteenth Century*, Mambo Press, Zimbabwe, 1981.
④ Peter Garlake, *Great Zimbabwe*, Thames and Hudson, London, 1973.
⑤ Peter Garlake, *Great Zimbabwe: Described and Explained*, Zimbabwe Publishing House, Harare, 1982.
⑥ Wilfrid Mallows, *The Mystery of the Great Zimbabwe: A New Solution*, W. W. Norton & Company, New York, 1984.

黑奴起义（869—883 年）有直接关系。但是该论断与一般公认的大津巴布韦建成和使用年代（12—15 世纪）不符。

1890 年起，英国殖民者入侵并占领了津巴布韦，津巴布韦从此进入黑暗的殖民统治时期。彼得·巴克斯特所著《罗得西亚：大英帝国最后的前哨 1890—1980》① 是第一本关于罗得西亚完整历史的专著，是了解和研究罗得西亚历史，也是了解津巴布韦遭受殖民统治历史的必读书目。伊莱恩·温瑞奇所著《英国和罗得西亚独立政治》② 是一本专门研究罗得西亚单方面独立及英国相关政策的著作，主要涵盖 1964—1977 年这段历史。

与殖民入侵和统治相伴而来的是津巴布韦人民英勇反抗和谋求独立。英国历史学家特伦斯·兰格以研究非洲历史特别津巴布韦历史著称，其代表作《1986—1897 年南罗得西亚反抗》③ 是第一本专门研究 1896—1897 年恩德贝莱人和绍纳人以武装斗争方式反抗英国殖民统治的著作，包括早期殖民统治情况、起义爆发原因、起义中出现的英雄人物、起义失败及对后来的影响和意义等内容，具有非常重要的价值。其他作品还有《津巴布韦农民觉醒与游击战争：比较研究》④《布拉瓦约之火：一个南部非洲城市的社会史 1893—1960》⑤ 等。

关于津巴布韦独立斗争，戴维·马丁等著的《为津巴布韦而战：第二次奇穆伦加战争》⑥ 由穆加贝作序，记述了津巴布韦第二次解放斗争决胜阶段的情况，涵盖时间段从 1972 年 12 月直到 1980 年 4 月津巴布韦独

---

① Peter Baxter, *Rhodesia: Last Outpost of the British Empire 1890 – 1980*, Galago Books, South Africa, 1999.

② Elaine Windrich, *Britain and the Politics of Rhodesian Independence*, Croom Helm Ltd., London, 1978.

③ Terence Ranger, *Revolt in Southern Rhodesia 1896 – 1897*, London: Heinemann Educational Publishers, 1967.

④ Terence Ranger, *Peasants Consciousness and Guerrilla War in Zimbabwe: A Comparative Study*, James Currey, 1985.

⑤ Terence Ranger, *Blawayo Burning: the Social History of a Southern African City, 1893 – 1960*, James Currey, 2010.

⑥ David Martin & Phyllis Johnson, *The Struggle for Zimbabwe: The Second Chimurenga War*, African Publisher Group, Harare, 2012.

立,以此纪念为解放斗争献身的约西亚·通加戈拉(Josiah Tongogara)等革命英雄。这本书首次出版是在1981年,此后又于1987年和2012年两次再版,足见其畅销度。1972年10月亨利·威斯曼等著的《从罗得西亚到津巴布韦:政治过渡》①,讲述了《兰开斯特大厦协议》签署以后,主要在英国的主持下,津巴布韦各派履行协议、实现停火、完成选举的具体情况,这段历史为实现由罗得西亚向津巴布韦政治过渡做好了准备,从中人们可以了解到这段历史的来龙去脉及一些细节。其他的著作也还有很多,在此不一一列举。

津巴布韦独立以来,其政治进程、经济发展、土地改革等备受关注,也是学者们研究的重点。米歇尔·布雷顿著《津巴布韦权力政治》②聚焦津巴布韦政治发展进程,并与其他非洲国家进行比较。劳埃德·萨奇科尼著的《津巴布韦失去的十年:政治、发展与社会》③综合论述了土地改革前后十年间津巴布韦政治、经济、社会发展情况。其他著作还有阿比奥顿·阿劳的《穆加贝和津巴布韦安全政治》④、文西斯劳斯·姆迪亚纳佐的《津巴布韦外交:1980—2008年》⑤等,分别专门论述津巴布韦的安全、外交等问题。

津巴布韦土地改革是热点问题,这方面的研究很多,笔者能查阅到的著作包括普洛斯伯·马坦迪的《津巴布韦快车道土地改革》⑥、伊恩·斯科恩等人的《津巴布韦土地改革:秘密与现实》⑦、莱昂内尔·克里夫

---

① Henry Wiseman & Alastair Taylor, *From Rhodesia to Zimbabwe: The Politics of Transition*, Pergamon Press, 1981.

② Michal Bratton, *Power Politics in Zimbabwe*, Lynne Rienner Publishers, 2014.

③ Lloyd Sachikonye, *Zimbabwe's Lost Decade: Politics, Development & Society*, Weaver Press, Harare, 2011.

④ Abiodun Alao, *Mugabe and the Politics of Security in Zimbabwe*, McGill-Queen's University Press, 2012.

⑤ Wenceslaus Mudyanadzo, *Zimbabwe's Diplomacy: 1980–2008*, Booklove Publishers, Gweru, 2011.

⑥ Prosper Matondi, *Zimbabwe's Fast Track Land Reform*, Zed Books, London, 2012.

⑦ Ian Scoones, Nelson Marongwe, etc. (eds.), *Zimbabwe's Land Reform: Myths & Realities*, James Currey, 2010.

等人的《津巴布韦 2000 年后快车道土地改革的后果》①、戴维·休斯的《津巴布韦白人：种族、土地和所有权问题》② 等。此外，前面提到的中文译著《土地与政治：津巴布韦土地改革的迷思》为了解津巴布韦土地改革提供了有益参考。

老兵问题与津巴布韦土地改革和政治、经济发展进程密切相关，产生了很大影响。在这方面，兹瓦卡尼奥瓦·萨多姆巴著的《津巴布韦革命进程中的老兵》③ 是笔者所能找到的唯一专著。

人物传记方面，津巴布韦两位最知名人物罗伯特·穆加贝和乔舒亚·恩科莫的传记是必读的。至今穆加贝没有自传，但是早在 1981 年三位英国记者写了一本穆加贝传记，书名为"杰出的津巴布韦人——穆加贝"④。该传记介绍了穆加贝出身、个性和家庭等方面的情况，记述了穆加贝从一位"虔诚的基督教徒"转变为津巴布韦民族独立斗争领袖的成长道路，以及他不畏艰难将反对殖民统治和种族压迫的斗争进行到底，最终赢得津巴布韦民族独立的历程。此书在 1985 年由世界知识出版社翻译成中文并出版，对于人们了解和研究穆加贝早期经历和思想以及津巴布韦独立斗争的历史大有裨益。2014 年，在穆加贝 90 岁时，津巴布韦总统与内阁办公室组织编写并出版了一部精美画册，定名为"90 岁：罗伯特·穆加贝"⑤，以大量宝贵照片配文字说明的方式，回顾了穆加贝 90 年的奋斗历程，以及他的婚姻和家庭生活，里面既有穆加贝作为一位英勇战士和国家领导人的伟大的一面，又有他在家庭中作为儿子、父亲、丈夫等角色的普通人的一面，可以使人更加生动、直观地了解这位备受争

---

① Lionel Cliffe, Jocelyn Alexander, Ben Cousins & Rudo Gaidzanwa (eds.), *Outcomes of post-2000 Fast Track Land Reform in Zimbabwe*, Routledge, 2013.

② David McDermott Hughes, *Whiteness in Zimbabwe: Race, Landscape and the Problem of Belonging*, Palgrave Macmillan, 2010.

③ Zvakanyorwa Sadomba, *War Veterans in Zimbabwe's Revolution: Challenging Neo-colonialism & Settler & International Capital*, James Currey, 2011.

④ [英] 戴维·史密斯等：《杰出的津巴布韦人——穆加贝》，周锡生等译，世界知识出版社 1985 年版。

⑤ The Office of the President and Cabinet, *90: Robert Gabriel Mugabe*, The House of Books (Pvt) Ltd., Harare, 2014.

议的人物。

津巴布韦另一位民族解放运动领导人恩科莫在 1984 年出版了自己的传记——《恩科莫：我的故事》①。此书是在津巴布韦发生了古库拉洪迪（Gukurahondi）事件，恩科莫流亡国外的背景下写成并出版的。它记述了恩科莫的成长经历、斗争经历，他所领导的人盟与民盟关系，为他自己和人盟进行辩护，以及当时错综复杂的地区和国际关系。恩科莫传记为人们全面了解和研究津巴布韦独立斗争时期及独立初期的历史提供了不同的视角。

总之，津巴布韦国内学者及西方学者对津巴布韦的研究很多也很深入，并在不同时期出版了许多著作，为中国学者从事津巴布韦国别研究提供了很好的基础、参考和借鉴，当然我们需要批判地看待这些不同国家学者的研究成果及其观点，努力以中国学者的视角来研究津巴布韦。

---

① Joshua Nkomo, *Nkomo: The Story of My Life*, Methuen London Ltd., London, 1984.

导 论

津巴布韦是个什么样的国家

想要了解津巴布韦是个什么样的国家，首先需要弄清"津巴布韦"一词的意思。"津巴布韦"在绍纳语中意为"大石头房子"，从16世纪开始才被广泛使用。

津巴布韦是一片美丽富饶的土地，它拥有辉煌的历史文化，大津巴布韦遗址（The Great Zimbabwe Ruins）被认为是非洲大陆仅次于埃及金字塔的人类文化遗产，至今仍巍然屹立，在向人们诉说着这片土地的古老文明和辉煌历史。津巴布韦曾经是大英帝国的殖民地，因自然地理条件优越、土地肥沃、物产丰富而被誉为英国"王冠上的明珠"，但这颗璀璨的明珠是用殖民地人民的苦难"打造"而成的。在经历了艰苦卓绝的斗争之后，津巴布韦于1980年4月18日赢得民族独立，成为一个新兴的、年轻的国家。独立之初，津巴布韦是撒哈拉以南非洲工业最发达、门类最齐全的国家之一，而且农业基础雄厚，矿产资源丰富。直到20世纪90年代中期，津巴布韦经济形势虽然每况愈下，但仍然好于大部分非洲国家。长期以来，津巴布韦人民一直在探寻独立自主的发展道路，虽然经历了许多波折，目前正面临许多困难，但其未来发展前景一定是光明的。

一 津巴布韦是个美丽的国家

津巴布韦位于非洲东南部，属于内陆高原国家。面积390580平方公里，相当于我国云南省（39.4万平方公里），比欧洲大国德国面积（约36万平方公里）还要大一些；人口有1650万人，相当于德国人口（约

8200万人）的1/5。2017年国内生产总值为178亿美元，① 人均国内生产总值约1080美元。总体来说津巴布韦在世界上是一个中等面积、中等人口和中低收入的国家。

津巴布韦位于非洲三大高原之一的南非高原上，地处非洲两大河流——赞比西河（the Zambezi River）与林波波河（the Limpoo River）之间，"两河一高原"即可勾勒出其地形地貌。津巴布韦共有4个邻国，东邻莫桑比克（边界长约1300公里），西接博茨瓦纳（边界长约640公里），南以林波波河为界与南非相邻（边界长约250公里），北以赞比西河为界与赞比亚相望（边界长约700公里），海上运输一般经南非或莫桑比克的港口。

津巴布韦北有赞比西河，南有林波波河，因此历史上也被称为"两河地区"。赞比西河意为"巨大的河流"，全长2660公里，流域面积达135万平方公里，是非洲第四大、南部非洲第一大河流，也是津巴布韦境内最主要的河流，是津巴布韦与赞比亚的天然分界线。从地图上看，津巴布韦的形状就如同一个没有把手的茶壶，壶嘴朝西，正对着来自上游的赞比西河，这里有享誉世界的维多利亚大瀑布，也是赞比西河上游与中游的分界线。河水以雷霆万钧之势从维多利亚大瀑布倾泻而下，注入不远处的卡里巴湖（Lake Kariba），这是世界上最大的人工湖，位于壶身的左上方。从卡里巴湖而下，赞比西河流经津巴布韦最北部，也就是茶壶的最顶部，经过宗博（Zumbo）流出津巴布韦，进入莫桑比克境内，最终汇入浩瀚的印度洋。赞比西河对于作为内陆国家的津巴布韦来说尤为重要，其源源不断的河水滋润着这片土地，养育着这里的人民。历史上，赞比西河还是津巴布韦先民重要的对外贸易通道。

林波波河长约1800公里，流域面积40多万平方公里，是津巴布韦南部最大的河流，也是津巴布韦与南非的天然分界线。林波波河虽然比不上赞比西河那样闻名于世，但它有着自己独特的自然风貌和人文历史。大约在10世纪时，一批绍纳人自南往北穿过林波波河进入津巴布韦境

---

① 资料来源：The Economist Intelligence Unit, *Country Report*: *Zimbabwe*, 1st Quarter 2019, http://www.eiu.com.

内,后来的恩德贝莱人以及白人殖民者也是通过林波波河进入津巴布韦的。因此,对津巴布韦来说,林波波河是其历史的承载者。

津巴布韦全境几乎都在海拔300米以上,其中80%的地区海拔600米以上,5%的地区海拔1500米以上,按地形大致可分4个地区。

一是高地(又称中央高原,The Highveld 或 Central Plateau),从东北向西南延伸,海拔在1200米和1675米之间,长约650公里,宽约80公里,恰如津巴布韦的脊梁,也构成了津巴布韦境内主要河流的分水岭,发源于此的河流向北流入赞比西河,向南则流入林波波河。这里土质肥沃,降雨较多,矿藏资源丰富,是津巴布韦主要的经济区,首都哈拉雷(Harare)、第二大城市布拉瓦约(Bulawayo)、第三大城市奎鲁(Gweru)等均分布于这一带。

二是中高地(The Middleveld),沿中央高原两侧,地势逐渐降低,平均海拔600—1200米,分东南与西北两部分,其中东南部分宽80—120公里,西北部分宽240公里。该地区面积广阔,几乎占津巴布韦全境的一半,但经济发展条件相对较差。

三是低地(The Lowveld),分布于中高地的外缘,属于中高地的自然延伸,海拔低于600米,地势平坦,包括北部赞比西河河谷地区和南部林波波河流域。该地区海拔最低,气候非常炎热,疟蚊和采采蝇肆虐,不适合于农耕,自古以来人口稀少。

四是东部高地(The Eastern Highland),位于津巴布韦与莫桑比克边境的狭长地带,从北向南蜿蜒绵延378公里,属于高原隆起部分,许多山峰海拔1800米以上,其中尼扬加尼山(Nyangani)海拔2593米,是津巴布韦境内最高峰。这里自然条件得天独厚,雨季时间长,雨水充沛,是津巴布韦主要的茶叶和咖啡种植区,也是重要的林业区和木材生产基地,主要树种有松树、桉树、金合欢树等。这里山清水秀,植被茂密,气温适宜,建有许多度假村、乡间别墅和高尔夫球场,是令人向往的旅游和度假胜地。当年大殖民头子塞西尔·罗得斯(Cecil Rhodes)第一次来到东部山区便喜欢上了这里,在此建立了自己的庄园,就是现在津巴布韦尼扬加国家公园所在地,里面至今还保留着罗得斯的故居。

津巴布韦到处是青山绿水,风景秀丽,环境优美,旅游资源非常丰富。这里有世界上最壮观的大瀑布——维多利亚大瀑布（Victoria Falls）。该瀑布当地语称莫西奥图尼亚大瀑布（Mosi-oa-Tunya），意即"雷鸣般的雨雾"，与北美洲的尼亚加拉大瀑布、南美洲的伊瓜苏大瀑布并称世界三大瀑布，对外国游客来说，没有到过维多利亚大瀑布，就不算真正到过津巴布韦。著名的万基国家公园面积达1.4万平方公里，有大量野生动物栖息在这里。此外，大津巴布韦遗址、卡里巴湖、东部高地等名胜古迹每年都吸引着大批游客。英国诺贝尔文学奖获得者多丽丝·莱辛（Doris Lessing）曾发出这样的感叹："世界上还有比这更美丽的国家吗？"① 的确，这是一片美丽富饶的土地，一个五彩缤纷的国家。

二 津巴布韦是个气候宜人的国家

津巴布韦被认为是世界上气候最好的国家之一。它虽然属于南半球热带（南纬15°33′和南纬22°24′之间），但由于地处高原，平均海拔高，并非全年高温，而是总体上温和，夏季不炎热，冬季不寒冷。以首都哈拉雷为例，它地处津巴布韦东北部高原上，海拔约1500米，年均气温约18℃，降雨适中，光照充足，气候宜人，四季如春，是名副其实的"春城"。这里常年草木旺盛，百花争艳，素有"非洲花都"之美称，尤其是在九月和十月，紫色的蓝花楹和火红的凤凰花相继盛开，令人心旷神怡。

津巴布韦属于热带草原气候，一年主要分为两大季节：旱季和雨季。一般说来4—10月为旱季。这期间没有任何降雨，河流进入枯水期，水位明显下降，有的甚至干涸，维多利亚大瀑布由于赞比西河水量大减而露出悬崖峭壁。旱季的非洲草原一片枯黄，放眼望去有一种凄凉之美。根据气温差异，旱季又可分为凉季与热季。4—8月为凉季，气温为5—20℃。7月是一年中津巴布韦最冷的时候，早晚最低气温只有5—6℃，需要穿加厚的衣服，山区里更是需要炉火取暖，这与我们一般认为非洲炎热无比的印象相差甚远。8月之后天气开始转暖变热，9—10月迎来旱季中的热季，气温为15—35℃，是一年中最热的时候，最高气温可达35℃，但这样的日子持续时间不长，便会迎来雨季。

---

① ［英］多丽丝·莱辛：《非洲的笑声——四访津巴布韦》，叶肖等译，第133页。

11月到来年3月为雨季。经历了漫长的旱季之后，通常在10月底或11月初迎来雨季。第一场雨总是零星分散，落到地面就如同落到海绵上，马上就被干旱已久的大地吸收了，但它给人们带来了希望，给万物带来了生机。随着雨季的推进，降雨越来越多，一二月份进入深雨季，几乎每天都要下雨。但它并不像中国南方的梅雨天气，会持续数日阴天降雨，而是以雷阵雨为主，雨后便是晴天，阳光灿烂，蓝天白云，空气清新，湿润凉爽，大地复苏，河水上涨，草木披绿，动物欢腾。维多利亚大瀑布迎来一年中水量最大的季节，形成万马奔腾之势，其壮观景象令人叹为观止。旱季枯黄的草原似乎在一夜之间变绿，大地一片生机盎然，不仅让人感叹大自然力量之神奇。

无论气温还是降雨量，都因地区而异。津巴布韦各地气温随海拔的变化而不同，中央高原和东部高地最为凉爽，年均气温在16℃左右；中高地海拔下降，气温随之升高，年均气温在18℃左右；赞比西河流域和林波波河流域地势最低，年均气温在25℃以上，属于炎热地区。

津巴布韦各地降雨量也分布不均，总体来说自东往西递减，东部高地年降雨量最高达1800毫米，北部高地年降雨量为800毫米，西部和南部大部分低地年降雨量不足400毫米。从季节上来说，降雨全部集中在雨季，旱季则干旱无雨。

从自然地理上来说，津巴布韦是一片安全祥和之地。它地处非洲内陆，远离地震带，远离海岸线，没有地震、火山、海啸等重大自然灾害，这里的人们可以免受其苦，安居乐业。自古以来津巴布韦最主要、最常见的天灾便是干旱，至今仍然如此。相较于漫长的旱季，雨季时间短，如果降雨稀少，则会导致全年干旱，严重时会持续几年，造成严重旱灾，给当地人民生活带来很大影响甚至威胁。

三 津巴布韦是个拥有灿烂文明的国家

我们常说，人有往事，族有谱牒，国有历史。今日非洲大陆54国，无论大或小，穷或富，都有自己的过往经历，有一部属于自己的历史。外部世界的人们若要认识理解这个国家，与这个国家的人民往来，最好的方式就是从认识它的历史开始,从了解它的文化起步。①

津巴布韦是一片古老的土地,这里很早就有人类生活居住。作为人类社会的早期文化现象,岩画反映了古代人类的生产方式和生活内容,是人类先民留给后人的珍贵文化遗产。津巴布韦境内现存有大量的岩画,它们大多距今有1000—5000年的历史,而最古老的岩画距今约有3万年,足以说明津巴布韦这片土地上人类社会历史悠久。

津巴布韦是世界上唯一一个以古代文化遗址命名的国家。大津巴布韦是津巴布韦国家的发祥地,是津巴布韦人民的骄傲,1986年被联合国教科文组织列入《世界遗产名录》,独立后津巴布韦的国名便取于它,国旗和国徽上也有它的身影,成为国家和民族的象征。"津巴"在当地绍纳语中的意思是大房子,"布韦"的意思是石头,"津巴布韦"意即大石头房子,因此"石头城"就成为津巴布韦的别称。顾名思义,这个国家与石头有不解之缘,石头建筑是当地乃至世界上最具特色的建筑。据不完全统计,津巴布韦全国共有200多处大大小小的石头建筑遗迹,其中最著名的便是大津巴布韦遗址,其他还有卡米遗址(Khami Ruins)、达南贡贝遗址(Danangombe)等。②

四 津巴布韦是个年轻的民族独立国家

从1890年起,津巴布韦逐步沦为英国的殖民地。长达近百年的殖民统治给津巴布韦人民带来巨大创伤,广大黑人处在被压迫、被剥削和极度边缘化的境地,遭受政治、经济和社会不公正对待。国家资源和经济命脉掌握在少数白人手中,黑人是这片土地的主人,却不掌握资源,对经济没有发言权,享受不到教育、医疗和其他社会服务,只是充当廉价劳动力,受殖民者奴役和驱使。对于黑人与白人的关系,在位时间最长的罗得西亚总理戈弗雷·哈金斯(Godfrey Huggins)曾比喻为"马与骑

---

① 刘鸿武:《尼日利亚建国百年史(1914—2014)》,浙江人民出版社2014年版,第5页。
② 卡米遗址也是世界文化遗产,1986年被联合国教科文组织列入《世界遗产名录》。达南贡贝遗址位于津巴布韦中部城市奎鲁(Gweru)以西约80公里处,当地语称得罗得罗(Dhlo-Dhlo),石头建筑遗迹风格与卡米遗址类似,但因地势偏僻、交通不便而不被人们熟知。

手"的关系：黑人是马，白人是骑手。① 这一臭名昭著的论断对广大黑人来说无疑是莫大的侮辱，但却暴露了白人殖民统治者的真实面目，反映了黑人受奴役、被剥削的真实状况。

哪里有压迫哪里就有反抗。民盟成立后吸取了此前反抗殖民统治斗争的经验和教训，领导津巴布韦人民走上了武装斗争的道路，成立了自己的武装组织——津巴布韦民族解放军（ZINLA）。1966年4月28日，津巴布韦民族解放军在北部城镇奇诺伊（Chinhoyi，今西马绍纳兰省省会）打响了武装斗争的第一枪，迎头痛击白人殖民者，这也是津巴布韦第二次解放战争的开始。此后不久，人盟领导的津巴布韦人民革命军（ZIPLA）也投入游击战争。1976年10月，民盟和人盟这两大黑人民族解放组织联合起来组成"爱国阵线"，对付共同的敌人，使津巴布韦民族解放斗争形势发生了重大变化，殖民统治者被迫同意进行政治谈判。1979年9月10日—12月22日，在英国外交大臣卡林顿的主持下，津巴布韦各派政治势力代表在英国伦敦举行了具有历史意义的兰开斯特大厦制宪会议，最终达成协议，实现停火，并重新举行选举。在1980年2月的大选中，民盟获得80个黑人议席中的57席，成为议会第一大党，穆加贝出任总理，组成第一届内阁。1980年4月18日，津巴布韦共和国正式宣告成立，这一天成为国家"独立日"，彪炳史册。民盟领导津巴布韦人民经过浴血奋战，付出了无数生命和鲜血，终于摆脱殖民统治，赢得国家独立，掀开了民族历史的新篇章。

从1890年英国殖民主义者入侵，到1980年最终获得独立，津巴布韦走过了90年的苦难历史。在历史长河中，90年可能很短，但是对于经历了那段苦难历史的津巴布韦人民来说却又很长，属于民族的伤痛，深深打上了历史的烙印。"九十年算得了什么？可就在这九十年中，这片土地上的文化（大致相当于西班牙的国土面积）被彻底摧毁，人民屈服于各种现代武器、警察机构和宣传机器的淫威。最后人民奋起一击，对抗装

---

① Leonard T. Kapungu, *Rhodesia*: *The Struggle for Freedom*, Orbis Books, New York, 1974, p. 38.

备了最先进武器的军队,居然打赢了。"① 津巴布韦民族独立运动是第二次世界大战后亚非拉民族独立运动的重要组成部分,是全世界爱好和平的人民反对殖民主义、种族主义和帝国主义斗争的重要组成部分。

五 津巴布韦是个人口素质很高的国家

津巴布韦是人口识字率最高的非洲国家。尽管经济发展差强人意,但津巴布韦教育发展值得称道。津巴布韦政府在独立之初就发起了全国性的扫盲运动,此后一直非常重视教育,不断加大对教育的投入,并取得了可喜成绩。1980年独立时,津巴布韦只有1所大学、1所综合性技术学院和3所师范学院;到2015年,该国已拥有15所大学、11所综合性技术学院和14所师范学院。据2012年全国人口普查数据,津巴布韦人口识字率达96%,居非洲各国之首。②

津巴布韦人友好热情,很有礼貌,你无论走到哪里,都会有人主动向你打招呼问好。当你遇到困难时,他们会主动伸出援手。笔者有一次在从外地驱车返回首都哈拉雷的路上,由于长时间行驶,左前方的轮胎爆了,汽车半路抛锚,前不着村,后不着店。幸好有一个路过的黑人司机主动停下车来提供帮助,将车修好后也没有要任何酬劳。对于这件事情,对于那位好心却不知名的津巴布韦司机,笔者一直记忆深刻。津巴布韦人和善温顺,积极乐观,善于忍耐,讲究秩序。面对经济形势恶化、生活困难,他们仍然保持乐观的生活态度,似乎是天生的"乐天派"。在货币危机严重时,政府下令银行限制每个账户每天的取现额,刚开始是每天限取50美元,后来又进一步降至每天20美元。为了能够取到这20美元,民众甚至要在银行门口或者自动取款机前连夜排队。尽管队伍很长,但是秩序井然,大家都在安静地排队,默默地等待,没有人胡乱插队,没有人扰乱秩序,而且队伍最前面等待的人与正在办理业务的顾客主动拉开距离,站到一米开外。作为外国人,当笔者在哈拉雷的街头看到这一幕时,不由自主地为津巴布韦人民点赞。当地人非常注重衣着,

---

① [英]多丽丝·莱辛:《非洲的笑声——四访津巴布韦》,叶肖等译,第12页。
② Zimbabwe National Statistics Agency, *Zimbabwe Population Census 2012*, October 2013, p. 11.

无论是政府部门官员、学校老师,还是各行业的普通工作人员,他们大多西装革履,或者身着民族服装,即使普通服装也要整洁干净。在中国大使馆工作的几位当地员工,有的是花工,有的是杂活工人,他们工作时穿的衣服看上去有些脏破,但是在结束了一天的工作回家时,都要洗刷一新,换上干净的衣服,体体面面地回家,这给笔者留下了深刻的印象。每逢节假日或重要活动,津巴布韦人都会穿上独具特色的民族服装,载歌载舞,热情奔放,欢庆气氛热烈浓厚。由于经济形势不好、失业问题严重,津巴布韦社会治安形势堪忧,抢劫盗窃事件时有发生,在那里工作生活的华侨华人也深受其害,被抢被盗事件时常威胁着他们的人身财产安全。但是,像这种犯罪分子、坏人恶人毕竟是少数,而且在每个国家都存在,他们完全不是津巴布韦的主流,不能因此影响对津巴布韦人民正面的、积极的看法。

六 津巴布韦是个以黄金烟叶和石雕艺术闻名于世的国家

津巴布韦拥有世界上最好的烟草。由于得天独厚的地理、气候、土壤等条件,津巴布韦出产的烟草优质上乘,被誉为"黄金烟叶",又被称为"烟草中的味精",出口到世界各地,年年供不应求。有人这样比喻,烟草之于津巴布韦正如黄金之于南非,这足见烟草对津巴布韦的重要性。

殖民者将烟草带到津巴布韦。1910年,索尔兹伯里第一次公开拍卖烟叶,并且成立了烟草种植园主协会,这是罗得西亚烟草业发展的一个里程碑。1927年,索尔兹伯里建立了一个专门机构,负责把烟草出口到英国去。第二次世界大战结束后,英国的买主每年包销南罗得西亚全部烟草产量的2/3,约达7000万英镑,烟草成为南罗得西亚最重要的出口物资。①

作为当今世界第三大烟草出口国,津巴布韦非常重视和鼓励发展烟草业,其生产和出口一直保持稳定良好的势头。根据津巴布韦财政部报告,2019年烟草销售25.2万吨,平均价格2.02美元/公斤,较2018年下降30.8%,销售总额为5.09亿美元,同比下降27.4%。根据津巴布韦

---

① [英] P.E.N. 廷德尔:《中非史》,陆彤之译,第389、396页。

农业部统计，2018年注册烟农数由2017年11.2万户增长至16.6万户，增长48%，种植面积由7.5万公顷增长至8万公顷。①

除了黄金烟叶之外，津巴布韦还拥有世界上最独特的石雕艺术。该国石雕艺术历史悠久，底蕴深厚，风格独特，日益受到世界石雕艺术爱好者和收藏者们的青睐。2015年12月习近平主席对津巴布韦进行国事访问时，获赠的国礼"和平雄狮"与"妈妈宝贝"石雕，是该国著名石雕艺术名家多米尼克·本胡拉（Dominic Benhura）的代表作。

津巴布韦石雕闻名遐迩，大津巴布韦遗址发现的石鸟图形已被设计进津巴布韦国旗和国徽中。除石鸟以外，还发现了一些刻有几何图形的石柱和石块，其中有些珍品至今仍保存在英、美等国的博物馆里。

津巴布韦石雕题材广泛，尤以动物和人像为主，既有写实作品，又有抽象作品，形象或生动或粗犷，颇具想象力和感染力。多年来涌现出许多石雕艺术家，他们的优秀作品有的被津巴布韦国家美术馆永久收藏，有的赴国外展出和拍卖。1996年12月，津巴布韦石雕首次走进中国，在北京举办了石雕展，展出40余件作品。

津巴布韦政府视石雕艺术为国家宝贵文化遗产，采取了一些保护和发展措施。全国各地有许多石雕公园或石雕村，用于集中创作、收集和展出石雕作品，其中最大的是坦戈纳戈石雕公园（Tengenenge village），哈拉雷郊区有查庞古石雕公园（Chapungu Village）、奇通圭扎石雕公园（Chitungwiza Village）等。这些石雕公园别具特色，每年都吸引了大批国内外游客和买家。

七 津巴布韦是个长期处于发展困境的国家

津巴布韦自然禀赋优越，矿产资源丰富，已探明的矿产种类约40种，其中黄金、钻石、铂、镍、铬、铜、铁、煤8种是优势矿产资源。该国农业基础较好，制造业亦得到较好的发展，产业分布较为全面，曾是撒哈拉以南非洲各国中除南非以外产业门类最齐全的国家之一。

作为一个较晚独立的非洲国家，2020年津巴布韦将迎来独立40周年，

---

① 中国商务部：《对外投资合作国别（地区）指南津巴布韦》，2019年版，第24页。

迎来"不惑之年"。40年来，津巴布韦取得的独立与发展成就有目共睹。与此同时，由于国内形势复杂、国际环境艰难、政府执政经验不足、执政策略失误等原因，津巴布韦发展面临一系列问题和挑战，有些是阶段性的，有些则是长期积累的。这些问题和挑战严重困扰着津巴布韦，如何妥善应对和解决，将直接关系津巴布韦国家和人民的命运。

独立头十年，民盟政府致力于维护民族团结和国家稳定，实行较为稳健的经济政策，积极吸引外资和外国援助，实现了经济总体稳定发展，创造了"十年奇迹"，津巴布韦成为当时非洲大陆的"一片绿洲"。但是好景不长，独立后第二个十年，即20世纪90年代，世界银行和国际货币基金组织实行的经济结构调整计划（ESAP）以失败告终，致使津巴布韦经济出现严重滑坡，经济形势逐年恶化。进入21世纪，民盟在迫不得已的情况下实行土地改革，强制没收大量白人农场，把土地分给无地或少地的黑人，原有的经济结构遭到破坏，新的经济结构尚未建立起来，给津巴布韦经济带来致命性打击。首当其冲的是农业，2000年到2013年津巴布韦农业产量直线下降50%多，从南部非洲的"面包篮子"变成了严重缺粮国家。农业是国民经济的基础，会直接影响其他经济部门，农业衰落导致津巴布韦经济每况愈下。短暂的民盟与民革运联合政府时期，津巴布韦经济有所恢复发展。

2013—2016年，津巴布韦经济又一路下滑。2013年经济增长率为4.5%，2014年降至3.2%，2015年进一步降至1.1%，2016年只有区区0.6%。[①] 从具体经济指标来看，津巴布韦经济长期处在"四高一少"的不利状态：通货膨胀率高，财政赤字高，负债率高，失业率高，外汇储备少。其通货膨胀更是史无前例，津巴布韦2008年曾经发行过面值高达100万亿（1后面加14个零）的纸币，创造了当今世界之最。[②] 2009年4月民盟政府被迫宣布停用津元，实施美元、欧元、兰特等多元货币体系，津巴布韦也因此成为没有本国主权货币的国家。

---

① P. A. Chinamasa, *The 2017 National Budget Statement*, Presented to the Parliament of Zimbabwe, 8 December, 2016.

② 匈牙利曾经发行过高达1万亿亿（1后面加20个零）的帕戈，这是迄今为止人类历史上最大面额的纸币，它在1927年1月—1946年7月发行流通。

在实施多元货币体系以后，津巴布韦恶性通货膨胀的局面得到控制，经济状况也出现好转。但随之而来的问题是，由于严重依赖商品进口，对外贸易连年逆差，长期遭受西方制裁，外汇储备很少，津巴布韦又陷入现金短缺危机，政府没钱发工资，银行没钱供支取，企业没钱搞生产，进出口商没钱做贸易，老百姓没钱买东西。虽然采取了多种措施，但都无济于事，现金短缺危机越来越严重，最终津政府不顾社会各界的反对，于2006年11月底发行了债券货币（bond notes），强制规定债券货币与美元等值，与美元一起在国内市场上流通。这一类似发行代金券的行为，并无法从根本上解决货币危机，也无法抑制物价上涨，反而引发人们对重回2008年恶性通货膨胀的担忧。

放眼当今世界，各国都在努力谋求经济增长，津巴布韦经济却不进反退，不幸成为"世界上经济倒退最快的国家"[①]。更悲观的是，在可预见的未来似乎看不到经济好转的希望。可以说，迄今为止民盟仍未找到适合津巴布韦国情的发展道路，未来发展依然任重道远。

---

① Alfred J. Cartage (ed.), *Focus on Zimbabwe*, Nova Science Publishers, Inc., New York, 2009, p. 27.

第 一 章

津巴布韦早期历史(10—19世纪)

据津巴布韦国家档案馆编著的《津巴布韦史诗》记述,津巴布韦境内很早就有人类居住,科伊桑人(Khoisan)是早期南部非洲唯一的人类。津巴布韦马托博(Matopos)地区科伊桑人的历史至少可以追溯到7000年以前,据称至今津巴布韦境内还有为数不多的科伊桑人。津巴布韦许多地方保存下来的岩画大多创作于1000—5000年之前,最古老的岩画距今已有约3万年。[1] 另据著名的津巴布韦历史学家戴维·比奇的著述,考古发现表明,早在公元前3万年,津巴布韦高原上就生活着科伊桑人,他们以采集和狩猎为生,制造和使用石器,喜欢在岩石上作画。[2] 由于缺少文字记载,这些岩画以及考古发现成为研究津巴布韦早期历史的重要史料。

第一节 绍纳人的起源与演变

绍纳族(Shona)属于南部非洲班图人(Bantu)的一支,是现代津巴布韦的主体民族,已在津巴布韦及周边地区生活了上千年,因此绍纳族的历史就是津巴布韦主要的历史,可以说是"国史"。但是,"绍纳"一词出现的时间却非常晚,一般认为直到19世纪才被使用,当时是南部

---

[1] P. C. Mazikana & I. J. Johnstone, *Zimbabwe Epic*, National Archive of Zimbabwe, Harare, 1984, p. 18.

[2] D. N. Beach, *The Shona & Zimbabwe 900 – 1850: An Outline of Shona History*, Heinemann Educational Books Ltd., London, 1980, p. 2.

非洲恩贡尼族（Nguni）的一支恩德贝莱人（Ndebele）对非恩贡尼人的一种蔑称。"19世纪以前，'绍纳'一词还没有被使用，即便后来使用了，在当时也是一种侮辱性的称呼，是来自敌人的蔑称，因此没有人认为自己是绍纳人。"① 绍纳人是随着班图人大迁徙陆续来到津巴布韦高原的，经过长期的发展与融合，逐步形成了统一的绍纳族。

要了解和研究包括津巴布韦在内的南部非洲的历史，班图人及其大迁徙是重要的历史源头。"班图"这个词原是一个语族的名称，但是后来逐渐获得了人种学，甚至人类学的含义。实际上，正是这种语言学上的分类为其他学科的研究者提供了基础。有些语言学家提出，目前分布于几乎半个非洲大陆的班图语，其发源地是尼日利亚和喀麦隆边界上的贝努埃河中游地区。② 各种班图语源于西部非洲的说法已经得到公认。

班图人大迁徙是影响南部非洲历史进程的重大人类活动和社会运动。据历史考证，早在8世纪初，讲班图语的几支族群就已经居住在南部非洲。③ 经过数百年的迁移，到12世纪左右，讲班图语的各族已在赤道以南非洲的大部分地区定居下来（这是他们至今还居住的地区），而最重要的是，他们的各种文化已开始具有明显的地区特色。④

班图人大迁徙是一个极其复杂的历史过程。"讲班图语各族的扩展并没有达到大批移民离开一个地区到另一个地区的规模。它极其可能是少量人从一个村落迁移到邻近村落，有时又迁回来。这个过程一再重复，直到后续的世代达到了赤道以南非洲的所有地方，跨越的时间或许是上千年甚至更久。不应当想象讲班图语各族的迁徙会是直线式进行，朝着一个方向，永远都是向前的运动。相反，在数千年的时间里发生的人口

---

① Brian Raftopoulos & A. S. Mlambo (eds.), *Becoming Zimbabwe: A History from the Pre-colonial Period to 2008*, Weaver Press, Harare, 2009, p. 2.
② 联合国教科文组织编写《非洲通史》国际科学委员会：《非洲通史》（第二卷），中国对外翻译出版有限公司2013年版，第566页。
③ 联合国教科文组织编写《非洲通史》国际科学委员会：《非洲通史》（第三卷），中国对外翻译出版有限公司2013年版，第602页。
④ 联合国教科文组织编写《非洲通史》国际科学委员会：《非洲通史》（第三卷），第142页。

流动必然是各个方向都有。"①

班图人在南部非洲四散开来，逐步形成了为数众多的族群，并一直发展演变成为现今南部非洲的族群分布。"居住在非洲大陆靠南1/3土地上的各族人们，西起喀麦隆—尼日利亚海岸，东抵索马里—肯尼亚海岸，向南一直延伸到伊丽莎白港，他们所讲的语言关系紧密，统称班图语族。班图语族共有400多种语言，它们源自同一原始语言，叫做'原始班图语'。一切证据都表明，分布在非洲大陆靠南三分之一广阔土地上的400多种语言都来源于同一种原始语言。这一巨大奇迹的历史意义是十分明显的。"②

班图语族包括众多分支，绍纳语、文达语、通加语、伊尼杨巴内语、索托—恩古尼语都是东非班图语系中几个并列的分支。在赞比西河和林波波河之间地区，绍纳语、文达语和通加语长期相互影响。就是在这股班图人大迁徙的历史洪流中，说绍纳语的族群陆续来到津巴布韦高原，成为这片土地的主人，孕育并形成了独特的津巴布韦文化。

据《津巴布韦史诗》描述，大约在两千年之前，第一批早期铁器时代的人们越过赞比西河，来到津巴布韦高原。他们发现这里气候温和，雨量充沛，牧场广阔，是一个适合居住的地方。后来又有不同的人群从西北部、北部和东北部（经由莫桑比克）陆续迁来，逐渐取代或者融合了当地晚期石器时代的人们。他们说班图语，与现在中南部非洲班图人所说的语言一样。他们的政治、经济、社会、文化、宗教等方方面面都与班图文明一致。这些从北方迁来的人群中有许多人继续南迁，渡过林波波河，他们的子孙后代抵达德拉肯斯堡（Drakensberg）地区并定居下来。但是，经过了数百年，随着牛群数量不断扩大，为了争夺草原牧场，人们又开往北方回迁，在公元10世纪前后进入津巴布韦南部。这些"后来者"逐步征服、取代或者融合了原先生活在这里的人们，并在接下来的两三百年里不断向津巴布韦各地扩散。他们说班图语系中的绍纳语，

---

① 联合国教科文组织编写《非洲通史》国际科学委员会：《非洲通史》（第三卷），第138页。

② 联合国教科文组织编写《非洲通史》国际科学委员会：《非洲通史》（第三卷），第124—125页。

是津巴布韦境内早期的绍纳人，是现代绍纳人的祖先。①

尽管人们在绍纳人的起源、迁移过程等问题上仍然存在分歧，需要进一步研究和考证，但是在9—10世纪开始，绍纳人便成为津巴布韦高原上的主要民族这一点上，是没有分歧的。② 在遭受殖民入侵和西方影响之前，津巴布韦文化有其内在的发展演变过程和自身特点。

巴姆巴塔文化（Bambata）是津巴布韦早期铁器时代文明的代表，大约存在于公元200—300年，位于津巴布韦南部。高科莫雷文化（Gokomere）则是津巴布韦早期铁器时代文明的集大成者，大约从4世纪中期开始出现，一直延续到11世纪，广泛分布于津巴布韦境内。考古学家将高科莫雷文化划分为3个阶段，其中公元350—500年为第一阶段，是该文化发端时期。第二阶段发展演化为两种文化，西部称为齐佐文化（Zhizo，公元600—900年），东部称为科罗内森文化（Coronation，公元600—800年）。从9世纪起进入第三个阶段，称为马克斯通文化（Maxton，公元850—1050年）。在高科莫雷文化不同的发展阶段，出土的陶器有不同的典型特征，体现了该地区人类文明的不断进步。③

大约在10—12世纪，津巴布韦进入晚期铁器时代，以库塔马（Kutama）文化取代早期铁器时代的文化为标志。"一般而言，晚期铁器时代是一个伟大的经济、社会和政治发展时期。人们学会了充分利用当地的环境，农业和捕鱼技术得到改进，采矿和制造技术进一步得到了发展。在一些地区，特别是南部非洲，人们随着对干燥草地的充分利用，越来越重视养牛。某些群落则专门从事采矿、金属加工、粮食生产或狩猎。所有这些地区分工都有利于促进地区间的贸易。"④ 进入晚期铁器时代的津巴布韦也基本符合这些特征。

具体说来，进入晚期铁器时代的津巴布韦形成了四大文化：豹山文

---

① P. C. Mazikana & I. J. Johnstone, *Zimbabwe Epic*, pp. 22–23.
② 何丽儿：《津巴布韦——南部非洲的一颗明珠》，当代世界出版社1995年版，第29页。
③ P. C. Mazikana & I. J. Johnstone, *Zimbabwe Epic*, p. 25.
④ ［美］凯文·希林顿：《非洲史》，赵俊译，东方出版社2012年版，第168页。

化（Leopard's Kopje）①、古曼耶文化（Gumanye）、哈拉雷文化（Harare）和姆森格兹文化（Musengezi）。它们是并行存在的，是10—12世纪人口不断迁移的结果，是现代绍纳文明的起源。其中津巴布韦西部绍纳文明和南部马庞古布韦（Mapungubwe）文明源于豹山文化，津巴布韦中部和北部绍纳文明源于哈拉雷文化和姆森格兹文化，古曼耶文化则是绍纳文明的杰出代表，孕育出后来的穆塔帕王国和托尔瓦王国。②

对于这段历史，联合国教科文组织主编的《非洲通史》给出了大概一致的描述：对陶器年代顺序的研究表明，齐佐人在这个地区居住了250年后，叫豹地人的新来者才进入津巴布韦西南部。许多齐佐人宁愿离开那个地区也不愿被新来的豹地族群所吞并。有些考古学家认为，公元11世纪初，豹地人的扩张是讲班图语各族从中部非洲横跨大陆进行单独扩张的一部分。公元10世纪时豹地人在津巴布韦西南部取代齐佐人，公元11世纪与豹地人有血缘关系的名叫古曼耶的族群在津巴布韦北部取代马克斯通人，由此可以看出，这些豹地人是跨过林波波河向北迁移，而不是跨过赞比西河向南迁移。③豹地人和古曼耶人是上述连接班图语与铁器时代各部族的陶器风格连续体的一部分，所以豹地人和古曼耶人是如今许多讲绍纳语人的祖先。④

在长期民族融合与发展的过程中，绍纳人逐步形成了一些不同的支系。他们虽然分布在不同地域，也各有自己的方言，但是都讲绍纳语，文化都属于绍纳文化，统称为绍纳族。

卡兰加人（Karanga），或称南绍纳人，是绍纳族最大、最主要的分支，现在主要分布在津巴布韦东南部马旬戈省（Masvingo）以及中部省

---

① 关于豹山文化，国内译名很多。《非洲通史》将其译为"豹地"，《津巴布韦——南部非洲的一颗明珠》甚至直接将其音译为"利奥帕特的科普杰文化"，非常拗口且难懂。Leopard是"豹子"的意思，Kopje是"小山"或"山丘"之意，笔者认为将其译为"豹山"或"豹丘"，既贴近原意，又通俗易懂。

② P. C. Mazikana & I. J. Johnstone, *Zimbabwe Epic*, p. 25.

③ 联合国教科文组织编写《非洲通史》国际科学委员会：《非洲通史》（第三卷），第604页。

④ 联合国教科文组织编写《非洲通史》国际科学委员会：《非洲通史》（第三卷），第606页。

(Midland)的中南部地区。"卡兰加"一词本是"太阳之子"的意思,据称因为他们是从东边来的。但是,卡兰加一词的含义变化最大。18世纪之前仅指津巴布韦北部和东部的绍纳人,不包括中部、南部和西南部的绍纳人。后来它指涉的范围越来越广,到19世纪中叶,津巴布韦南部大部分地区许多不同的族群都被称为卡兰加人。①

泽祖鲁人(Zezuru),或称中绍纳人,主要分布在津巴布韦中部,以首都哈拉雷为中心。到18世纪中期,葡萄牙人开始将马佐埃地区(Mazoe)的绍纳人称为泽祖鲁人,意思是"生活在高地上的人"。科雷科雷人(Korekore),或称北绍纳人,主要分布在津巴布韦北部。"科雷科雷"一词据称最早出现在18世纪的文献中,这一说法未经证实,但可以确定的是到19世纪已经被普遍使用,泛指津巴布韦北部和西北部的绍纳人。②

马尼卡人(Manyika),或称东绍纳人,主要分布在津巴布韦东部与莫桑比克接壤的地区,即津巴布韦的马尼卡兰省(Manicaland)和莫桑比克的马尼卡省(Manica)境内。恩达乌人(Ndau)也是绍纳族的一支,"恩达乌"一词直到19世纪中叶才出现,是恩贡尼人对津巴布韦东南部绍纳人的称呼,也逐渐被当地绍纳人接受。

卡朗加人(Kalanga),或称西绍纳人,主要分布在津巴布韦西南部与博茨瓦纳接壤地区。"卡朗加人"与"卡兰加人",无论在拼写还是发音上都极为相似,只有一字之差,前者是"r",后者是"l"。历史学家认为,它们实际上是绍纳族的同一分支,原本属于同一族群,生活在同一地方,说同一语言。在昌加米尔王国(Changamire)征服托尔瓦王国(Torwa)之后,西南部的绍纳人也开始使用"卡兰加"的名字,但发音成了"卡朗加"。③ 在19世纪上半叶恩德贝莱族入侵之后,生活在该地区的绍纳族卡朗加人大部分逃亡东部地区,一小部分逃亡西部地区。此后随着时间变迁,原本相同族群的语言和文化也慢慢出现了差异。现在津

---

① D. N. Beach, *The Shona & Zimbabwe 900 – 1850*:*An Outline of Shona History*, p. 281.
② D. N. Beach, *The Shona & Zimbabwe 900 – 1850*:*An Outline of Shona History*, p. 280.
③ D. N. Beach, *The Shona & Zimbabwe 900 – 1850*:*An Outline of Shona History*, p. 279.

巴布韦境内的卡朗加人主要生活在南马塔贝莱兰省科兹地区（Kezi）和普拉姆特里地区（Plumtree），与恩德贝莱人混居通婚，经过同化融合，实际上已成为恩德贝莱人。

当今绍纳族总人口大约为1100万—1200万，绝大部分生活在津巴布韦境内，另有小部分在津巴布韦的周边邻国莫桑比克、赞比亚、博茨瓦纳和南非境内。

第二节　古代绍纳王国

从11世纪马庞古布韦王国（Mapungubwe）开始，津巴布韦进入了"王国时代"。历史上津巴布韦高原曾先后出现过一些规模大小不一、存在时间长短不等、发展程度各有不同的古代王国，它们之间或是取代和继承的先后关系，或是在同一片大地、同一个时代共生共存的并列关系，相互之间不断进行分化组合，不断融合发展。它们以自己的智慧和方式创造和书写着历史，形成和发展了自己的政治结构、生产方式、社会文化和传统习俗，共同勾画出这片土地上的历史画卷。这些王国虽然都已经消亡，但它们是津巴布韦历史不可分割的一部分，也是非洲历史乃至人类历史的组成部分，对津巴布韦政治社会发展进程具有深远影响。不了解这些历史背景，就无法真正理解现代津巴布韦国家。

历史学家马扎瑞里（Mazarire）认为，津巴布韦被殖民前的历史通常被认为是一部帝国兴衰史——津巴布韦（The Great Zimbabwe）、穆塔帕（Mutapa）、托尔瓦（Torwa）、罗兹韦（Rozvi）和恩德贝莱（Ndebele）等王国此兴彼衰。[①] 津巴布韦东北部的王国兴衰史相对简单，一度非常强大的穆塔帕王国横跨15—19世纪，直到最后逐渐衰微。津巴布韦西南部的历史则相对复杂，共经历了4个王国时期：津巴布韦王国、托尔瓦王国、昌加米尔王国和恩德贝莱王国，直到英国殖民者入侵，建立起罗得西亚。

---

① Brian Raftopoulos & A. S. Mlambo (eds.), *Becoming Zimbabwe: A History from the Pre-colonial Period to 2008*, pp. xviii – xix.

一　马庞古布韦王国（11—13世纪初）

马庞古布韦王国是绍纳人建立的最早的王国，坐落于今南非林波波省境内，处在林波波河与沙谢河（Shashe）交汇处，靠近津巴布韦和博茨瓦纳边境，大约存在于1075—1220年。

10世纪，属于豹山文化的绍纳人抵达这里，逐步建立了一个在当时来说非常富裕和具有影响力的统治中心。11世纪，马庞古布韦王国的人口、财富和权力持续增长。12世纪，这一势头继续保持并辐射影响周边地区。13世纪，马庞古布韦王国走向衰落，到1220年左右灭亡。考古研究推测，马庞古布韦王国衰落可能是环境因素、干旱和疾病导致的，同时还可能与王国失去了对内陆与沿海贸易的控制权有很大关系。

贸易在马庞古布韦社会中起着重要作用。9—10世纪，津巴布韦内陆与东部沿海之间的贸易路线已经形成，穆斯林商人带来的布料、珠子（主要来自印度）等商品备受追捧，被用来换取内陆的黄金、象牙等商品。[1] 马庞古布韦王国虽然没有金矿，自己不出产黄金，但是它控制了内陆黄金产区与东部沿海的贸易，并因此获取了许多黄金。例如该地区考古发现了一些早期的黄金制品，其中一件长约14厘米的金犀牛非常珍贵，现收藏在南非比勒陀利亚大学马庞古布韦博物馆里，属于非常珍贵的国宝级文物。

马庞古布韦王国的社会分化日趋明显，富有阶层拥有黄金、象牙、珠子等奢侈品，他们在住所周围建立起石墙。统治者则将其王宫建在马庞古布韦山上，远离住在山下的普通民众，同时居高临下，以此表明他们之间身份与地位的差距，而这种阶级分化在以前绍纳社会里是没有的。此后，统治者住在山上，与山下的普通民众分离开来，就成了绍纳国家通行的标准，马庞古布韦王国之后的津巴布韦王国、穆塔帕王国、托尔瓦王国和罗兹韦王国，莫不如此。[2] 这些不同类型的居民点为三层政治等级制度提供了最好的考古证据：低洼地遗址可能是普通人的住所，小山

---

[1]　P. C. Mazikana & I. J. Johnstone, *Zimbabwe Epic*, p. 28.
[2]　P. C. Mazikana & I. J. Johnstone, *Zimbabwe Epic*, pp. 25–26.

头遗址可能是地区领导人的住所,马庞古布韦作为首都则具有最高权威。因此,马庞古布韦社会的阶级结构在居住区的地区分布上以及在首都的空间结构中可以看得一清二楚。①

马庞古布韦王国虽然最终衰亡,但其对后世的影响力在延续。津巴布韦王国被认为是马庞古布韦王国的继承者和受益者,在各方面都受到马庞古布韦王国的影响。它不仅继承了马庞古布韦王国的政治制度,接受了其文化与社会革新,而且继承了马庞古布韦王国的贸易体系,逐步发展成为新的贸易中心,并将其政治、社会、建筑、商业发展到一个新高度,进而超越了马庞古布韦王国。

马庞古布韦遗址是南部非洲现存最早的铁器时代遗址之一。这里是一座平顶山丘,在林波波河谷地突兀而起,是浑然天成的要塞,四边是几乎垂直的峭壁,易守难攻。据说在 20 世纪初,有个南非白人从当地人那里听到了有关马庞古布韦埋藏着黄金以及财宝的传说,便开始了多年的探寻。1932 年,他终于说动了一个当地居民做向导,在山顶上找到了一些散落的陶器、铁器、铜器、玻璃珠及黄金制品等遗物,从而引起了考古学家的注意。1933 年 6 月,马庞古布韦已经置于南非政府的保护之下,考古学家开始了对遗址的发掘。2003 年,马庞古布韦遗址被联合国教科文组织认定为世界文化遗产,列入《世界遗产名录》。

二 津巴布韦王国(12—15 世纪)

没有任何关于津巴布韦王国(Zimbabwe State)的文字记载和口述资料,人们对这个国家知之甚少,有限的知识全部来自考古发现和研究。

11 世纪,绍纳人迁移至大津巴布韦地区,他们属于古曼耶文化,与豹山文化相关联,同属于库塔马文化。大津巴布韦自然条件得天独厚,土壤肥沃,水源充足,可以用来耕作;牧场分布广,远离采采蝇地区,有利于养牛;森林茂密,有大量木材可以用作柴火和建筑材料;各种猎物很多,尤其是可以获取大象,用来进行象牙交易。从地理位置上看,

---

① 联合国教科文组织编写《非洲通史》国际科学委员会:《非洲通史》(第三卷),第 616—617 页。

大津巴布韦位于萨比河（Sabi）源头，西向通往黄金产地，东向通往东非沿海地区，处在贸易路线的中心位置，对过往贸易征税成为绍纳统治者财富的重要来源之一。

早期的津巴布韦王国受马庞古布韦王国影响较大。在马庞古布韦王国衰落之后，津巴布韦王国取而代之，无可争议地控制了该地区的资源，以及从内陆到东部沿海之间的贸易路线，对过境商品征税，因此积累了大量财富，超过南部非洲其他地区。

大约在 1250 年，津巴布韦王国达到它的鼎盛时期，并且在此后的 200 年中一直占据着津巴布韦高原的统治地位。津巴布韦王国以大津巴布韦为中心，其最大领土范围西起今博茨瓦纳境内的塔提地区（Tati），东至莫桑比克海岸的恩耶姆巴尼地区（Nyembani），南起林波波河，北至今北马绍纳兰省和莫桑比克西部地区，在如此大的领土范围内，设有许多绍纳人定居点、行政中心、放牧点和贸易站等。① 津巴布韦王国的统治者集王权和神权于一身，统治着这个绍纳人的国家。与马庞古布韦王国一样，津巴布韦王国的统治者也住在山上，普通民众住在山下，阶级分化和区别非常明显。

当时的首都大津巴布韦已经发展成为一座城市，人口达到 1 万多人，一度非常繁荣。但是经过数百年的消耗，当地环境已经无法承载这么多人口，粮食和燃料供应严重不足，牧场也越来越少，加之卫生状况恶化，旱灾频发，导致政治危机和社会不稳定。15 世纪初，这一地区的人们开始大规模西迁至卡米；到 15 世纪中期，大津巴布韦已不再是绍纳人的国家和文化中心；到 1500 年，大津巴布韦已基本上被废弃了。② 没有迹象表明，大津巴布韦是被占领的，这也可能是大津巴布韦遗址至今保存完好的原因。

旧的王国衰亡，新的王国兴起，这是人类社会的交替规律。津巴布韦王国衰亡之后，津巴布韦西南部兴起了以卡米为中心的托尔瓦王国，后来被昌加米尔王国取代，这两个王国都是绍纳人王国。直到 19 世纪上

---

① P. C. Mazikana & I. J. Johnstone, *Zimbabwe Epic*, p. 29.
② P. C. Mazikana & I. J. Johnstone, *Zimbabwe Epic*, p. 30.

半叶，非绍纳人的恩德贝莱王国取代了昌加米尔王国，成为这一地区新的主人。由此，托尔瓦王国—昌加米尔王国—恩德贝莱王国的历史构成了津巴布韦西南部地区的政治和社会演变史。津巴布韦东北部则兴起了穆塔帕王国，它曾经一度非常强大，以至于有的历史学家称之为穆塔帕帝国。① 虽然这种强盛持续时间很短，但穆塔帕王国的存在横跨15—19世纪，是津巴布韦历史上最有影响力的王国。

三 穆塔帕王国（约1420—1884年）

穆塔帕王国（Mutapa State）是继津巴布韦王国之后出现的一个强大的绍纳国家，15世纪20—30年代兴起于津巴布韦东北部。据绍纳人的口头传说，穆塔帕王国是由津巴布韦王国派出的向北方寻找新食盐来源地的恩亚兹姆贝·穆托塔（Nyatsimbe Mutota）建立的，这大约发生在1420年。穆托塔在马佐埃河源头附近的丹德（Dande）地区定居了下来。这里土地肥沃，雨量丰富，也有大量用以居住的林地，自然条件与大津巴布韦相似。此外，马佐埃河还可以通往赞比西河沿岸塞纳（Sena）和太特（Tete）两个贸易点。穆托塔和他的继承者们很快建立起一个强大的帝国，并以穆塔帕为称号，意为"征服者"或"胜利的掠夺者"。

穆塔帕王国有很多个不同的名字，如1696年葡萄牙人安东尼奥·孔塞桑（Antonio da Conceicao）写到，穆塔帕的一种拼写法Muenemotapa是"万物之主"的意思，或者另外一种拼写法Mwenemutapwa是"被征服者的主人"的意思。② 为便于统一称呼，在津巴布韦独立前后，历史学家一般都取这些称呼的后半部分，即穆塔帕。③ 它既是国王的称号，也是国家的名称。

穆塔帕王国也属于典型的绍纳文化，在语言、精神信仰、习俗以及社会、政治、军事制度等方面均与津巴布韦王国非常相似，但它与托尔

---

① W. Randles, Translated by R. Roberts, *The Empire of Monomotapa: From the Fifteenth to the Nineteenth Century*, Mambo Press, Zimbabwe, 1981.

② W. Randles, Translated by R. Roberts, *The Empire of Monomotapa: From the Fifteenth to the Nineteenth Century*, p. 5.

③ 何丽儿：《津巴布韦——南部非洲的一颗明珠》，第35页。

瓦王国不同，并非津巴布韦王国的继承者，二者是不同的国家，属于不同的统治王朝。

穆托塔的儿子马托佩（Matope）继续四处征服，开疆扩土，领土范围东扩至赞比西河下游太特西南部。马托佩之后是他的侄子姆考巴（Mucombue 或 Mocomba）继承了王位，此时王国领土范围极为广阔，包括整个津巴布韦高原及东部沿海地区。"从理论上讲，这个帝国从赞比西河南部边缘一直延伸到印度洋，但实际上，穆塔帕统治者在高原地区以外的权力是极其有限的。"① 从 15 世纪末开始，一些小的王国分别从穆塔帕王国中独立出来，包括马尼卡（Manyika 或 Manica）、乌特夫（Uteve）、巴维（Barwe）等，但它们的实力和影响力都远不及穆塔帕王国，需要向穆塔帕王国进贡，与穆塔帕王国保持朝贡关系。

从行政方面来看，穆塔帕王国的统治分为三级：第一级是国王，即穆塔帕，统治全国，集政治、军事和宗教权力于一身；第二级是省长（Fumo），通常由王子或国王的亲信担任，统治一省或地方；第三级是村长（Mukuru），管理一个村。

早期，只有穆塔帕的亲属才被授权对行省及村落两级进行管理。除了王室成员外，那些在征服过程中出过力的人虽然与穆塔帕无亲属关系，也被授予了权力。17 世纪，穆塔帕渐渐感到统治地位安全无虞，于是更有信心，允许村落及行省选举自己的领袖。在首都，穆塔帕得到高层官员的辅佐，这些官员也因此被赐予土地。皇帝的妻妾也被指定负有特别的职责。②

根据葡萄牙人安东尼奥·博卡洛（Antonio Bocarro）1635 年记载，穆塔帕设立了九大主要官员：王国总督（Ningomoxa）、总务大臣（Mocomoaxa）、宫廷总管（Ambuya）、乐师总监（Inhantovo）、禁卫军统领（Nurucao）、国王右辅（Bucurume）、巫师总管（Maguende）、御医（Netambe）、御前侍卫（Nehondo）。到了 18 世纪，穆塔帕又增设财政大臣一

---

① 联合国教科文组织编写《非洲通史》国际科学委员会：《非洲通史》（第五卷），第 566 页。

② 联合国教科文组织编写《非洲通史》国际科学委员会：《非洲通史》（第五卷），第 569 页。

职（Nenzou）。所有这些大臣都有自己的土地和下属。穆塔帕王国其他的下属官员和机构有：穆图莫斯（Mutumes）被葡萄牙人称为大使，是国王的特使，负责向葡萄牙人征贡，这是重要职位，一般由王子或者重要酋长担任。穆图莫斯也有等级之分，首席穆图莫斯地位最为显赫，因为他代表国王，是钦差大臣，见到他相当于见到国王本人；第二穆图莫斯代表国王的嘴巴，第三穆图莫斯代表国王的眼睛，第四穆图莫斯代表国王的耳朵。这种看似滑稽的安排，实际上是让他们相互牵制，从而保证对国王的忠诚。①

穆塔帕妻妾成群，但主要妻子有9个，其中前3个最为重要，而且有职责在身。第一妻子称马扎莉拉（Mazarira），通常是国王的一个姐妹，专门负责处理葡萄牙人事务，将葡萄牙人的要求转呈给国王，因此又被称为"葡萄牙人之母"。第二妻子称因哈安达（Inhahanda），负责处理摩尔人（泛指穆斯林商人）事务。第三妻子称纳布伊扎（Nabuiza），才是国王真正的妻子。国王其他的妻子没有具体职责，分别称为纳文巴（Navemba）、奈曼古丽（Nemangore）、奈查伦达（Necharunda）等。所有这些妻子也都有自己的土地和下属。1620年，葡萄牙传教士胡利奥·塞萨尔（Julio Cesar）访问穆塔帕首都，他描述了亲眼所见穆塔帕王宫的情况："共有9个院子，每个院子里都建有一些茅草屋，院子四周以一圈石头堆围起。国王的妃子众多，数量超过一千；国王的孩子更是难以计数，像苍蝇一样多。"②

在王位继承方面，穆塔帕王国原则上采取长子继承制。1794年的一份文件记载，为了避免王位争夺战，曾经有段时间穆塔帕会把自己所有的儿子都杀死，只留下王位继承人。后来又决定废除这一传统，按长幼顺序继承王位。还有资料表明，18世纪东非沿海平原地区实行旁系继承

---

① W. Randles, Translated by R. Roberts, *The Empire of Monomotapa: From the Fifteenth to the Nineteenth Century*, p. 59.

② W. Randles, Translated by R. Roberts, *The Empire of Monomotapa: From the Fifteenth to the Nineteenth Century*, pp. 58–59.

制。① 新的穆塔帕继位之后，通常会把原来的大臣陆续换掉，改用"自己人"。如卡普朗兹内（Capranzine）继位后，任用同代人接替了他父亲时代的元老们，这些年轻人开始影响国王，劝说他杀掉所有的葡萄牙人。②

为了加强对全国各地的控制，保证臣民对国王的忠诚，穆塔帕王国确立并实行"火种效忠制"。每年国王都会派出使臣带着王室火种到全国各地，所到之处的臣民必须灭掉自己的火，然后用王室火种重新生火，以示绝对忠于国王。如果有臣民胆敢违抗，拒用王室火种，穆塔帕就会派出军队前往征讨，迫使其恢复对国王的忠诚。

军队是维护统治必不可少的力量，关于穆塔帕王国军队人数，16世纪初据说只有五六百人，由于没有马匹，远程作战难以为继，很少能超过3天。到1576年，据说常备军有3万人，战士能够轻易组织10万人，但这种说法太过夸张。到18世纪末，穆塔帕军队大约只有3000人，此时王国已经衰落。穆塔帕有自己的卫队，称为因费塞斯（Infices），负责保卫国王及王室安全，并且执行国王的判决。在葡萄牙人若昂·桑托斯（Joao Santos）看来，这些人都是"双手沾满鲜血的刽子手"。③

臣民向穆塔帕缴纳的贡赋分为两种：一是实物贡赋，二是劳役。当有人觐见国王或其妻子时，不得空手而来。葡萄牙人带来衣服，当地人带来牛、羊或布料，如果实在穷得一无所有，可以带一袋土或一捆稻草，也算献礼。这些礼物更多是象征性的，而非单纯经济性的，当着众人接受敬献的礼物可以提升国王的威望。税收方面，根据葡萄牙人的记载，穆塔帕王国无论黑人还是白人，每三年都要交一次税，买卖商品要交税，开矿也要交税。关于劳役，臣民和士兵每月都要为国王工作7天，在国王的农田里干农活或其他杂活。这种情况在其他绍纳王国也基本类似，如在奎特夫（Quiteve），每个村庄都有国王的土地，所有居民都要为国王

---

① W. Randles, Translated by R. Roberts, *The Empire of Monomotapa: From the Fifteenth to the Nineteenth Century*, p. 61.

② W. Randles, Translated by R. Roberts, *The Empire of Monomotapa: From the Fifteenth to the Nineteenth Century*, p. 64.

③ W. Randles, Translated by R. Roberts, *The Empire of Monomotapa: From the Fifteenth to the Nineteenth Century*, pp. 59–60.

劳作，而且每年劳作的天数都是确定好的，国王只待收获季节到来时收取田里的粮食。①

随着葡萄牙人从 16 世纪起入侵，穆塔帕王国受到的威胁日益加剧，独立权逐步丧失。1629 年，穆塔帕马武拉同葡萄牙人签署了丧权辱国的条约，葡萄牙人从此成为穆塔帕王国的实际统治者，这种状况持续了 60 多年。直到 1693 年，穆塔帕恩亚库奈姆比利（Nyakunembiri）联合昌加米尔共同抗击葡萄牙，成功驱逐葡萄牙人，恢复独立地位。

但是，赶走葡萄牙人、重获独立却未能阻止穆塔帕王国走向衰落，王国不仅财富和权力不断萎缩，而且领土范围也在缩小，到 18 世纪初已经失去了对津巴布韦高原大部分的统治权，其统治中心也被迫迁至东北部太特上游的赞比西河谷地。这里地势低，土地贫瘠，而且属于无法养牛的采采蝇区，与东部沿海的贸易也难以为继，这意味着穆塔帕王国的两大经济支柱——畜牧业和贸易均已丧失。

到 19 世纪末，延续了将近 500 年的穆塔帕王国已不复存在，穆塔帕的后代充其量成为津巴布韦东北部或者莫桑比克境内某个地方的酋长，已经不再拥有昔日穆塔帕的权力和荣耀。1856 年，以发现维多利亚大瀑布闻名于世的英国探险家利文斯顿见到了当时的穆塔帕，这个曾经无比辉煌荣耀的称号，已经落到一个普通酋长的身上。②

穆塔帕王国灭亡的主要原因有三个：一是 1823—1830 年津巴布韦经历了严重干旱，造成大面积饥荒。二是 19 世纪 30 年代恩贡尼人入侵，进一步削弱了穆塔帕王国的统治。三是 19 世纪下半叶葡萄牙人卷土重来，最终使穆塔帕王国走向灭亡。为了加强与英国、德国等欧洲殖民列强的争夺，葡萄牙政府鼓励本国国民前往东南部非洲，在赞比西河两岸抢占了大量土地，建立了许多类似于大庄园的普拉佐（Prazo），导致穆塔帕王国的生存空间越来越小。到 1884 年，最后一个穆塔帕德祖达战败，穆塔

---

① W. Randles, Translated by R. Roberts, *The Empire of Monomotapa: From the Fifteenth to the Nineteenth Century*, pp. 65–66.

② W. Randles, Translated by R. Roberts, *The Empire of Monomotapa: From the Fifteenth to the Nineteenth Century*, p. 43.

帕王国灭亡。① 但是，作为南部非洲历史上最强大的王国之一，穆塔帕王国曾经的荣耀和辉煌一直流传于世，它的一些影响也保留了下来。②

四　托尔瓦王国（1450—1685 年）

托尔瓦王国（Torwa State），或称为布图阿王国（Butua），位于津巴布韦西南部，始于 15 世纪中期，大约存续了 200 多年。托尔瓦是王国统治者的称号，布图阿是王国所在地区的名称，或称为布特瓦（Butwa）。"托尔瓦"的意思是"陌生人""外来者"，但有人怀疑这并不是统治者的真实称号，有一种观点认为托尔瓦王国的创建者名叫托戈瓦（Togwa）。③

托尔瓦王国被认为是津巴布韦王国的继承者，是津巴布韦绍纳文化的延续，两者虽然所处地域不同，但是很可能属于同一统治王朝。"从其建筑及出土的陶器看，托尔瓦王国是大津巴布韦的一个复制品。"④ 大津巴布韦被遗弃后，绍纳政治和文化中心西迁至卡米，相关的问题也随之而来：到底是津巴布韦王国原来的统治者领导了这次西迁运动，把首都迁至卡米，还是从津巴布韦王国统治集团中分离出来的一部分人新建了卡米，抑或是津巴布韦王国西部地区的地方统治者建立起卡米？这些历史谜团仍难以解答。

由于自然地理条件优越，卡米早在史前时期就有人类居住，15 世纪初成为津巴布韦主要居住区之一，重要性日益上升。15 世纪后期，卡米成为继大津巴布韦之后绍纳人新的统治中心，即托尔瓦王国的首都。统治者住在卡米河峡谷上游的一座山上，可以俯瞰整个卡米，乃至更远的地方，这一点与津巴布韦王国时期如出一辙。卡米文化与大津巴布韦文化一脉相承，并且在前者的基础上有进一步的发展。

综合来看，卡米文化是大津巴布韦文化的继承者，但并非简单的复

---

① 参见何丽儿《津巴布韦——南部非洲的一颗明珠》，第 44 页。
② P. C. Mazikana & I. J. Johnstone, *Zimbabwe Epic*, p. 40.
③ D. N. Beach, *The Shona & Zimbabwe 900–1850: An Outline of Shona History*, p. 199.
④ 联合国教科文组织编写《非洲通史》国际科学委员会：《非洲通史》（第五卷），第 566 页。

制，而是在传承的基础上有了很大创新和发展。这里出现了新的石头建筑风格，新的装饰风格，房子建在平台上，有的甚至还有秘密通道。陶器也有了创新，无论是风格还是装饰上。研究表明，卡米遗址最早始建于大约1410年，16世纪达到鼎盛，17世纪末被废弃。①

关于托尔瓦与穆塔帕的关系，有一种说法认为托尔瓦是穆塔帕的亲戚。两个王国的统治者均源自津巴布韦王国，一个在南方，一个在北方。至于两国关系，一种说法是托尔瓦王国向穆塔帕王国进贡，但这种说法并不可信，一是因为两国相距遥远，穆塔帕王国不太可能统治托尔瓦王国，二是因为从卡米遗址来看，当时的托尔瓦王国应该比穆塔帕王国还富有。另一种说法是两国互为敌人，大约在1494年发生战争，一直持续到1512年。正是因为这场战争，葡萄牙人听说了托尔瓦王国与穆塔帕王国一样强大，而在此之前对托尔瓦王国知之甚少。对于这场战争，葡萄牙人加斯帕尔·维洛佐（Gaspra Veloso）写到，从津巴布韦高原到索法拉，所有的国王都要效忠于穆塔帕。他还提到，在更深的内陆地区，有个布图阿王国（即托尔瓦王国），与穆塔帕王国一样强大，而且盛产黄金，但是它不肯服从穆塔帕，于是双方发生战争。1552年，葡萄牙历史学家若昂·巴洛斯（Joao de Barros）在其有名的著作《亚洲十年》中提到托尔瓦王国，称其是穆塔帕王国的一个附属国。②

托尔瓦王国经济以农业和畜牧业为支柱，达到了较高水平。以纺织业为例，托尔瓦王国自己生产棉布，同时也从印度进口棉布。葡萄牙人经过比较后发现，本地产棉布比进口棉布工艺更好，更为稀有，更有价值。③ 由于经济较为发达，托尔瓦王国以富有著称，甚至比同时期盛极一时的穆塔帕王国更为富有。"托尔瓦王国之富有、王宫之豪华、王族之庞大，令人印象极为深刻。"④

在托尔瓦王国，伊斯兰教从东部沿海传入，穆斯林的影响力存在时

---

① D. N. Beach, *The Shona & Zimbabwe 900 – 1850*: *An Outline of Shona History*, p. 192.
② W. Randles, Translated by R. Roberts, *The Empire of Monomotapa*: *From the Fifteenth to the Nineteenth Century*, pp. 7 – 8.
③ P. C. Mazikana & I. J. Johnstone, *Zimbabwe Epic*, p. 48.
④ P. C. Mazikana & I. J. Johnstone, *Zimbabwe Epic*, p. 50.

间较长。但是随着葡萄牙人到来，形势发生了变化。17 世纪 40 年代，托尔瓦王室为争夺王位发生内战，成为王国走向衰亡的前兆，葡萄牙势力借机介入，胜出者依靠葡萄牙人支持取得王位并维护其统治，遂下令清除本国穆斯林，使葡萄牙人的政治、经济影响力迅速扩大。

在这场内战中，都城卡米城受到攻击、劫掠和焚烧。此后，托尔瓦王国将首都西迁至达南贡贝（Danangombe），当地语称得罗得罗（Dhlo Dhlo），当时的人口约 2000 人，规模远小于大津巴布韦和卡米，但是保持了绍纳文化的较高水平。内战使托尔瓦王国元气大伤，繁荣不再，在勉强维持了约 40 年后，最终被昌加米尔王国征服。

17 世纪 80 年代，新崛起的昌加米尔王国从津巴布韦高原东北部向西南部进发。此时的托尔瓦王国已经国力虚弱，无力进行抵抗，很快便被昌加米尔王国占领。这一过程非常顺利，并未发生严重的暴力流血和破坏性活动，因此托尔瓦王国的文化、语言和住所都被保留下来，并被昌加米尔王国所接受。两个王国统治家族之间还相互通婚，促进了民族融合。到 1685 年，昌加米尔王国已经是"布图阿（托尔瓦）的黑人统治者"。[1] 被认为是津巴布韦王国正统继承者的托尔瓦王国在存续了 200 多年以后，终被另外一个绍纳族王国所取代。

五　昌加米尔王国（1670—1866 年）

昌加米尔王国（Changmire State）或称罗兹韦王国（Rozvi），昌加米尔是该王国统治者的称号，而罗兹韦是葡萄牙人对该王国绍纳人的称呼。"罗兹韦"一词最早由葡萄牙人使用，意思是"昌加米尔的武士和支持者"，可能源于"库罗兹瓦"（Kurozva）一词，意为"毁灭者"。[2]

早在 15 世纪就存在一个昌加米尔国，是穆塔帕王国的臣属国。15 世纪末，昌加米尔王国反抗穆塔帕，失败后迁至津巴布韦东南部，以避免受到进一步迫害。16 世纪上半叶，昌加米尔王国又与穆塔帕王国发生了一些冲突，在 1547—1548 年被打败，从此在历史上消失了约 150 年。直

---

[1] D. N. Beach, *The Shona & Zimbabwe 900–1850: An Outline of Shona History*, p. 201.

[2] D. N. Beach, *The Shona & Zimbabwe 900–1850: An Outline of Shona History*, p. 227.

到 17 世纪下半叶，昌加米尔王国从津巴布韦东北部重新崛起，并逐步发展成为一个强大的绍纳王国，可以与穆塔帕王国匹敌，甚至能够打败后者。但是，历史学家比奇认为，后来出现的昌加米尔王国虽然有可能是早期昌加米尔王国的继承者，但是除了名字一样以外，并没有明确证据表明两者有直接关系。①

昌加米尔王国的创立者名为东博（Dombo），据说他原来是为穆塔帕饲养牲口的，后来获得封地，逐渐发展强大起来。17 世纪 70 年代，昌加米尔王国独立，同穆塔帕王国形成分庭抗礼之势，抢占其土地和牲口，吸引了大批追随者。1684 年，穆塔帕姆孔布韦（Mukombwe）派兵镇压昌加米尔王国的反抗，却以失败告终。17 世纪 80 年代，昌加米尔率部向津巴布韦西南部进发，征服并占领了托尔瓦王国，继续将达南贡贝作为首都，成为津巴布韦历史上一个重要的绍纳王国。昌加米尔王国的核心统治区域包括利姆卡地区（Rimuka）、萨比河谷、文扎地区（Wedza）、姆比瑞地区（Mbire）和现在的马塔贝莱兰地区等。② 由于罗兹韦人骁勇善战，军力强大，昌加米尔王国一度成为南部非洲最强大的国家。

昌加米尔军队训练有素，纪律严明，装备精良，以弓箭、短剑、镖枪、战斧及短棒为武器，他们的组织与 19 世纪祖鲁国王恰卡的军队非常相似，战斗力极强。像祖鲁人那样，罗兹韦人将其军队编成军团，在战斗中也采用新月队形。

1693 年，昌加米尔军队与穆塔帕军队联手对葡萄牙人发动攻击，将葡萄牙人从登巴拉雷（Dambarare）和马尼卡的集市赶走，威震津巴布韦高原，也因此被葡萄牙人视为"最致命的敌人"。

昌加米尔王国强大的军事力量一直保持到 18 世纪下半叶，拥有长途作战的能力，其军队北上攻打穆塔帕王国，东向最远到达赞比西河沿岸的宗博（Zumbo）以及马尼卡，南向跨过林波波河，进入文达王国（Venda）。18 世纪初，强大的昌加米尔军队入侵津巴布韦高原北部，打进穆塔

---

① D. N. Beach, *The Shona & Zimbabwe 900 – 1850: An Outline of Shona History*, p. 228.

② H. H. K. Bhila, *Trade and Politics in a Shona Kingdom: The Manyika and Their African and Portuguese Neighbours 1575 – 1902*, Longman Group Limited, 1982, p. 5.

帕王宫，抓住并杀死了国王丹古兰果（Dangurango），然后另立傀儡国王萨姆坦博（Samutambo）。昌加米尔将穆塔帕置于严厉的控制和监督之下，以至于人们称"穆塔帕只是昌加米尔的臣民，而非他所管理国家的统治者"。①

昌加米尔王国统治者运用与穆塔帕统治者相似的方法统治着他的帝国，这种统治机制包括土地分配、缴纳贡税、宗教以及训练高效的军队。② 与此同时，昌加米尔王国的政治结构又具有自身的典型特点，其统治权受到三大势力集团的支持：一是昌加米尔家族及其来自津巴布韦高原东北部的忠实追随者，二是绍纳族的卡朗加族人（Kalanga），三是被征服后归顺的托尔瓦王国原统治阶层。依靠强大军队和统治集团的支撑，昌加米尔王国建立起高度集权的统治。为了显示王权的至高无上和神圣性，昌加米尔每次出巡时都由人们抬着，而且他的身体和衣服的任何部分都不能着地。昌加米尔不仅拥有王国境内包括黄金在内的全部矿产，而且按规定拥有所有发光的东西。对此，葡萄牙人弗朗西斯科·卡斯特罗（Francisco Castro）在1750年写道，"昌加米尔不允许臣民拥有黄金以及任何发光的东西，违者处死；无论树叶还是矿藏，它们都属于国王"。③

昌加米尔经常派出使臣到藩属国去征收贡税，这样还可以借机更多地了解藩属国，以便进一步侵略它们。对于反叛者，昌加米尔下令处以死刑，一种是将罪犯斩首，一种是令罪犯服毒而亡，另外一种是把罪犯关进狗笼子里，将开水倒在狗身上，发疯的狗会把罪犯咬死。对于轻罪者，比如进贡迟了，或者疏于朝觐，或者没有为昌加米尔保留狩猎场等，也有多重处罚方式，一是让犯人用嘴巴咬住一块刚剥下来的兽皮，直到它变干为止，另一种是让犯人咀嚼刚烤熟的花生米，灼热难当。上述处罚中，如果是让犯人服毒而亡，那么其土地和财产还可以被子嗣或亲属

---

① W. Randles, Translated by R. Roberts, *The Empire of Monomotapa: From the Fifteenth to the Nineteenth Century*, p. 39.
② 联合国教科文组织编写《非洲通史》国际科学委员会：《非洲通史》（第五卷），第583页。
③ W. Randles, Translated by R. Roberts, *The Empire of Monomotapa: From the Fifteenth to the Nineteenth Century*, p. 88.

继承；如果是被斩首，那么其土地和财产都归昌加米尔所有。①

毫无疑问，17世纪末至18世纪初是昌加米尔王国最强盛的时期，从18世纪中期开始昌加米尔王国走向衰落。② 昌加米尔王国四处扩张和入侵邻国，消耗了大量国力。内部权力斗争激烈，王位争夺战进一步削弱了王国的统治基础。加之黄金开采量下降，贸易衰退，严重旱灾，都直接影响了国家经济。在多重因素作用下，昌加米尔王国走向衰落，直接或间接控制的区域越来越少。

19世纪上半叶恩贡尼人北迁，昌加米尔王国不断受到侵扰和攻击。1836年，恩贡尼族女性首领恩亚玛扎娜（Nyamazana）率部队攻入昌加米尔王国，杀死了昌加米尔奇里萨姆胡鲁（Chirisamhuru）。战争和抢掠之后，恩亚玛扎娜率部离开了昌加米尔王国。1840年前后，姆兹利卡兹率领恩德贝莱人跨过林波波河，进入津巴布韦西南部，征服并占领了这一地区。1866年，最后一位昌加米尔托维奇皮（Tohwechipi）被恩德贝莱人俘获，昌加米尔王国最终灭亡。

昌加米尔王国以军事力量强大著称，以曾经打败和驱赶葡萄牙人为荣，在津巴布韦历史上写下了抗击外来入侵的光辉一页。但也有历史学家提出应当全面地看待这一段历史："罗兹威军队被神秘化的另一方面是其无往而不胜，他们在17世纪末击败了葡萄牙人常被认为是典型事例。但是不能孤立地看待这些军事上的胜利，却忽略了这一时期葡萄牙人在整个东非与中非地区存在的现实。……换言之，与罗兹威进行战斗的葡萄牙人，并不是组织起来的全部葡萄牙军事力量，因为葡萄牙人正在集中力量重新建立他们对东非沿岸的控制。"③ 这种说法似乎有一定道理，但它忽略了一个事实，即昌加米尔王国深处津巴布韦内陆，葡萄牙人并不一定具备挺进并征服内陆的能力，16世纪时葡萄牙人征服穆塔帕王国的企图最终以失败告终，足以给葡萄牙人深刻教训。

---

① H. H. K. Bhila, *Trade and Politics in a Shona Kingdom: The Manyika and Their African and Portuguese Neighbours 1575-1902*, pp. 101-102.

② D. N. Beach, *The Shona & Zimbabwe 900-1850: An Outline of Shona History*, p. 274.

③ 联合国教科文组织编写《非洲通史》国际科学委员会：《非洲通史》（第五卷），第584页。

第三节　葡萄牙殖民者入侵

最早入侵津巴布韦的欧洲殖民者是葡萄牙人。津巴布韦历史上就盛产黄金，一度有"黄金之国"的传说。"对黄金的渴望"可能是推动欧洲人去进行征服并取得世界经济霸权的一个有力的因素。在这样的形势之下，地中海沿岸的基督教徒对非洲黄金表现出强烈兴趣是很容易理解的。①

早在 11 世纪，穆斯林航海者就在进行通往索法拉港（Sofala）的沿海贸易，从未中断过，一直持续到葡萄牙人到来，即使沿海城市之间的激烈竞争可能给穆斯林商人造成困难，也没有影响贸易的开展。② 索法拉港位于莫桑比克海岸，是当时重要的贸易港口，尤其以黄金贸易著称，因此被人们称为"黄金之港"。

葡萄牙殖民者垂涎于当时穆塔帕王国的黄金和财富，凭借其地理大发现优势和发达的航海技术，于 16 世纪初来到莫桑比克沿海，并逐步向津巴布韦内陆渗透入侵。1506 年葡萄牙人甫抵索法拉，他们发现阿拉伯—斯瓦希里商人已牢牢地建立了根基，随后由于几次军事冲突，双方成为敌人。葡萄牙人得胜后，阿拉伯—斯瓦希里人逃至北方，占领了赞比西河沿岸的战略要地，不断破坏葡萄牙人沿赞比西河商道以及在通往内地贸易路线上进行的商业活动。葡萄牙人迅速反击，将他们从大部分的战略要地赶走。1531 年葡萄牙人将塞纳和太特建成主要的贸易中心，葡萄牙人的商业活动也相应北移，从而降低了索法拉地区商业活动的重要性。打败阿拉伯—斯瓦希里人以及对塞纳和太特的有效占领，使得葡萄牙人垄断了商品供给，也结束了阿拉伯—斯瓦希里人独立的贸易地位。但是，因为葡萄牙人既无技术又无人力，也因为阿拉伯—斯瓦希里人迫切希望继续在这一地区经商，所以（尽管很不容易）他们结成了一种联

---

① 联合国教科文组织编写《非洲通史》国际科学委员会：《非洲通史》（第四卷），第 592 页。

② 联合国教科文组织编写《非洲通史》国际科学委员会：《非洲通史》（第四卷），第 577 页。

盟。在随后的一个世纪里，阿拉伯—斯瓦希里人成为葡萄牙人在内地的贸易代理人。非洲商人在葡萄牙人到来很久以前就为阿拉伯—斯瓦希里商人担当中间人，他们的作用在阿拉伯—斯瓦希里人与葡萄牙人的联盟中得到进一步的确认。①

第一个向葡萄牙国王报告穆塔帕王国情况的葡萄牙人是迪奥戈·阿尔卡考瓦（Diogo de Alcacova）。他在落款日期为1506年11月20日的致葡萄牙国王的信中提到了非常重要的两点：一是这个国家的名字为乌卡兰加（Ucalanga），即卡兰加人居住的地方；二是国王的称号为穆塔帕。② 1552年，葡萄牙历史学家若昂·巴洛斯在其著作《亚洲十年》中专列了长长的一章来记载穆塔帕王国，被当时所有的地理学家信服。他写到，津巴布韦高原和莫桑比克低地实际上是一体的，连同索法拉王国在内，都处在穆塔帕统治之下。③

过了70年以后，葡萄牙首次尝试征服穆塔帕王国。1560年3月11日，葡萄牙传教士贡萨洛·西尔维拉（Father Goncalo da Silveira）抵达索法拉，在当地传教，在短短7周时间里，便成功说服一名卡兰加族酋长盖巴（Gamba）及450名族人皈依基督教。然后他在当年底沿赞比西河而上，进入穆塔帕王国首都。1561年1月，西尔维拉成功说服穆塔帕皈依基督教。穆斯林商人将此视为对自身利益的极大威胁，便进言称西尔维拉是葡萄牙国王派来试图谋杀穆塔帕的巫师，是为了在当地建立一个葡萄牙人定居的王国。于是，穆塔帕在1561年3月15日下令处死了西尔维拉，他的尸体被扔进当地一条河里。

西尔维拉之死成为葡萄牙入侵穆塔帕王国的借口，葡萄牙国王塞巴斯蒂安（Sebastian）下令组成远征军入侵穆塔帕王国。名为报复西尔维拉之死，实则借机进行殖民扩张，掠夺非洲的财富。葡萄牙人还把此次远

---

① 联合国教科文组织联合国教科文组织编写《非洲通史》国际科学委员会：《非洲通史》（第四卷）：《非洲通史》（第五卷），第596—597页。

② W. Randles, Translated by R. Roberts, *The Empire of Monomotapa: From the Fifteenth to the Nineteenth Century*, p. 5.

③ W. Randles, Translated by R. Roberts, *The Empire of Monomotapa: From the Fifteenth to the Nineteenth Century*, pp. 7 – 8.

征描绘为基督徒对抗穆斯林的斗争,以此吸引更多人参与。

远征军共 1000 人,由葡萄牙前印度总督弗朗西斯科·巴雷托(Francisco Barreto)任司令,分乘 3 艘船,1569 年 4 月 16 日从葡萄牙首都里斯本出发。第一艘船于同年 8 月抵达莫桑比克,第二艘船,也是巴雷托乘坐的指挥舰于 1570 年 3 月 14 日抵达莫桑比克,第三艘船数月后抵达。经过长途跋涉,很多人在途中死亡,当葡萄牙远征军抵达赞比西河河口时,只剩下 700 人。① 1571 年 11 月 4 日,远征军沿赞比西河而上,12 月 18 日抵达塞纳港,然后继续向穆塔帕王国内陆进发,但是遭到马拉维人(Maravi)和斯瓦希里人的顽强抵抗,加之受热带疾病威胁和食物短缺困扰,远征军被迫于 1572 年 12 月撤回莫桑比克。经过修整和补给后,巴雷托于 1573 年 3 月 3 日率兵第二次向穆塔帕王国内陆进发。但是疟疾和昏睡病夺去了许多人的生命,巴雷托也未能幸免于难,他在 1573 年 7 月 9 日病死于塞纳。其副手瓦斯科·奥梅姆(Vasco Homem)接替远征军司令职务,不得不率领剩余部队返回莫桑比克。

休整后,奥梅姆决定改变路线,放弃沿赞比西河进入穆塔帕王国,转而从索法拉港出发,经由内陆进入穆塔帕王国。这一路线途中必须经过乌特夫王国(Uteve,或称奎特夫 Quiteve)和马尼卡王国。乌特夫国王率众进行顽强抵抗,杀死了一些葡萄牙人,但最终不敌对方,葡萄牙人攻入并放火烧了其都城。随后逼近马尼卡王国都城,马尼卡国王齐堪加(Chikanga)吸取了乌特夫王国抵抗葡萄牙人失败的教训,派出使臣带着大量物品和牛会见奥梅姆,双方签署了和平条约,马尼卡国王给予葡萄牙人在本国境内自由通行和贸易的权利。葡萄牙人在马尼卡王国停留了数天,看了许多处矿山,虽然储量丰富,但是苦于没有重型机器,而且缺乏人力,无法进行采掘。葡萄牙人认识到,采矿所需投资巨大,需要大型机器和大量人力,而这在当时都是不具备的,通过贸易获得黄金比直接开采黄金更有利可图,于是决定放弃进军穆塔帕王国,按原路返回索法拉,此次远征结束。葡萄牙远征军的目标是征服穆塔帕王国,但他

---

① W. Randles, Translated by R. Roberts, *The Empire of Monomotapa: From the Fifteenth to the Nineteenth Century*, p. 29.

们最终连该王国的领土都未能踏入,这个意义上说远征以失败告终。

整个16世纪,葡萄牙人对穆塔帕王国称臣,向穆塔帕王国进贡和交税,以此保证葡萄牙商人在穆塔帕王国境内自由贸易。如果不进贡或者进贡迟了,葡萄牙人将面临货物被没收的风险。

但是到了17世纪,这种关系完全颠倒了过来。17世纪初,穆塔帕王国内外交困,国力严重衰落,葡萄牙人借机停止向穆塔帕盖西·鲁瑟利(Gatsi Rusere)进贡,并支持反叛力量,双方互不信任和敌对加深。1623年,鲁瑟利去世,引发王位争夺战。葡萄牙人支持马武拉·姆汉德(Mavura Mhande)与鲁瑟利之子恩亚姆布·卡帕拉利兹(Nyambu Kapararidze)争夺王位。经过4年多的内战,卡帕拉利兹被赶下台,马武拉获胜,成为新任穆塔帕。

作为回报,马武拉甘愿对葡萄牙称臣。1629年5月24日,马武拉同葡萄牙人签署了丧权辱国的条约,其主要内容有:葡萄牙传教士可以在穆塔帕王国境内完全自由地传教,建立教堂;葡萄牙代表在会见穆塔帕时可以不用脱鞋、摘帽和解除武器;葡萄牙商人在穆塔帕王国境内任何地方都可以自由通行;穆塔帕王国每年要向葡萄牙进贡3帕斯塔黄金(Pastas,大约128公斤)。[①] 该条约使葡萄牙殖民者获得很多权利,他们在当地肆意剥削人民,掠夺资源。穆塔帕王国官员的任命都要经过葡萄牙人同意,葡萄牙人任命官员的一个重要条件是看此人是否皈依基督教。没有葡萄牙人的支持,穆塔帕王国的地方酋长也难以保住其地位。由此,葡萄牙人成为穆塔帕王国的实际统治者,穆塔帕则成为葡萄牙人的傀儡。[②]

1629年的条约导致穆塔帕王国境内的葡萄牙商人、传教士和探险者数量大增,他们大量攫取土地,建立庄园,发展成为普拉佐。葡萄牙人由外来者变成了殖民者,由外来客人变成了当地大片土地的控制者,他们的不法行为带来了一段时期的混乱和无政府状态。葡萄牙人入侵导致

[①] W. Randles, Translated by R. Roberts, *The Empire of Monomotapa: From the Fifteenth to the Nineteenth Century*, p. 33.

[②] P. C. Mazikana & I. J. Johnstone, *Zimbabwe Epic*, p. 39.

穆塔帕王国走向分崩离析，而且导致普拉佐制度的产生。

1631年，被废黜的穆塔帕卡帕拉利兹发动大规模武装叛乱，试图重新夺回王位。应穆塔帕马武拉的请求，葡萄牙人出面帮助镇压叛乱，最终以阵亡400名葡萄牙士兵和6000名穆塔帕士兵的代价赢得胜利，卡帕拉利兹方面则死亡1.2万人，但他本人有幸逃脱。① 此后，穆塔帕王国的局势趋于稳定。

整个17世纪，津巴布韦高原和沿海地区各个王国的统治者们，包括穆塔帕、马尼卡、奎特夫等在内，都需要借助葡萄牙人来维护他们的统治，因此他们对葡萄牙人越来越唯命是从，这些王国成为葡萄牙的附属国。马尼卡国王试图反抗葡萄牙人，结果于1631年被杀死。葡萄牙人另立其兄弟为傀儡国王，他立即皈依基督教，对葡萄牙俯首称臣，并且跟穆塔帕王国一样，每年向葡萄牙进贡3帕斯塔黄金。奎特夫王国则每年要向葡萄牙进贡235公斤象牙，并且允许葡萄牙商人在其国境内自由经商。② 总之，葡萄牙人的势力范围覆盖整个津巴布韦高原东北部，并且在继续扩大。

在葡萄牙人看来，当地黑人非常懒惰。葡萄牙人若昂·巴洛斯写道："这些人（黑人）太懒惰了，不愿意去采金。或者更准确地说，他们没有太多欲求，只有饥饿才能驱使这些黑人前去采矿。"另一个葡萄牙人安东尼奥·戈梅斯（Antonio Gomes）这样形容非洲人："黑人从不考虑未来，只活在当下，只要他们有所需的，就会待在家里，不会出去劳作。"③

为了从非洲人那里得到更多的黄金，穆斯林商人采用赊账的方式卖给黑人衣服、玻璃珠等商品，并告诉他们采到黄金之后再来付账。如此一来，欠债在身的黑人就不得不出去工作，以遵守他们的诺言，采到黄金后偿还债务。这一方法后来被葡萄牙人继承，并且在17世纪演变成"强迫贸易"。葡萄牙人诱使黑人赊购商品，黑人如果还不上欠款，就只能卖身为奴，以抵偿债务。

---

① P. C. Mazikana & I. J. Johnstone, *Zimbabwe Epic*, p. 33.
② P. C. Mazikana & I. J. Johnstone, *Zimbabwe Epic*, pp. 33 – 34.
③ P. C. Mazikana & I. J. Johnstone, *Zimbabwe Epic*, pp. 82 – 83.

葡萄牙商人主要关心黄金及象牙贸易，致使区域贸易的主要商品如铁、盐和铜在商业意义上降到了次要地位。到16世纪30年代，葡萄牙商人渗透到穆塔帕帝国的内地，集中从事盐、铜、铁以及黄金和象牙等商品贸易。"一种商品贸易刺激了另一种贸易，从而出现了非洲商人阶级。……紧挨着贸易路线居住的非洲农耕者生产的剩余农产品越来越多，并卖给商人和他们的搬运工，在这一过程中，他们自己也逐渐发生变化。这些对于他们所售商品的国际价值一无所知的非洲农民遭到葡萄牙商人无情的剥削。"①

葡萄牙人入侵津巴布韦的同时带来了基督教，葡萄牙传教士在各地进行传教活动，试图将当地人转化为基督徒。穆塔帕马武拉便皈依了基督教，以菲利普（Philip）为其教名。但是，由于当地人强烈信奉他们自己的传统和文化，葡萄牙人的传教活动进行得并不顺利。从16世纪20年代到17世纪90年代，当地皈依基督教的人并不比先前皈依伊斯兰教的人多。"这个国家的人民坚持信奉他们自己的传统和文化，直到19世纪末西方殖民者从军事上、社会上和经济上将本地文化完全撕裂，外来宗教才在当地站稳脚跟。"②

葡萄牙人的入侵引起了当地人民的强烈反对，绍纳族统治者也产生了反击葡萄牙人的想法。17世纪70年代起，穆塔帕姆孔布韦（Mukombwe）不再甘愿做葡萄牙人的傀儡，起而反对葡萄牙人。1693年，穆孔布韦的兄弟、继任者恩亚库奈姆比利（Nyakunembiri）主动联合昌加米尔攻打葡萄牙人。于是两个绍纳王国联合起来，向葡萄牙人发起进攻。同年11月，登巴拉雷（Dambarare）的葡萄牙人市场遭到绍纳军队袭击，那里所有的葡萄牙人被杀死。这一消息传到其他市场，葡萄牙人闻风丧胆，全部仓皇逃离。葡萄牙人被赶出津巴布韦高原，这段绍纳人反抗葡萄牙殖民者的历史，与后来推翻英国殖民统治的历史非常相似，因此被津巴布韦人民所称道。③

---

① 联合国教科文组织编写《非洲通史》国际科学委员会：《非洲通史》（第五卷），第602页。
② P. C. Mazikana & I. J. Johnstone, *Zimbabwe Epic*, p. 42.
③ P. C. Mazikana & I. J. Johnstone, *Zimbabwe Epic*, p. 39.

葡萄牙人还害怕绍纳人乘胜进攻其重要据点太特、塞纳和索法拉港等。但是随着昌加米尔于 1696 年去世，他的儿子为争夺王权而战，葡萄牙人才幸免于难。此次事件之后，葡萄牙人认识到昌加米尔王国是津巴布韦最强大的力量，便试图与其结盟。因此，在 1743 年、1772 年和 1781 年，宗博的葡萄牙人多次请求昌加米尔派军队保护他们。昌加米尔王国灭亡之前，葡萄牙人基本上与其保持友好关系。①

葡萄牙人虽然被赶走，但是双方的贸易关系并未因此中断。整个 18 世纪，葡萄牙人与津巴布韦高原的贸易是从赞比西河沿岸的宗博港开始的。该港口始建于 1720 年，1726 年葡萄牙传教士弗雷·特林达德（Frei Trinadade）到来后，致力于港口的建设发展，直到他 1751 年去世，这 25 年是宗博港快速发展的时期。但是到了 18 世纪末、19 世纪初，葡萄牙人在东南部非洲的力量进一步遭到削弱，宗博港在 1780 年被废弃，后虽然经历重建，但在 1836 年又被完全摧毁。

关于葡萄牙人对津巴布韦的影响，廷德尔给予如此评价："事实上，虽然葡萄牙人在马绍纳兰的影响延续了一百多年，但从来没有对非洲社会有过重要的影响。葡萄牙人人数太少，无法瓦解社会结构并确立西方的生活方式……葡萄牙人从内陆撤走以后，非洲人大都一仍旧贯，过他们自己的生活方式。"② 在后来 19 世纪末的殖民地争夺战中，葡萄牙虽然仍在觊觎津巴布韦，但却无力与英国抗衡。最终葡萄牙占领莫桑比克，英国占领津巴布韦，双方还签署了划分边界的协议。

第四节　恩德贝莱王国

19 世纪上半叶，南部非洲班图人诸多部落之间为争夺权力、土地和资源，相互征战讨伐，出现长期持续战乱，史称"姆菲卡尼运动"（Mfecane）。在恩贡尼语中，姆菲卡尼意为"粉碎"。这场运动影响很大、很

---

① D. N. Beach, *The Shona & Zimbabwe 900 – 1850：An Outline of Shona History*, pp. 220 – 221.

② ［英］P. E. N. 廷德尔：《中非史》，陆彤之译，上海人民出版社 1974 年版，第 90—91 页。

深，以至于被称为一场巨大的社会、政治革命。在姆菲卡尼运动中，旧的国家被打败、征服和兼并。一些国家被赶出传统的地盘、被迫在新的地方重建家园。许多国家在这一过程中被削弱，变得贫困不堪。在某些情况下，传统的统治王朝被取代，而在另一些情况下，整座村庄的居民被消灭或被俘虏。然而，就在这样一场革命中，一些大规模的中央集权王国在南部非洲的几个地方诞生了。① 其中，就包括在津巴布韦西南部建立的恩德贝莱王国。

19世纪上半叶恩贡尼人北迁，是南部非洲班图人大迁徙的一部分，也成为影响津巴布韦历史进程的重大事件。恩贡尼人居无定所，四处迁移，不同的部落迁移路线也不同。1827年起，恩贡尼人从林波波河以南北迁，一路侵袭津巴布韦高原和沿海地区，越过赞比西河，直到今赞比亚、坦桑尼亚和马拉维。恩贡尼人保持了军团建制的基本结构，其军队英勇善战、纪律严明、富有战斗力，依靠突袭战术侵袭邻国，大部分侵袭发生在黎明或黄昏村庄毫无准备之时。一旦他们暂时定居下来，便派出军团去抢掠粮食和牲口，以武力征收贡赋。

第一支北上的恩贡尼人由恩科萨巴（Nxaba）率领，1827年开始了"血与火"的征程，一路上烧杀抢掠，其残暴程度前所未闻。1830年进攻奎特夫王国，然后是马尼卡王国和昌加米尔王国。根据祖鲁族的传统，对于敌方俘虏，老人和孩子将被处死，年轻男性全部充军，年轻女性则被分配给士兵做妻子。1836年10月10日，恩科萨巴的部队突袭索法拉港，葡萄牙人所有的牲口被抢走，所幸全部人员都躲进城堡里，才没有造成伤亡。②

1831年，兹万根达巴（Zwangendaba）率领的恩贡尼人西进攻打昌加米尔王国，遭到他们的顽强抵抗。1835年11月兹万根达巴穿过赞比西河，连同其他恩贡尼人分支，分布在今赞比亚、马拉维和坦桑尼亚境内，成为恩贡尼人北迁路线最远的部落。1836年，兹万根达巴的亲戚，也是

---

① 联合国教科文组织编写《非洲通史》国际科学委员会：《非洲通史》（第六卷），第78页。

② W. Randles, Translated by R. Roberts, *The Empire of Monomotapa: From the Fifteenth to the Nineteenth Century*, pp. 42–43.

著名的恩贡尼族女性首领恩亚玛扎娜（Nyamazana）率领部队攻入昌加米尔王国，杀死了昌加米尔奇里萨姆胡鲁（Chirisamhuru）。战争和抢掠之后，恩亚玛扎娜率部离开了昌加米尔王国。①

19 世纪初，库马洛（Khumalo）部落酋长姆兹利卡兹（Mzilikazi）领导的恩德贝莱人反抗祖鲁国王。1822 年，姆兹利卡兹被祖鲁王国军队打败，逃过德拉肯斯山，在几百名手执冷兵器的赤足战士护卫下，开始了 20 年的漂泊生活，行程 1500 英里，穿越许多陌生之地。② 1840 年前后，姆兹利卡兹率领恩德贝莱人跨过林波波河，进入津巴布韦西南部，征服并占领了这一地区。在此后的 20 年里，前昌加米尔奇里萨姆胡鲁的儿子托维奇皮（Tohwechipi）率余部反击恩德贝莱人，但已无力回天。1866 年，托维奇皮被恩德贝莱人俘获，昌加米尔王国最终灭亡。

直到 19 世纪末英国殖民者到来之前，恩德贝莱人都是该地区的霸主。恩德贝莱王国对绍纳人的政策是直截了当的，提供给他们的选择要么是进贡，要么被侵袭。③ 恩德贝莱人四处袭击绍纳人，不仅抢夺他们的牛和粮食，还把被俘的绍纳人编入恩德贝莱军队中，充当低等士兵。④ 绍纳人抵挡不住恩德贝莱人的进攻，纷纷逃亡东部山区避难。留下来的人则成为恩德贝莱王国的臣民，被迫向恩德贝莱人进贡，而且贡品数量逐年增加。老老实实的进贡者会获得暂时安全，拒绝进贡者必将招致武力侵袭，老人孩子被杀死，年轻女性被掳走，财物被抢掠一空，住所被放火烧毁。恩德贝莱人入侵导致绍纳族人口和财富都急剧减少，当地经济也遭到很大破坏。对此，历史学家埃克斯利（W. A. Eckersley）在 1895 年写道："大片良田荒芜，许多村庄被遗弃，只留下房屋的石头地基，一块块的林间空地随处可见，足以说明不久之前马绍纳兰地区的人口要比

---

① 另外一说，昌加米尔奇里萨姆胡鲁是被兹万根达巴部队所杀。参见联合国教科文组织编写《非洲通史》国际科学委员会：《非洲通史》（第六卷），第 102 页。

② 联合国教科文组织编写《非洲通史》国际科学委员会：《非洲通史》（第六卷），第 91 页。

③ Brian Raftopoulos & A. S. Mlambo (eds.), *Becoming Zimbabwe: A History from the Pre-colonial Period to 2008*, Weaver Press, Harare, 2009, p. 34.

④ A. K. H. *Weinrich*, *Women and Racial Discrimination in Rhodesia*, UNESCO, Paris, 1979, p. 15.

现在稠密得多。"另一位历史学家帕谢科（A. M. Pacheco）在1861—1862年写道："齐德马（Chedima）和丹德（Dande）两个地区遭到恩贡尼人严重破坏，这里的人们四处逃散，国家败亡，沃土荒废，满目疮痍，令人悲叹。"①

恩德贝莱王国是一个王权至高无上、实行军事化组织的国家。国王拥绝对的权威，他集军事、经济、司法、宗教等权力于一身。国王被神化，据说他不仅能造雨、医病，还具有御敌于国门之外的魔力。② 恩德贝莱国王的这种至高神圣地位反映在每年的"首季收获"（Incwala）庆典上，庆典的场面非常宏观壮大。

恩德贝莱王国拥有强大的军事力量，这是其进行征伐扩张和维护统治的基础。几乎所有恩德贝莱族的成年男子都要加入军队，编入军团。姆兹利卡兹晚年军队约有20000人，分为几个军团，由称为"英杜纳"（Induna）的军团司令监督。他们分属4个军区管辖，姆兹利卡兹统领全军。由于恩德贝莱王国是征服性很强的国家，它的庞大军队组织在很大程度上与国家政治或行政组织重叠，（并且）其规模和能力使后者相形见绌。③

恩贡尼人北迁极大地改变了当地政治权力结构和经济社会发展，尤其是极大改变了当地民族版图和民族关系。恩德贝莱人入主津巴布韦西南部马塔贝莱兰地区，建立恩德贝莱王国，一度成为津巴布韦高原的统治民族，也成为现代津巴布韦的两大主体民族之一。民族关系在很大程度上影响着津巴布韦的独立进程以及独立建国后的政治进程和发展之路。

---

① W. Randles, Translated by R. Roberts, *The Empire of Monomotapa: From the Fifteenth to the Nineteenth Century*, pp. 44–45.
② 何丽儿：《津巴布韦——南部非洲的一颗明珠》，第52页。
③ 联合国教科文组织编写《非洲通史》国际科学委员会：《非洲通史》（第六卷），第94页。

第 二 章

辉煌的古代绍纳文明

从 10 世纪左右,属于班图人一支的绍纳人便居住在津巴布韦,他们用自己的智慧和双手创造了津巴布韦文明,创造了津巴布韦文化,书写了津巴布韦历史。大津巴布韦遗址是撒哈拉以南非洲最重要的古代遗址,是古代非洲文明的杰出代表,是撒哈拉以南非洲文明的极高成就,1986年被联合国教科文组织列为世界文化遗产。津巴布韦的国名便来源于大津巴布韦遗址,它也因此成为世界上唯一一个以古代遗址命名的国家。

第一节 大津巴布韦遗址

从津巴布韦首都哈拉雷往南约 300 公里,经过马旬戈省省会马旬戈市,再往东南约 27 公里处,坐落着一片规模宏大的古代石头建筑群,大大小小有几十处。最大的一处规模宏大,围墙坚厚,石塔高耸,蔚为壮观。其他的大多只剩残垣断壁,一堆堆石头堆落在地上,散落在风中和丛林中,静静地诉说着这片大地的历史,这里就是闻名于世的大津巴布韦遗址(The Great Zimbabwe Ruins)。"大津巴布韦是非洲面积最大、风格最独特、最令人震撼的古代遗址群之一,仅次于埃及的金字塔,在世界同类历史遗迹中也是佼佼者。"[①]

大津巴布韦博物馆(原先称维多利亚博物馆)位于山上城堡和大围

[①] Wilfrid Mallows, *The Mystery of the Great Zimbabwe: A New Solution*, W. W. Norton & Company, New York, 1984, p. 5.

墙之间，里面陈列着许多从大津巴布韦遗址出土的文物，包括石碗、叶形铁锄、金箔、玻璃珠子、波斯碗以及中国瓷器碎片等。从这些出土的文物看，大津巴布韦曾经是一座非常繁荣的城市，农业、冶炼业、对外贸易都相当发达，与阿拉伯、波斯、中国等有直接或间接的经贸往来。

一 大津巴布韦遗址组成

大津巴布韦遗址总面积超过720公顷，由三部分组成，分别是：山上城堡（the Hill Complex）、大围墙（the Great Enclosure，或称大围城）和山谷遗址（the Valley Complex）。城堡建在山上，大围墙和山谷遗址位于山脚下，从山上俯瞰，大围墙及山谷遗址尽收眼底，远望则是连绵的丘陵。

山上城堡建在一个比周围高出约100米的山丘上，类似于中世纪欧洲的城堡，被认为是津巴布韦王国统治者的居住地，国王及王族、大臣、巫师等上层人物居住在此。一组组厚重结实的大城墙依地势而建，与山上分布的岩石完美结合在一起，使之成为浑然天成、巧夺天工的巨大城堡，这座巨石之城，内有复杂通道、石级和走廊，足见当初设计者别具匠心。

山上城堡居高临下，士兵把守控制着所有出入口。通往山上城堡的路只有两条：一条是来自海上的东南通道，称为古代通道；另一条是来自内地的西北通道，称为水门通道。

山上城堡依山势而建，利用天然岩石分布，在岩石之间建造非常厚实坚固的石墙，留出低矮狭窄的门和蜿蜒曲折的通道，将整个城堡分为既相互独立又相互串联的多个区域，每个区域都有不同的专设功能，从而形成一个精心设计、防守严密、功能齐全的统治中心，是一座名副其实的古代绍纳王宫。具体来看，山上城堡分为以下几部分：

1. 卫戍区（或称西区），占地约1.1万平方英尺，这里是负责守卫整个城堡安全的部队的驻扎地，是扼守通往城堡核心区的门户，也可能是举行阅兵和出征仪式的地方。

2. 内地访客接待区，或称裂石区，因这里有一块从中间裂开的巨大岩石而得名，裂缝宽约4英尺。从陆路来的内地访客经过西北通道（水门通道)来到内地访客接待区,经过核查后可以直接进入朝会区。

3. 朝会区(或称东区),是城堡的最核心区。北面是高耸的岩石,高40—70英尺,岩石下面是国王的御座,坐北朝南,面向大臣。南面是巨大的石墙,石墙下面是一排石头垒成的石阶,被认为是大臣们的座位区,坐南朝北,面向国王。就是以这种安排,绍纳国王与他的王公大臣们共议朝政,共商国是。这里还是著名的津巴布韦皂石鸟的发现区,这种鸟是国家的标志和王权的象征。

4. 阳台区(或称北区),紧邻朝会区,地处高台,从上面可以俯瞰朝会区,由卫戍部队驻守,负责城堡北部防守,保卫国王及朝会区的安全。

5. 炼金区,位于朝会区东面,二者以岩石和石墙隔开,但有通道相连。考古学家在此发现了一个古代炼金炉以及炼金遗迹,遂将该区域命名为"炼金区"。这也成为津巴布韦自古以来便是世界黄金产地的直接证据。

整体来看,山上城堡完全具备了精心设计的军事堡垒的基本要素:被层层保护的中心区、防卫区和严格把守的出入口。

大围城是一个不规则的巨大椭圆形石头建筑,它的用途一直成谜,但这里往往被认为是国王的第一妻子——即王后的宫殿。石墙全部用花岗岩石块建成,分内墙与外墙两层,中间填有石块,层层垒砌,排列非常整齐规律,外表美观。石墙从底部到顶层向内倾斜,一层层逐渐收窄,上下相差数英尺,既保证建筑物的稳固性,防止坍塌,又兼顾美观。同一级层的石块大小均匀,镶嵌得天衣无缝,而且最让人感到神奇的是,石块之间没有使用任何石灰、泥浆之类的黏合剂,充分显示出建筑者的高超水平。"这里出现的筑墙技术——这么高的墙而没有用灰浆,在整个非洲是独一无二的。"① 整个建筑外观优美流畅,高大的石墙象征着王权的威严,建筑结构匠心独具,没有任何黏合剂却又坚不可摧,经历数百年沧桑仍然屹立不倒,宏伟壮观。

大围城是古代南部非洲最了不起的建筑物,其外形、规模、建筑技术都是独一无二的。大围墙周长830英尺(约250米),高度为16—35

---

① [美]凯文·希林顿:《非洲史》,赵俊译,东方出版社2012年版,第177页。

英尺（5—11 米）。大围墙设有三个狭小的入口：北口、西北口和西口，其中北口是主入口。有多处精心设计的排水管道，将雨水及时排出。外墙和内墙之间有一条狭窄的内部通道，控制进出，安全防护。

大围城南面城墙与北面城墙差异很大。南面城墙高大雄伟（高 35 英尺，约 11 米，是城墙最高部分），建造精良，外形美观，是整个城墙中最好的一部分。城墙顶部有一条由若干大小均匀的石块垒成的波浪形装饰带，两两之间呈 V 字形，看上去非常精美。北面城墙则相对低矮（高 16—20 英尺，相当于 5—6 米），看上去也不像南墙那么精美。对于这种巨大差异，一种观点认为南墙和北墙是在不同的时代、由不同的人、出于不同的目的而建。另一种观点则认为，北面城墙之所以如此低矮，是有意为之，是为了便于北面山上城堡的统治者随时观察和掌控大围城里的情况，如果同南墙一样高大，那么视线就被挡住了，无法监控大围城。

据估算，建造城墙总共需要 18.2 万立方英尺的石材，采集、运输和垒墙总共需要 1.8 万名工人。也就是说，如果每天有 50 人在工作，最快也要一年的时间才能建成。[1]

大围墙里面的建筑物中，最引人注目的当属高高矗立的锥形塔（Conical Tower）。该塔高 30 英尺（约 9 米），底部周长 57 英尺（约 17 米），从下至上呈圆锥形。一般人都认为它属于大津巴布韦遗址的最后一期，但相关资料甚少。英国考古学家贝特曾经尝试在四周进行发掘，最终确信这座建筑物是实心的。他从事发掘的时间颇久，因而毁灭了许多地层学的宝贵资料。大约 40 年后，卡顿·汤普森在塔下面挖了一条壕沟穿过塔底，以便进一步考察。此外还有其他人为了搜寻塔内的通道而搬开许多石块。这座塔的外形与当地某些贮粮仓相似，但内部并无空间，确实是实体实心。

关于锥形塔的真正用途，没有任何文字记载。多少年来，一批又一批考古学家和寻宝者前来，千方百计想钻进去探查，却无法找到一个入口。曾有人对此塔"刨根问底"，在地下挖了一条壕沟穿过塔底，也有人为寻找塔内通道搬开了许多石块，但还是找不到一个入口，这个塔最终

---

[1] Wilfrid Mallows, *The Mystery of the Great Zimbabwe: A New Solution*, p. 39.

被认定是个实心塔。关于塔的作用,专家们众说纷纭,有人认为它是瞭望台,有人认为它是宗教象征,有人认为它是粮仓的模型,还有人说它是男性生殖器的象征,但这种种说法都缺少足够的依据,至今人们仍不了解它的真正用途。

此外还有 4 座类似的小石塔:一个距离大石塔仅 1.5 米,底部周长 21 英尺(约 6 米),据称它曾经高达 13 英尺(约 4.2 米),后来由于遭受破坏,现在只有 5—6 英尺(1.5—1.8 米)。另外 3 个小石塔分别位于山谷遗址的颇斯特遗址、菲利普遗址和奥特斯潘遗址。

山谷遗址群(The Valley Ruins)共由 12 个大小不等的石头建筑遗址组成,每个都被考古学家赋予了名字,如兰德斯遗址(Renders Ruins)、毛赫遗址(Mauch Ruins)、菲利普遗址(Philips Ruins)以及东遗址、东南遗址等。其中最有名气的当属兰德斯遗址,在这里曾经发掘出 3 万颗玻璃珠子以及古代黄金、阿拉伯陶器等商品。这些发现足以令人相信,山谷遗址至少在历史上,曾经是商人们集聚的营地。[①]

二 大津巴布韦的建造时间和用途

南部非洲类似的建筑,大津巴布韦遗址不是第一处,也不是最后一处,而是规模最大、最宏伟的一处。仅在津巴布韦境内就有 250 多处大大小小这样的石头建筑遗址,例如位于大津巴布韦遗址以西的卡米遗址,同样属于世界遗产。事实上,与大津巴布韦遗址风格相似的大小石头建筑遗址广泛分布于南部非洲赞比西河与奥兰治河(the Orange River)之间的大片区域,南北长 900 英里,东西长 300 英里,面积达 27 万平方英里,包括今天的津巴布韦以及莫桑比克、博茨瓦纳和南非部分地区。南部非洲石头建筑遗址的数量非常惊人,仅在津巴布韦境内已确认的就有 600 多处,南非北部大约有 7500 处,其他地区还有大量难以查证的遗址,总数估计达 1.8 万—2 万处。从年代上来看,最古老的遗址建于 1500—2000 年前。[②] 关于大津巴布韦的建造时间,考古研究表明它始建于约 11 世纪,

---

① Wilfrid Mallows, *The Mystery of the Great Zimbabwe: A New Solution*, p. 33.

② Wilfrid Mallows, *The Mystery of the Great Zimbabwe: A New Solution*, p. 5.

经过4个世纪的不断扩建，15世纪时达到顶峰，1100—1300年属于大津巴布韦早期，1300—1500年属于晚期。①

如此大规模的石头建筑，到底是做什么用的？关于大津巴布韦的用途，人们自然充满了好奇和疑问，也产生了很多不同的说法，不同的推测。

一是王宫说。山上住的是国王，大围城里住的是王后，山谷里住着众多的妃子，每天国王都会选不同的妃子到山上来侍寝。这种说法意在突出国王妃嫔之多，可能还有后人演绎的成分，因此说服力不足。但有一点是确定的，即古代绍纳国王后宫妃嫔无数，这是有据可考的。到了后期，大围城是国王及其妻子、妃嫔、家人们的住处，山上是灵媒的住处，山谷里是其他统治阶级的住处，包括朝廷官员、国王的亲戚以及进贡的酋长等。这一说法较为可信，站得住脚。②

二是贸易中心说。大津巴布韦与沿海地区的贸易主要有两条路线。北线是陆路交通，从大津巴布韦出发，基本上是正东方向，抵达索法拉港，距离280—300英里，该路线不仅距离更短，而且绕开了采采蝇区，这是很重要的一点，因为在当时采采蝇是致命害虫。南线以水路交通为主，从大津巴布韦出发，往东南方向沿着河谷行进约130英里，抵达萨韦河（Save）与伦迪河（Lundi）河交汇处，从这里的船坞上船，然后沿萨韦河行进200英里，抵达位于索法拉港以南60英里处的小港口曼波尼（Manbone）。这条路线总长330英里，按每天走20—25英里计算，大概需要两周的时间。距离大津巴布韦以西50英里处的伯林格韦（Belingwe）以产铁出名，这里生产的铁也是通过上述两条路线运至海岸进行交易。③总之，大津巴布韦随着印度、阿拉伯等地区对黄金和铁的需求而兴起并迅速发展，这种说法也颇有道理。

三是奴隶贸易中心说。奴隶主将从各地贩卖而来的奴隶汇集到大津巴布韦，供买主挑选，达成交易后将他们集中押送至港口，再装船运往

---

① Wilfrid Mallows, *The Mystery of the Great Zimbabwe: A New Solution*, p. 132.
② Peter Garlake, *Great Zimbabwe: Described and Explained*, Zimbabwe Publishing House, Harare, 1982, p. 28.
③ Wilfrid Mallows, *The Mystery of the Great Zimbabwe: A New Solution*, pp. 102 – 104.

目的地。从833年起,到869年黑奴起义,估计约有30万黑人奴隶被从东部非洲运到巴士拉地区。① 因此,有历史学家大胆得出结论:大津巴布韦最早实际上一个奴隶贸易中心,是将大量奴隶从东部非洲运往阿拉伯帝国阿巴斯王朝的集合地。后来随着黑奴贸易的衰退,大津巴布韦开始转向别的用途,逐渐成为人类社会长期居住的区域。这里的人口不断增长,人们从事农业、牧业,当然毫无疑问还有战争,持续了很长时间,直至周边环境最终被破坏,人类无法在这里继续生存下去。但是这一论断有个致命缺陷:从时间上来说与大津巴布韦建成的年代不符。

四是监狱说。还有人推测,大津巴布韦遗址可能曾被用做监狱,来关押俘虏或者犯人。但是这一说法也很难成立,因为非洲历史上并没有监狱,处罚犯人的方式通常是罚没财产、充当奴隶、流放外地直至最严厉刑罚——处死,而没有关进监狱这种方式,因为当时根本就没有监狱。②

三 大津巴布韦遗址之谜

大津巴布韦遗址是非洲历史上的建筑奇迹,它神奇般屹立在南部非洲的大地上,宛若一颗夜明珠,既散发着璀璨光芒,又充满无限神秘色彩。由于没有任何文字记载,人们对津巴布韦遗址所知甚少,至今还有许多未解之谜,一直吸引着人们对它的探究。

一是关于石墙技术。所有石墙都是纯石头垒成,没有任何灰泥。建造者将石头打磨成石砖,形状规则,大小不一,显示了高超的技术。而且石砖都是在采石场打磨好的,不是在建筑工地。石墙没有地基,直接建在地面上,石墙底部宽度、顶部宽度和高度之间呈一定的比例,每段石墙顶部都可以至少容纳一个人在上面走动。

据考证,古代纳绍人采掘和加工花岗石的技术非同一般。他们生火将岩石加热,然后用冷水浸泼,利用热胀冷缩原理,使岩石裂开,再用楔子打进裂缝,这样可以较容易地采出大块的石头,再经过打磨平整得

---

① Wilfrid Mallows, *The Mystery of the Great Zimbabwe: A New Solution*, p. 113.
② Wilfrid Mallows, *The Mystery of the Great Zimbabwe: A New Solution*, pp. 88–89.

到用于垒墙的石材。这些平展的花岗岩石块之间可以不需要灰泥黏合就很牢固，早期绍纳人的这种建筑堪称古代人类建筑史上的奇迹。

二是关于大围城入口顶部的木头横梁。第一个发现大津巴布韦遗址的欧洲人德国探险家卡尔·毛赫（Karl Mauch）从大围城北口上面的横梁上取下一块木片，经过简单比较便得出结论，这是来自黎巴嫩的雪松木，是由腓尼基人或者所罗门王的部下运进来的。毛赫写道："我相信我不会错，山上的遗址模仿所罗门圣殿而建，平原上的遗址模仿示巴女王的宫殿而建，它们是示巴女王下令、在腓尼基人的帮助下建成的。大围城里面的两棵树正是建造所罗门圣殿用到的木材，大围城一个入口上方的横梁也是这种木材，我从上面切了几块把它们带回家。"① 但事实是，这是非洲当地一种很坚硬的树木木料，很像黎巴嫩的雪松木或者印度的柚木，都是当时用来造船的主要木材。早在毛赫之前，利文斯顿便报告说阿拉伯奴隶主用一种坚硬木材造船，用于穿过尼亚萨湖（今称马拉维湖）运输奴隶。但可惜的是，后来大围城很多入口都坍塌了，几乎所有入口顶部的过梁都不见了。

三是关于排水管道。大围城的排水管道事先精心设计，而非后来补上，即使在今天依然有效，大雨过后雨水全都通过这些排水管道流到外面，大围城内不会有积水。这说明当时的建造者已经具有了丰富的水文知识，经过认真观察和科学设计后，建成了排水系统。

四是关于兰德斯遗址文物。该遗址不仅发现了黄金、陶器遗物，还在1943年出土了3万多颗各种颜色的玻璃珠，数量如此之多，是什么人留下来的？为什么留下来的？将永远是个难以解开的谜了。

五是关于星座木碗（the Wooden Zodiacal Bowl）。该木碗1900年之前在距离大津巴布韦遗址约10英里处发现，由一块木头制成，直径约12英寸，边上有部分毁坏。这只木碗的神奇之处是上面刻了一些图案，其中包括至少6个星座图案，非常清楚，确定无疑：金牛座、双子座、射手座、巨蟹座、金鱼座和水瓶座。那么问题就来了：当地人关于星座的知识是从哪里来的？掌握了多少？如何运用这些知识？

---

① Wilfrid Mallows, *The Mystery of the Great Zimbabwe: A New Solution*, p. 75.

六是关于四脚无头斑马纹神罐。这个罐子充满神秘色彩,传说神罐在大津巴布韦附近山中行走,里面装有闪闪发光的黄色物质,如果有人试图抢走这些物质,神罐会立即自动封盖,盗贼的手会被切断。如果有人泄露了神罐的藏身之处,那么泄密者就会少一只胳膊。据说有两只神罐,一公一母,公的那只有个奇怪的名字——富科·亚尼班戈(Fuko Yanebandge),意思是"国王最喜欢的顾问"。1871年毛赫听说了这个故事后,便到附近山上去寻找神罐,但是一无所获。后来探险家哈利·颇斯特(Harry Posselt)在位于大津巴布韦以南约10英里处的一个地方找到了这个神罐,但它头部的盖子却未能找到。它长约16英寸,高约11英寸,总体呈黑色,布满红色竖状斑马条纹,腿非常短,像河马腿,这只罐子的性别无法确定。传说中的第二只神罐迄今仍未被发现。①

七是关于皂石鸟。大津巴布韦遗址总共发现了8只由皂石雕刻而成的鸟,其中7只是在山上的东区发现的;第8只是在山谷遗址群中的菲利普遗址中发现的。其中最独特的一只石鸟用淡绿色的皂石雕刻而成,鸟身如鹰,而头似鸽子,脖子高仰,翅膀紧贴身子,长约50厘米,高高耸立在约1米高的石柱顶端,给人以保持高度警觉、随时会振翅高飞之感。石柱上还刻有一只正在往上爬的鳄鱼,位于鸟的脚下,这也是唯一刻有第二象征物的皂石鸟石柱,其他的都没有。这只皂石鸟被称为"津巴布韦鸟",是古代绍纳族图腾崇拜的神鸟,它既象征着宗教权力,又象征着政治权力,显示统治者的神性和至高无上的权力。更为神奇的是,山丘建筑群上有一块巨石形状酷似津巴布韦鸟,不禁让人猜测大自然的鬼斧神工是否就是津巴布韦鸟的灵感来源。津巴布韦鸟成为国之瑰宝,独立后的津巴布韦将其作为国家象征,印在国旗、国徽和货币上。

八是关于传说中的碑文。在整个南部非洲遗址中都未曾发现过石刻文字或者碑文,但巴洛斯在其1552年出版的《亚洲十年》中写到,发现了一些关于大津巴布韦的碑文,即使"有知识的"摩尔人(泛指穆斯林商人)也读不懂上面的文字。但这一说法没有其他资料印证,有人认为

---

① Wilfrid Mallows, *The Mystery of the Great Zimbabwe: A New Solution*, p. 54.

是巴洛斯杜撰的。①

九是关于传说中的石门。传说大津巴布韦遗址有个很大的石门，上面还刻有一个人，但从未被人们发现，也许只是个传说。

第二节　大津巴布韦文明创造者之争

大津巴布韦遗址的建造者是谁？历史上曾经长期存在争议，这是关乎大津巴布韦属于非洲本地文明还是外来文明的根本问题。出于种族主义偏见，欧洲人认为撒哈拉沙漠以南的非洲人是原始的、尚未开化的，住在原始的泥土茅草屋里，大津巴布韦遗址文明程度如此之高，文化如此先进，不可能是非洲人所建。那么它到底是什么人建造的？这一问题引发种种猜测，有多种奇怪的说法：一说是由腓尼基人所建，一说是由埃及的流放者所建，一说由从北非来的阿拉伯人所建，一说由《圣经》中提到的流失的以色列部落所建，等等。当然，后来的考古发掘已经证明，大津巴布韦的建造者就是非洲人，确切地说是古代绍纳人，因此它属于地地道道的非洲文明，是津巴布韦文明的象征和代表，在这个问题上已有定论。

大津巴布韦遗址一度被认为是《圣经》所记载的"黄金之国"俄斐（Ophir）所在地，并由此引发人们的强烈好奇之心甚至发掘狂潮。据《旧约全书》所述，公元前10世纪所罗门王统治时期，以色列达到了鼎盛下。示巴女王（Sheba，或译为"萨巴"）带着大批随从和许多黄金、宝石、香料来到耶路撒冷觐见所罗门王。示巴女王为所罗门王的伟大和智慧折服，传说两人产生爱情并生下孩子。这是一个包含权力、财富和爱情的故事，满是神秘色彩，引起历代史学家、文学家的极大兴趣，由此产生了种种臆想和传说。

示巴女王的黄金来自俄斐，所罗门王也从俄斐获得许多财富。"所罗门王派出船队前往俄斐，带回来450塔兰特黄金（talent，古代希腊罗马和中东地区的重量单位）。此后每隔三年所罗门王都要派出一批船队前往

---

① Wilfrid Mallows, *The Mystery of the Great Zimbabwe: A New Solution*, p. 55.

俄斐，带回来大量黄金、宝石、象牙以及猴子、孔雀等动物。"① 但是，俄斐到底在哪里，一直是个未解之谜。

最早将津巴布韦与黄金之国俄斐联系起来的可能是阿拉伯商人，他们在同非洲东部沿海地区进行贸易的过程中，认为盛产黄金的津巴布韦很可能就是俄斐所在地，这一传闻后来传到葡萄牙人那里，进而在欧洲传播开来。

具体而言，一种说法认为，莫桑比克沿海的索法拉港即俄斐所在地，"1502年，阿拉伯人告诉葡萄牙人，大津巴布韦以东沿海地区的索法拉就是俄斐，这里有储量丰富的金矿，当年所罗门王三年一次的船队就是从这里带走了大量黄金"。另一种说法认为，大津巴布韦才是俄斐所在地。最早持这种观点的人是葡萄牙航海家达·伽马的同伴多美·洛佩兹（Tomé Lopes）。另外一位叫多斯·桑托斯（Dos Santos）的葡萄牙人在1609年写道："这里的人们，尤其是年长的穆斯林，对他们祖上留下来的传说坚信不疑，即这些石头废墟在古代就是示巴女王的贸易点，各地开采的黄金汇聚到这里，然后沿赞比西河而下，经埃塞俄比亚海岸进入红海，最终运抵示巴女王的王宫。"②

德国探险家卡尔·毛赫听闻有关传说后，怀揣着发现宝藏之梦，经历了千难万险于1871年9月3日来到大津巴布韦遗址。当时卡兰加部落控制着大津巴布韦，处在农业社会，制造铁器工具和武器，信奉万能之神姆瓦里。毛赫还描述了一场持续了3天的宗教活动，人们杀了两头黑色的公牛和一头小母牛。③ 经过一番考察，毛赫兴奋地认为大津巴布韦就是示巴女王的黄金之国俄斐。

1872年3月，毛赫离开大津巴布韦，黄金之国俄斐已经找到的消息迅速传遍了欧洲。后来数十年，探险家、考古学家、寻宝者接踵而来，大津巴布韦遗址成为考古学上的一个热门话题。毛赫只是个探险家，还称不上是地理学家，更不是考古学家，没有能力对大津巴布韦遗址进行

---

① Wilfrid Mallows, *The Mystery of the Great Zimbabwe: A New Solution*, p. 73.
② Wilfrid Mallows, *The Mystery of the Great Zimbabwe: A New Solution*, p. 73.
③ Wilfrid Mallows, *The Mystery of the Great Zimbabwe: A New Solution*, p. 67.

考古发掘。他仅仅凭借传说和牵强附会的联想，便主观武断地认为大津巴布韦就是俄斐，而且肯定不是非洲人所建，这显然都是完全错误的。毛赫并没有实现他的发财梦想，他于 1875 年 4 月坠楼身亡，年仅 38 岁，至于是不慎坠楼还是自杀，则不得而知。

1890 年起，津巴布韦逐步沦为英国的殖民地。在白人殖民者眼中，非洲是一片"黑暗的大陆"，非洲人是原始的、野蛮的、尚未开化的，因此像大津巴布韦遗址这样宏伟的建筑不可能是非洲人建造的，只能是外来文明的产物。一位津巴布韦人曾经这样写道："在罗得西亚殖民统治时期，历史老师告诉我们大津巴布韦遗址是腓尼基人建造的，我们只好相信他们。那些所有来非洲的欧洲传教士们，不管来自哪个教会机构，都会一个腔调地反复说我们是未开化的野蛮人。没有耶稣，就没有历史，只有黑暗。"① 殖民者对大津巴布韦遗址进行考古发掘主要有两个目的：一是寻找宝藏，二是证明遗址不是非洲文明，而是外来文明。起初的考古发掘很野蛮，发掘者不惜挖掘废墟的最底层，因此毁坏了许多遗迹和建筑，掠走了许多珍贵文物，一些不能证明是外来文明的文物则被遗弃，致使考古学上的很多重要资料遗失。

大殖民头子罗得斯成立了专门的古代遗址公司，聘请英国考古学家詹姆斯·本特（James Bent）于 1891 年对大津巴布韦遗址进行了首次全面的考古发掘，并于第二年出版了《马绍纳兰的废墟之城》一书。本特认为，大津巴布韦遗址非常古老、神秘、雄伟、庞大，与周围绍纳人的低矮、原始茅草房形成鲜明对比，可以与他曾经进行过大量考古研究的古代地中海文明——包括亚述、希腊、克里特、腓尼基等文明媲美，因此大津巴布韦绝不是非洲人建造的。在发掘过程中，本特还会见当地头人及其族人。他们虽然声称是大津巴布韦遗址的所有者和保护者，但是对遗址知之甚少，说不出什么来，这更加坚定了本特的看法，即大津巴布韦不是非洲人所建。"如果说詹姆斯·本特的论断有什么用的话，那就是助长了卡尔·毛赫关于大津巴布韦遗址就是所罗门和示巴女王黄金之

---

① Sekai Nzenza, "The Stone Silence of Our Ancestors", *The Herald*, May 21, 2013.

地的梦想。"①

继詹姆斯·本特之后，英国律师兼记者理查德·霍尔（Richard Hall）对大津巴布韦遗址进行了野蛮式的发掘，他挖地两米多深，对遗址造成了很大破坏。他试图进一步证明大津巴布韦与示巴女王的关系，认为这一传说"至少是个很好的、有用的假设"。他妄断萨比河（Sabi River）就是由赛伯伊商人（Sabaean）命名的，大津巴布韦遗址与示巴女王在首都马里布（Marib，古代示巴王国的首都，现在是也门共和国马里卜省的省会，位于也门首都萨那以东 120 公里处）所建的比尔基斯后宫（Haram of Bilkis）几乎一模一样。②

1905—1906 年，另一位来自英国的考古学家戴维·麦克维尔（David Randall-MacIver）对大津巴布韦遗址进行了全面考察，他还同时考察了伊尼杨加（Inyanaga）、卡米（Khami）、纳莱塔勒（Naletale）等遗址。经过考察研究，麦克维尔大胆断言，不论是军用还是民用，大津巴布韦遗址丝毫没有东方或者欧洲任何时期的建筑风格，无论遗址本身还是遗址内所发现的物品，显然都是非洲式的，具有非洲特色。他的结论鲜明而有力："毫无疑问，大津巴布韦在每个细节上都属于非洲。"③麦克维尔的研究成果出版成书《中古的罗得西亚》，其观点引发轩然大波，有的考古学家表示支持，更多人表示强烈反对。尤其是理查德·霍尔震怒，他在 1909 年专门出版了一本书《史前的罗得西亚》来反驳麦克维尔。霍尔坚持认为大津巴布韦不可能是非洲的班图人所建，因为他们不是一个逐步进化的民族。罗得西亚殖民当局也恼羞成怒，明令麦克维尔及其助手不得再进入大津巴布韦遗址。关于大津巴布韦遗址到底属于本土文明还是外来文明的争论又持续了几十年，依然没有定论。

1929 年，英国科学促进会把大津巴布韦遗址考古列为周年大会的主要议程，女考古学家格特鲁德·汤普森（Gertrude Thompson）受命再次对遗址进行全面系统的考察。经过 6 个月的工作，她得出与戴维·麦克维

---

① Wilfrid Mallows, *The Mystery of the Great Zimbabwe: A New Solution*, p. 76.
② Wilfrid Mallows, *The Mystery of the Great Zimbabwe: A New Solution*, p. 73.
③ Sekai Nzenza, "The Stone Silence of Our Ancestors", *The Herald*, May 21, 2013.

尔一样的结论，即大津巴布韦遗址完全属于非洲文明。"所有现存证据，不管是从哪个角落搜集而来的，无不表明大津巴布韦遗址属于班图文明，建于中世纪。"① 汤普森发掘到一些小圆珠，与印度南部和马来地区的圆珠属于同时代，据此推断大津巴布韦遗址最早的原始地基大约建于8—9世纪，早期颇具规模的居住区可能建于13世纪。汤普森还驳斥了大津巴布韦可能是非洲人在外来民族的指导监工下建成的说法，认为这完全是由非洲人独立完成的。她还推断该地区对外贸易的繁荣始于7世纪伊斯兰教建立和扩张之后，在此之前没有证据表明存在对外贸易。

1958年，罗得西亚殖民当局对大津巴布韦遗址进行了最后一次发掘，参与的考古学家有罗格·萨莫斯（Roger Summers）、基思·罗宾逊（Keith Robinson）、安东尼·惠迪（Anthony Whitty）等人，他们再次证明大津巴布韦遗址完全属于非洲文明，没有受任何外来文明的影响。

1973年，加莱克出版了《大津巴布韦》一书，较完整地介绍了大津巴布韦遗址的出土文物情况。各种陶器及陶器碎片，纺织用的纺锤，锄头、斧头、箭头、矛头等各种铁器，用铜丝绕成的手镯和脚镯，金箔、金丝等黄金制品，玻璃珠、瓷器等进口商品，其中包括来自中国明朝万历年间的瓷器，都是从东非海岸进口而来的，表明大津巴布韦同沿海地区存在贸易关系。②

到今天为止，已经没有人再怀疑大津巴布韦是绍纳人的祖先所建，这里曾是一个强大非洲国家的中心，这个国家曾支配着津巴布韦高原。古代的津巴布韦人民通过他们的智慧和勤劳的双手，创造了令世界震惊的文明奇迹。

第三节 古代绍纳经济社会状况

古代绍纳经济以农业和畜牧业为支柱，采矿业占重要地位，与东部沿海地区的贸易发达。绍纳人很早便种植小米、高粱和大米（主要限于

---

① Wilfrid Mallows, *The Mystery of the Great Zimbabwe: A New Solution*, p. 77.
② 何丽儿：《津巴布韦——南部非洲的一颗明珠》，第31—32页。

沿海地区）等谷类植物，18 世纪中期开始种植玉米，1778 年前后开始种植花生。① 绍纳人农耕方式很简单，刀耕火种，生产力低下，生产方式落后。绍纳人采用传统历法，一年 12 个月，每月 30 天，但是不连续纪年，学会了根据历法进行农业生产。东部马尼卡王国种植的农作物有：小米、高粱、玉米、花生、豇豆、棉花、烟草、香蕉、柠檬，以及各种蔬菜。为了储存粮食，马尼卡人学会了建造粮仓，在很多地方都有粮仓。粮仓通常建在一块巨石之上，以花岗岩为底，四周立起 3 根或 4 根柱子，用树木枝条围起来，缝隙以粗灰泥涂抹，形成篱笆墙，顶棚呈伞状，覆以长长的茅草。粮仓大小主要取决于底座石头的大小，较为标准的粮仓高 6 英尺，周长 6 英尺，里面还可以分隔成几个区，用来存储不同的粮食。各村庄拥有的粮仓数量不等，特别大的村子粮仓数可达 50—60 个之多，能够存储 6000 蒲式耳粮食。为了保证粮食安全，会有专人看守粮仓。②

绍纳人非常重视并且擅长于发展畜牧业，牛在绍纳经济社会中占有非常重要的地位。有证据表明，到 16 世纪绍纳人饲养山羊、绵羊、猪和鸡已经很普遍。养牛要避开采采蝇肆虐区，津巴布韦东北部和伊尼杨加山区的牛很小，而西南部布图阿王国（托尔瓦王国）的牛很大。葡萄牙人安东尼奥·戈梅斯在 1648 年写道："牛如此之大，人们挤牛奶时必须站着。"③ 在绍纳人的经济活动中，牛是非常重要的财产形式，是财富的象征，是身份地位的标志，也是维持附属关系的重要方式。通过将牛分配给忠实随从、归他们使用的制度，一些牛群的所有者能够将其财富转化为权力。同样，牛在宗教仪式中也占有特殊地位，它们是亡灵的归宿，或是敬献祖先的祭品。④ 在婚娶中，牛还是重要的聘礼。"一个父亲可以用牛来做彩礼，为其儿子娶妻。更为实际的是，如果一个男人有很多牛，

---

① W. Randles, Translated by R. Roberts, *The Empire of Monomotapa: From the Fifteenth to the Nineteenth Century*, p. 5.

② H. H. K. Bhila, *Trade and Politics in a Shona Kingdom: The Manyika and Their African and Portuguese Neighbours 1575 – 1902*, Longman Group Limited, UK, 1982, p. 31.

③ W. Randles, Translated by R. Roberts, *The Empire of Monomotapa: From the Fifteenth to the Nineteenth Century*, p. 51.

④ S. I. G Mudenge, *A Political History of Munhumutapa c. 1400 – 1902*, Zimbabwe Publishing House, Harare, 1988, p. 163.

他自己便可以娶多个妻子。"① 葡萄牙人曾经试图将马引入津巴布韦,但由于难以穿越采采蝇区而失败,致使马进入津巴布韦推迟了几个世纪。直到19世纪中叶,英国人才成功将马从南非引入津巴布韦。

津巴布韦素来以盛产黄金闻名,但是关于津巴布韦境内最早的采金活动是从何时开始的,人们一直争论不休,难有定论。有历史学家估计,津巴布韦先民的采金历史最早可追溯到公元7世纪,罗格·萨莫(Rogger Summer)便这样认为。但另一位历史学家伊恩·费米斯特(Ian Phimister)不赞同这一观点,他认为没有明确证据表明在11世纪之前人们就开始采金了,但有可靠证据表明赞比西河以南地区的金矿开采始于12—14世纪。关于采金技术,萨莫认为是由印度人引进的,但费米斯特认为此说法是错误的,津巴布韦境内的采金技术是原生的,是由当地人发明的。通过世代相传,绍纳人逐步积累了自己的勘探经验,形成了自己的勘探技术,比如在马尼卡地区,人们认为干旱不长草的土地里有黄金,而到马尼卡的邻国,人们认为一种类似于三叶草的植物生长的地方会有黄金。②

在津巴布韦铁器时代遗址中曾发现大量金器,但其中绝大部分在欧洲人占领期就被寻宝者拿走了;有关这些发现的出处及考古资料因而几乎全告阙如。有计划进行的考古发掘发现的少数金器,都属于铁器时代后期。根据早期铁器时代文物遗址所提供的证据进行推测,津巴布韦境内最早开采金矿始于9—11世纪。这个结论与阿拉伯文献记载的一致,其中首次提及在非洲东海岸买到这个地区的金子是在10世纪。③

1515年,第一位深入津巴布韦内陆的葡萄牙人安东尼奥·费尔南德斯(Antonio Fernandes)看到当地人装满了一篮子黄金,有的是如手指那么长的金条,有的则是金块。1573年,一位葡萄牙商人称,在穆塔雷

---

① H. H. K. Bhila, *Trade and Politics in a Shona Kingdom: The Manyika and Their African and Portuguese Neighbours 1575 – 1902*, p. 31.

② H. H. K. Bhila, *Trade and Politics in a Shona Kingdom: The Manyika and Their African and Portuguese Neighbours 1575 – 1902*, pp. 40 – 41.

③ 联合国教科文组织编写《非洲通史》国际科学委员会:《非洲通史》(第二卷),第613—614页。

（Mutari）谷地，当地人一天能采到价值10克鲁扎多（Cruzados）以上的黄金。研究表明，当时每人每天可采3.56克黄金。① 1667年，葡萄牙人马诺埃尔·巴雷托（Manoel Barretto）详细记载了绍纳人的采金过程：河金可以常年开采，雨季更为多产。马尼卡地区的矿金也可以常年开采，但马卡兰加地区（Mokaranga）只能在8—10月开采，因为在这3个月里，庄稼已经收获，雨季刚刚开始，但雨量不大，雨水正好满足淘金需要。进入11月以后，雨量大增，矿井被淹没，就无法采金了。当时采金手段原始，采金工具落后，导致过半的黄金流失，而且经常发生塌方事件，造成很多人丧命。矿工每天的采金量，据估计为3.58—5.37克。早先绍纳人与穆斯林商人进行黄金交易时不用称，直到16世纪初葡萄牙人到来之后，他们才学会用称来计量。②

穆塔帕王国和罗兹韦王国的统治者在很大程度上控制着帝国境内的黄金生产。在穆塔帕王国，估计有近50%的黄金被上层统治者占有。如果谁偶然发现了金矿，他必须将其掩盖起来，并立即报告当地酋长。对于这一情况，葡萄牙人安东尼奥·戈梅斯1648年曾有过论述，无论葡萄牙人作何许诺，他们也不会泄露金矿的地点，尽管常常有人试图去寻找，但直到现在仍一无所获。当地人如果不遵守这一规则，将被处以死刑。穆塔帕和罗兹韦王国的统治者不想让葡萄牙人知道金矿的位置，因为这将诱使葡萄牙人占领该地，而且控制金矿还可以使他们能够为臣民们获取更为有利的贸易条件。③

铁器的重要性不言而喻，绍纳人很早就掌握了炼铁技术，使用土制炉灶和风箱，以羊皮扇子扇火加温，将铁熔化后流入铸模里，制造斧头、锄头、锤子、刀具、弓箭头等。"早在16世纪，绍纳人的炼铁技术如此

---

① H. H. K. Bhila, *Trade and Politics in a Shona Kingdom：The Manyika and Their African and Portuguese Neighbours 1575 – 1902*, p. 44.
② W. Randles, Translated by R. Roberts, *The Empire of Monomotapa：From the Fifteenth to the Nineteenth Century*, pp. 53 – 54.
③ 联合国教科文组织编写《非洲通史》国际科学委员会：《非洲通史》（第五卷），第594页。

之高，葡萄牙人把这里生产的铁送到印度去制造枪支。"① 在当地，绍纳人铁匠及其家人享有很高地位，非常受人尊敬。锄头是最主要的铁制工具，使用锄头可以提高生产率，增加农业产量，锄头还可以充当交换媒介，有的地方锄头可以用来娶妻，一个妻子所需锄头数量从 1 个到 10 个不等。②

铜也是主要的金属，炼铜技术也非常重要。据估计，在葡萄牙人到来之前的公元 600—1500 年，津巴布韦境内共发现了约 4000 处金矿和 500 处铜矿。这些矿井深度一般在 20—80 英尺，最深的一处矿井位于戈万达地区（Gwanda），垂直深度达 120 英尺，斜坡长度达 280 英尺。由于排水手段落后，地下水是影响矿井深度最主要原因。③

考古发现证实，绍纳人进行纺织至少可以追溯至 11 世纪，纺织技术很可能是阿拉伯人引进的。1844 年，葡萄牙人若昂·希尔瓦（Joao Juliao Silva）详细描述了绍纳人的传统纺织过程。棉花有三种：来自印度的棉花和当地的棉花，还有野棉花。当时的棉花种植区主要在赞比西河谷地，尤其是东岸，东北部高地也有一些种植。④

从事对外贸易是绍纳社会的传统，绍纳人主要以黄金、象牙等换取布料、玻璃珠等商品。穆斯林（主要是斯瓦希里商人）深入莫桑比克和津巴布韦腹地，极大推动了内陆与沿海地区的贸易。15 世纪以后，当基尔瓦—索法拉对黄金的垄断趋于衰落时，以安戈谢和莫桑比克为基地的商人，同崛起的穆塔帕王国产生了贸易联系。16 世纪的葡萄牙文资料有很多提及有数以千计的摩尔商人活跃在穆塔帕王国，葡萄牙人对他们的竞争深为不满。据估算，在英国殖民者到来之前，穆塔帕王国每年的黄金产量大约为 500 公斤，是最主要的出口商品。仅次于黄金的是象牙，根据葡萄牙人若奥·巴洛斯（Joao de Barros）1552 年记载，穆塔帕王国境

---

① W. Randles, Translated by R. Roberts, *The Empire of Monomotapa: From the Fifteenth to the Nineteenth Century*, p. 52.

② H. H. K. Bhila, *Trade and Politics in a Shona Kingdom: The Manyika and Their African and Portuguese Neighbours 1575 – 1902*, p. 38.

③ Wilfrid Mallows, *The Mystery of the Great Zimbabwe: A New Solution*, p. 59.

④ W. Randles, Translated by R. Roberts, *The Empire of Monomotapa: From the Fifteenth to the Nineteenth Century*, p. 55.

内每年有超过 5000 头大象被杀。18 世纪之前象牙出口量无据可循，但 18 世纪后半期和 19 世纪初的象牙出口量为：1758 年达到 2.35 万公斤，1762 年增至 14.1 万—16.45 万公斤，1806 年降至 4.7 万公斤。铜是第三大出口商品，1762 年铜出口量估计为 4.6 万公斤，这个出口量在当时的冶炼水平下已经不低了。①

象牙贸易在穆塔帕王国中起着重要作用。据 16 世纪葡萄牙人的相关记载，这里大象常常"像牛群一样四处游荡"，"每年有四五千头大象死亡，大量的象牙被运往印度便可证实"。猎杀大象的有利之处在于，它不像采金那样易受非洲统治者控制，因为猎杀大象通常发生在偏远地区。②而要想"合法"地猎象，只要把着地的那根象牙作为贡品献给国王，打猎者就可以随意出售他获取的象牙。根据葡萄牙人的记载，经索法拉港出口的象牙，1513—1514 年为 5.1 万磅，1518 年为 9656 公斤，1546 年为 450—500 根。这一时期从事象牙贸易的商人估计有 800 人。象牙贸易造成大象数量锐减，18 世纪末一位观察员写道："这个国家已经没有大象了，因此也没有象牙了。"③

宗教方面，绍纳人崇拜万能之神姆瓦里（Mwari），认为它是至高无上之神，是无所不能之神，是世界及万物的创造者。姆瓦里能够让人们经历世界上所有的事情，包括人的生老病死，无论好事还是坏事，所以人们对之敬畏有加。不同于基督教直接向上帝祈祷，绍纳人只有通过灵媒作为中介才能同姆瓦里和祖先进行沟通，祈求姆瓦里和祖先的保佑，接受姆瓦里的神谕。许多部族保持着本族图腾崇拜的传统，不同的部族崇拜不同的图腾，并以此作为本部族的象征性标记。绍纳族的统治者除了行使政治、经济职权以外，还要担任祭司，敬天敬神敬祖先，并肩负保护本族图腾崇拜的重要职责。

---

① W. Randles, Translated by R. Roberts, *The Empire of Monomotapa: From the Fifteenth to the Nineteenth Century*, p. 80.
② 联合国教科文组织编写《非洲通史》国际科学委员会：《非洲通史》（第五卷），第 602 页。
③ H. H. K. Bhila, *Trade and Politics in a Shona Kingdom: The Manyika and Their African and Portuguese Neighbours 1575 – 1902*, pp. 34 – 35.

第 三 章

英国南非公司殖民入侵和统治
（1890—1923）

从1890年英国南非公司（British South Africa Company，BSAC）入侵起，津巴布韦逐步沦为英国的殖民地。长达近百年的殖民统治给津巴布韦人民带来巨大创伤，广大黑人处在被压迫、被剥削和极度边缘化的境地，遭受政治、经济和社会不公正对待。国家资源和经济命脉掌握在少数白人手中，黑人是这片土地的主人，却不掌握资源，对经济没有发言权，享受不到教育、医疗和其他社会服务，只能充当廉价劳动力，受殖民者奴役和驱使。殖民政府总理戈弗雷·哈金斯曾将黑人与白人的关系比喻为"马与骑手"的关系，这一臭名昭著的论断对广大黑人来说无疑是莫大的侮辱，暴露了白人殖民统治者的真实面目，反映了黑人受奴役、被剥削的真实状况。

第一节 英国南非公司成立

19世纪下半叶，欧洲列强海外扩张的步伐加快，非洲大陆成为他们主要的瓜分对象。1884—1885年柏林会议确立了"势力范围"和"有效占领"原则，掀起了帝国主义瓜分非洲的狂潮。"非洲历史上发生的变化从来没有像1880年至1935年之间发生的如此众多，如此迅猛。的确，这些变化中最带根本性和最富戏剧性（虽然是悲剧性的）的变化发生在1890年至1910年这段短得多的时间里。在这段时间内帝国主义列强在实际上征服和占领了整个非洲大陆,并建立起殖民制度。"① "一个大陆上的一群国家如此厚颜无耻地谈论分割和占领另一个大陆的领土却觉得颇有道理,这是世界历史上没有先例的。"②

对包括津巴布韦在内的南部非洲的争夺,主要在英国、德国和葡萄牙三国之间展开。老牌殖民帝国英国试图将其势力范围扩大到"两开一线",即从埃及的开罗到南非的开普敦,横跨非洲大陆南北。作为后起之秀的德国在很短时间内便吞并了非洲大片土地,它要把德属东非和西南非洲,即现今的坦桑尼亚和纳米比亚连接起来。殖民主义的鼻祖葡萄牙一直希望开发非洲内陆,企图将大西洋沿岸的安哥拉和印度洋沿岸的莫桑比克连接在一起,横跨非洲大陆东西。在殖民列强瓜分非洲的计划中,津巴布韦正处于中心地带,因此它们的利益胶着在一起,形成了错综复杂的矛盾关系,殖民者在这里展开了激烈斗争。最终英国凭借已在南非建立起的殖民地,以强大的经济和军事实力为基础捷足先登,将津巴布韦置于自己的殖民统治之下。③ "津巴布韦被殖民化的过程非常复杂,它涉及诸多方面的利益,既有开普、纳塔尔、兰德和伦敦资本家的利益,又有开普英国外事办公室、殖民办公室、总督和高级专员的利益,还有传教士、阿非利卡人和葡萄牙人的利益。最终,阿非利卡人和葡萄牙人失败出局,英国成为1890年代津巴布韦争夺战的胜利者。"④

塞西尔·罗得斯(Cecil Rhodes,1853—1902年),是英国殖民主义的代表,狂热的帝国主义分子,顽固的种族主义者,罗得西亚的缔造者。他通过在南非开采钻石和黄金积累了大量财富,成立了英国南非公司,走向了对南部非洲进行殖民侵略和扩张的道路,从而影响和改变了南部非洲的历史进程。

---

① 联合国教科文组织编写《非洲通史》国际科学委员会:《非洲通史》(第七卷),中国对外翻译出版有限公司2013年版,第1页。
② 联合国教科文组织编写《非洲通史》国际科学委员会:《非洲通史》(第七卷),第23页。
③ 陈玉来:《列国志:津巴布韦》,社会科学文献出版社2011年版,第80页。
④ Brian Raftopoulos & A. S. Mlambo (eds.), *Becoming Zimbabwe: A History from the Pre-colonial Period to 2008*, pp. 40 – 41.

罗得斯认为，非洲的进步必须依靠英国扩大对非洲的统治，他深信这会带来有秩序的政府的建立以及文化的传播。① 为此，罗得斯打算运用他巨大的财富去实现这个政治理想。对于英国试图横跨非洲大陆南北的"开罗—开普敦计划"，罗得斯曾经说过，"整个非洲的地图，从开罗到好望角，都应当涂成红色，惟如此才能由外及里地表达这片大陆效忠于大英帝国时的幸福"。② 而赞比西河与林波波河之间的两河地区是英国实现"开罗—开普敦计划"的中间环节，具有重要的战略意义。罗得斯曾说过，南非问题的实质在于把开普殖民地扩大到赞比西河，以便打通从开普敦到开罗的内陆通道，其中的关键就是占领津巴布韦。

津巴布韦以盛产黄金闻名，曾一度被认为是古代"黄金之国"俄斐的所在地，这一传说在欧洲广为流传，极大地刺激和吸引着欧洲殖民主义者。津巴布韦金矿及其他矿产丰富，成为列强垂涎的因素之一。1886年南非威特沃特斯兰德地区发现储量丰富的金矿，招致各种势力纷至沓来，争夺金矿开采权。为了寻找更多的金矿，殖民者又将目光投向了北部的津巴布韦，他们认为这里也存在着巨大的黄金矿脉，有可能找到"第二个兰德金矿"。

南非布尔人对津巴布韦的金矿垂涎已久，自从在兰德地区发现大金矿以后，德兰士瓦共和国便成了一个富庶的国家。德兰士瓦共和国的布尔人政府野心勃勃，试图往北扩张，瞄准了津巴布韦，渴望能够找到储藏量大的金矿。为此，1887年7月德兰士瓦共和国总统保罗·克鲁格（Paul Kruger）派出皮特·格罗布勒（Piet Grobler）前往马塔贝莱兰，骗取洛本古拉国王签署了《格罗布勒条约》，获得了一些特许权。此举使英国殖民者坐卧不安，罗得斯不甘心马绍纳兰和马塔贝莱兰落入德兰士瓦布尔人手中，于是加大了抢占步伐。

"英国、德兰士瓦和葡萄牙，都对林波波河与赞比西河之间的大片土地感兴趣，但是根据在柏林会议上所一致同意的，一个国家对一个地区

---

① ［英］P. E. N. 廷德尔：《中非史》，陆彤之译，第245页。
② ［英］多丽丝·莱辛：《非洲的笑声——四访津巴布韦》，叶肖等译，第5页。

的所有权,只有在该国能证明'有效占领'时才予以承认。"① 列强对津巴布韦的争夺,也适用于"有效占领"原则。"早在《柏林协定》以前,欧洲列强就曾以种种方法在非洲取得势力范围——通过殖民、探险、建立贸易站和传教区、占领战略地区,以及同非洲统治者缔结条约。柏林会议以后,靠缔结条约取得势力成了实现纸上分割非洲大陆的最重要方法。这些条约采取两种方式——一种是非洲人与欧洲人之间订立的,另一种是欧洲人相互间订立的双边协定。"② 现在罗得斯要做的就是要拿到与非洲人订立的条约,以满足"有效占领"条件,为此目的可以不择手段。

在武力入侵之前,往往是传教士先行,为殖民者占领殖民地铺路。基督教传教士是殖民主义的先行者,他们不仅是宗教和意识形态的传播者,更是西方世界观的传播者,他们肩负着对殖民地人民进行"思想殖民化"的任务。罗伯特·莫法特(Robert Moffat)是最早进入马塔贝莱兰的传教士之一,他与恩德贝莱王国的国王姆兹利卡兹建立了良好关系,得以在马塔贝莱兰传教。这些传教士利用非洲人对他们的信任,暗中勾结那些寻求特许权的殖民主义者,掠夺非洲资源,剥削非洲人民,可以说他们是英国殖民者的先驱。对此,恩科莫在其回忆录中写道,"英国传教士罗伯特·莫法特是以传教为名,却怀着邪恶之心来到马塔贝莱兰的:基督教要在这里生根,就必须要摧毁恩德贝莱这个野蛮王国"。③

在非洲,政治与宗教权威通常是紧密联系在一起的。在一些小型社会里,酋长通常是宗教神灵的监护人和祖先灵魂的保护人。因此,欧洲人对非洲政治权威的破坏也削弱了传统非洲宗教的权威,且为基督教的传播开辟了道路。④ 但是,"基督教化"在本质上是相当危险的,它以西方文化哲理和美学为幌子,来实现对恩德贝莱人和绍纳人思想意识"殖

---

① [英] P. E. N. 廷德尔:《中非史》著,陆彤之译,第250页。
② 联合国教科文组织编写《非洲通史》国际科学委员会:《非洲通史》(第七卷),第23—24页。
③ Joshua Nkomo, *Nkomo: The Story of My Life*, Methuen London Ltd., London, 1984, p. 13.
④ [美] 凯文·希林顿:《非洲史》,赵俊译,东方出版社2012年版,第432页。

民化"的目的。① 历史证明，在津巴布韦沦为殖民地的过程中，传教士起了先导和帮凶作用。

姆兹利卡兹国王于1868年9月去世，其子洛本古拉（Lobengula）于1870年1月继位。罗得斯派英国传教士约翰·莫法特（John Moffat）前往马塔贝莱兰，利用其父亲罗伯特·莫法特与姆兹利卡兹的友好关系，以传教的名义和朋友的身份骗取了洛本古拉国王的信任。1888年2月11日，双方签署了《莫法特条约》，规定非经英国女王陛下任命的南非高级专员许可，洛本古拉不得授予其他国家任何特许权，不得与其他国家缔结任何条约。② 约翰·莫法特在条约签订过程中既充当掮客，又充当翻译。洛本古拉本人是文盲，在条约上的署名以字母X代替。"根据这项条约，洛本古拉已把他的国土置于英国的势力范围了。尽管葡萄牙和德兰士瓦这两个有利害关系的国家提出了抗议，英国政府还是支持《莫法特条约》的。"③ 通过该条约，英国排除他国、独占津巴布韦的野心暴露无遗。

《莫法特条约》只是第一步，此后罗得斯将目标转向采矿特许权。他派出查尔斯·拉德（Charles Rudd）、罗奇福特·马奎尔（Rochfort Maguire）和弗朗西斯·汤普森（Francis Thompson），三人于1888年9月来到布拉瓦约。1888年10月30日，双方签署了《拉德租让书》（Rudd Concession），规定将恩德贝莱王国统治下的所有金属和矿产开采权授予罗得斯；作为回报，罗得斯在阴历每月的第一天向洛本古拉国王及其继承者支付100英镑，同时向洛本古拉国王提供马蒂尼—亨利步枪（Martini-Henry）1000支、子弹10万发，以及一艘武装汽艇用于赞比西河巡逻。④ 按照租约，洛本古拉"授予全权管理在我的王国、藩属和领地的地面和

---

① S. J. Ndovu-Gatsheni, "Re-thinking the Colonial Encounter in Zimbabwe in the Early Twentieth Century", *Journal of Southern African Studies*, Vol. 33, No. 1, 2007, 173 – 191.

② Brian Raftopoulos & A. S. Mlambo (eds.), *Becoming Zimbabwe: A History from the Pre-colonial Period to 2008*, Weaver Press, Harare, 2009, p. 45.

③ ［英］P. E. N. 廷德尔：《中非史》，陆彤之译，第253页。

④ Leonard T. Kapungu, *Rhodesia: The Struggle for Freedom*, Orbis Books, New York, 1974, p. 3.

地下的一切金属和矿藏，完全允许他们为了开采和获得这些金属和矿藏进行他们认为必要的一切活动"。① 但是，这完全是一个欺骗性的条约。洛本古拉国王的黑人顾问被收买，他所信赖的白人顾问查尔斯·赫尔姆（Charles Helm）实际上受雇于罗得斯，同莫法特一起充当国王的翻译，整个谈判过程和条约签署都充满了欺骗。同《莫法特条约》一样，洛本古拉国王的署名仍然是字母"X"。后来在认识到上当受骗以后，洛本古拉国王通过各种努力，包括在报纸上刊登声明、向英国国王提出申诉等，试图废止该条约，但徒劳无功。

《莫法特条约》和《拉德租让书》成为英国"有效占领"津巴布韦的证明文件，为殖民者入侵津巴布韦提供了借口，得到英国政府的大力支持。1888年10月，罗得斯成立了英国南非公司，并向英国政府申请皇家特许状（Royal Charter）。1889年10月29日，维多利亚女王向英国南非公司颁布特许状，授权其成为在南部非洲进行殖民扩张的机构。"英国南非公司模仿英国与荷兰的东印度公司，是一个贸易政治实体。它既有经济权力，可以开采黄金、钻石等资源；又有政治权力，为英国金融资本扩张扫清道路。它有权建立自己的武装警察部队，有权悬挂自己的旗帜，有权修建公路、铁路、电信系统、港口，有权设立银行，有权开采矿产，有权在所占领土地上定居。简言之，它拥有帝国主义和殖民主义的全部权力。"② 特许状于1889年12月20日正式生效，有效期为25年，在1914年到期以后又延长了10年。

"英国政府在别的场合，也把类似的权力赋予大贸易公司。这种政策的魅力在于，有机会为英国取得领土而无需政府直接花钱。因为英国很不愿意在中非承担直接的政府责任，却又同样很不愿眼看这一地区落入德兰士瓦或葡萄牙人手里，所以罗得斯的建议就成为一个满意的解决办法了。"③ 英国南非公司是英国在非洲几个特许公司中最大的一个，通过殖民入侵与扩张，它逐步占领了今津巴布韦、赞比亚和马拉维的广大

---

① ［英］P. E. N. 廷德尔：《中非史》，陆彤之译，第255页。
② Robert Blake, *A History of Rhodesia*, London: Eyre Methuen, 1977, p. 54.
③ ［英］P. E. N. 廷德尔：《中非史》，陆彤之译，第258页。

地区，并以罗得斯的名字命名为南罗得西亚（今津巴布韦）、北罗得西亚（今赞比亚）。对此恩格斯指出："非洲已被直接租给各个公司（尼日尔，南非，德属西南非和德属东非）。马肖纳兰和纳塔尔也为了交易所的利益而被罗德斯占有了。"①

第二节 英国南非公司入侵

"作为一种历史现象，殖民主义对非洲的野蛮征服是反动的、非人道的。它不仅破坏了非洲社会的有机结构，阻碍了非洲文明的正常发展，而且剥夺了非洲人民的基本权利。"② 英国南非公司成立并获得特许状之后，开始了对津巴布韦的野蛮入侵和征服。

一 入侵马绍纳兰

1890年6月，罗得斯派出一支先遣队（Pioneer Column），打着英国南非公司的旗号，穿越林波波河，入侵马绍纳兰，这是英国殖民者占领津巴布韦的开端。"先遣队有一百八十人，其中有些是警察。一路上他们吃尽了苦头，从好望角到这里足足走了好几百英里，穿过遍地是野兽和被视为野蛮人的土著人的地带，走入一片未知之地。他们之前，虽然也有探险者、猎人、传教士走过这条路，可定居者——那些打算在一个地方长期住下去的人——从未来过这里。"③

1890年9月12日，先遣队抵达如今津巴布韦首都哈拉雷所在地，他们以英国首相的名字将这里命名为索尔兹伯里，升起英国国旗，宣布占领马绍纳兰。9月12日也被殖民者定为占领日（Occupation Day）或者先驱日（Pioneer Day），每年这一天都要举行庆祝活动。

此后，殖民者在林波波河到索尔兹伯里沿线建立起许多据点，修筑军事化堡垒，扩大占领地的面积，并陆续建立行政管理机构，向绍纳人

---

① 《马克思恩格斯全集》第25卷，人民出版社1974年版，第1030页。
② 李安山：《非洲民族主义研究》，中国国际广播出版社2004年版，第30页。
③ ［英］多丽丝·莱辛：《非洲的笑声——四访津巴布韦》，叶肖等译，第5页。

征收赋税，强征劳役，并把土地分给殖民军成员。罗得斯给予先遣队成员的许诺是，每人将至少得到15处优质金矿和一个3000英亩的大农场。殖民者还故意挑起民族矛盾，鼓动绍纳族人反抗恩德贝莱族人，拒绝向恩德贝莱国王交纳贡赋。

绍纳人误认为这支队伍只是来进行贸易和寻找黄金，很快就会撤离，因此没有反抗。据记载，看到这些白人在厚重的衣服下大汗淋漓，那些非洲人哈哈大笑起来。那时，非洲人还不知道他们就要失去自己的土地，满不在乎地签下放弃土地的文件，只要有人要他们签。土地，所有人的母亲，居然可以为某人独占而不属于其他人，这可不是他们的思维方式。开始的时候他们根本没太在意眼前这些装束古怪的入侵者，尽管他们的萨满们，有男的也有女的，警告他们，邪恶即将到来。没多久，他们就发现，自己已一无所有，就算躲进丛林也无济于事，他们被驱赶出来，被迫工作，做仆人，做苦力。

亘古以来，方域之内，掌握先进技术的入侵者在搜刮土地和财富的征途上都让其他国家和民族臣服于自己，欧洲人，白人，只不过是最近的一批。他们把最肥沃的土地据为己有，再建立起有效的统治机器。这之后，南罗得西亚的英国人开始能够说服自己（这在征服者中司空见惯），被征服者是低等民族，白人的监护是他们的福气，面对更优秀的文明，他们必定会心悦诚服，感激涕零。殖民者声称："我们，英国人，给马绍纳人民带来了和平，也带来了欧洲文明。"①

此时德国人对津巴布韦也虎视眈眈。1891年11月17日，德国殖民者爱德华·利伯特（Edward Lippert）与洛本古拉国王签署《利伯特租让书》，获得了土地租赁权，为期长达100年。罗得斯将此视为障碍，于是出高价与利伯特做了一场白人对白人的交易，以300万英镑的价格购买了该租让书，而利伯特只需要付给洛本古拉国王2400英镑。② 此举加强了英国南非公司的地位，为英国殖民者独占津巴布韦扫清了障碍。

---

① ［英］多丽丝·莱辛：《非洲的笑声——四访津巴布韦》，叶肖等译，第9页。
② Leonard T. Kapungu, *Rhodesia: The Struggle for Freedom*, Orbis Books, New York, 1974, p. 4.

最早入侵津巴布韦的葡萄牙人当然不甘心落后，葡萄牙政府及葡萄牙莫桑比克公司与英国人展开对津巴布韦的争夺，双方冲突在所难免。津巴布韦境内的矿产开采出来之后，要想以最低成本运到海外，莫桑比克的贝拉港是最佳选择，相比之下南非的开普敦港距离太远，运输成本太高。而贝拉港以及进出该港口的庞格韦河（Pungwe）都在葡萄牙莫桑比克公司的控制之下，英国南非公司的采矿活动因此受到很大限制。

1890年9月14日，英国南非公司迫使马尼卡国王穆塔萨（Mutasa）签署条约，规定不经英国南非公司允许，穆塔萨不得将土地出让给任何外国人；同时授予英国南非公司采矿权，允许其修建公共工程；英国南非公司只需要每年付给穆塔萨100英镑或者等值的商品。为了对抗英国人，葡萄牙莫桑比克公司派出一支远征部队于1890年11月8日抵达穆塔萨的王宫，试图迫使其收回与英国人的条约，转而承认将英国人在马尼卡王国的所有权利让与葡萄牙人。英国南非公司闻讯后，立即派出武装力量赶到王宫，驱散了葡萄牙人，抓获了其首领，抢占了葡萄牙莫桑比克公司的财产。葡萄牙人在津巴布韦的势力被大大削弱，直到最后完全退出，英国人完胜。①

1891年6月，英国与葡萄牙签署条约，划定了津巴布韦与莫桑比克的边界线。当葡属东非和南罗得西亚划定边界的时候，负责相关事宜的两位官员就坐下来喝几杯酒，然后把事情解决，方法是：掷骰子。在南部非洲各地的边界上，类似的故事传来传去，但这些故事的真实性还有待考证。索尔兹伯里勋爵说："我们划分山川、河流、湖泊，却不知道它们在哪儿。"② 津巴布韦东部边界线的确定，使英国和葡萄牙完成了对津巴布韦和莫桑比克的瓜分，帝国主义国家在抢占殖民地的过程中，既相互争夺又相互勾结，既相互斗争又相互妥协，在津巴布韦问题上体现得亦非常明显。

---

① H. H. K. Bhila, *Trade and Politics in a Shona Kingdom: The Manyika and Their African and Portuguese Neighbours 1575–1902*, Longman Group Limited, UK, 1982, p. 127.

② ［英］多丽丝·莱辛：《非洲的笑声——四访津巴布韦》，叶肖等译，第130页。

二 征服马塔贝莱兰

在占领了绍纳人居住的马绍纳兰地区之后，英国殖民者便将目光转向恩德贝莱人居住的马塔贝莱兰地区。但是，素来以"好战"闻名的恩德贝莱人不甘于被征服和占领，在1893年10月—1894年1月与入侵者展开了顽强斗争，史称英国—恩德贝莱战争（The Anglo-Nedebele War，简称英恩战争），又称第一次马塔贝莱战争（The First Matebele War）。

在殖民地经济中，最有利可图的投资行业非采矿业莫属，英国南非公司拥有其领土范围内的采矿权，并以各种方式来开发，从中谋取高额利润。但是直到1893年，殖民者仍然未能在马绍纳兰发现富饶的金矿，英国南非公司陷入危机。为了摆脱危机，攫取更多的财富，殖民者决定向马塔贝莱兰进军。罗得斯委任的英国南非公司驻马绍纳兰行政长官利安德·詹姆森（Leander Jameson）"放弃了把马塔贝莱兰和平地合并在公司统治下的希望，并做出了征服这个武人王国是首要任务的决定"①。

第一批白人定居者十分猜忌和害怕被他们认为是"石器时代野蛮人"的非洲人，将恩德贝莱王国及其军队视为威胁，于是千方百计寻找机会灭掉王国，建立英国女王名下的白人统治。洛本古拉国王也很快认识到，到这里来的白人不怀好意，如果任其这样发展下去，自己的好日子就屈指可数了。因此，从一开始白人和黑人就相互猜忌、互不信任、彼此仇恨，都在想方设法摧毁对方，拒绝任何与对方共存的想法。洛本古拉国王彻底认清了殖民者的真实面目，他们不只是来挖金子的，还要占领这里的土地，抢夺他的人民和国家，于是下决心与殖民者开战。

1893年7月，维多利亚堡（今马旬戈）附近一个名叫戈马拉（Gomara）的绍纳族酋长以受到英国殖民者的保护为由，拒绝再向洛本古拉国王进贡。洛本古拉国王大为恼火，遂派部队前去镇压，摧毁了几个绍纳族村庄，杀死了一些绍纳族村民。殖民者首领詹姆森抓住机会，出面进行干预，要求恩德贝莱人立即撤回到马塔贝莱兰与马绍纳兰的"边界线"以内，并下令部队开枪打死了数十名恩德贝莱战士，史称"维多利

---

① ［英］P. E. N. 廷德尔:《中非史》，陆彤之译，第287页。

亚堡事件"。詹姆森反诬是恩德贝莱人率先发动袭击，并以此为借口组织兵力大规模入侵马塔贝莱兰。

英国殖民者与恩德贝莱人的战争从 1893 年 10 月开始，1894 年 1 月洛本古拉国王病死标志着战争结束，其间共有两次决定胜负的大战役。

1893 年 10 月 25 日，双方在尚加尼河（Shangani）附近展开激战。英国士兵只有 700 多人，但是拥有先进的马克沁机枪；恩德贝莱武士有数千人，但是武器装备落后，组织能力和战斗力不强。殖民军用马克沁机枪扫射，造成恩德贝莱武士约 1500 人死亡，部队将领马南达（Manonda）自杀，而殖民军仅死亡 4 人。[①] 尚加尼河战役是双方进行的第一次重大战役，这也是世界著名的马克沁机枪首次投入战场使用。

1893 年 11 月 1 日，双方又在布拉瓦约东北约 50 公里处的本贝兹（Bembezi）展开决战。与尚加尼河站战役一样，双方人数悬殊，恩德贝莱战士有 6000 多人，英国士兵只有 700 人，但是，殖民者凭借先进的马克沁机枪战胜了恩德贝莱人数量上的优势，大约有 2500 名恩德贝莱战士阵亡。本贝兹战役是双方的决战，此后恩德贝莱王国再难以抵抗英国殖民者的进攻，英国人迅速向布拉瓦约进军。

在听到战败的消息之后，洛本古拉国王下令放火烧了都城布拉瓦约，毁掉了大量象牙及其他财宝，然后向北逃跑。在第二天英国殖民者赶到布拉瓦约时，大火还在燃烧。1894 年 1 月，洛本古拉国王病死。至此，恩德贝莱王国灭亡，马塔贝莱兰连同马绍纳兰都被英国殖民者占领。

值得一提的是，在战争的最后阶段，英勇的恩德贝莱人给了殖民者沉痛一击。洛本古拉国王逃跑后，殖民军派出"尚加尼巡逻队"（Shangani Patrol）进行追击，试图一举将其抓获。但是，由于不熟悉地形和大雨过后尚加尼河水上涨，1893 年 12 月 4 日，该巡逻队遭到恩德贝莱部队围剿，除了 3 名队员侥幸逃生以外，其余 34 人全部丧生，包括巡逻队队长艾伦·威尔逊（Allan Wilson）。恩德贝莱王国方面也付出了巨大代价，四五百人战死。殖民者将这次失败称为"尚加尼悲剧"，并将阵亡

---

① Niall Ferguson, *Empire: the Rise and Demise of the British World Order and the Lessons for Global Power*, Basic Books, New York, 2004, p. 188.

的 34 名白人奉为英雄。他们的遗体起先被埋葬在大津巴布韦,后来根据罗得斯的遗愿,在 1904 年将他们重新安葬在马托博山上,与罗得斯的坟墓在一起,并且修建了一座纪念碑,上面刻着"致勇敢者"以及威尔逊等人的名字,至今纪念碑还在。殖民者还曾经把 12 月 4 日定为"尚加尼日",作为公共假日来纪念死去的"英雄们",然而他们实际上是入侵者,是沾满津巴布韦人民鲜血的刽子手。

1893 年英恩战争是一场长矛对机枪的战争,最终以白人殖民者获胜、恩德贝莱人失败宣告结束。恩德贝莱人死亡数千人,白人殖民者仅死亡数十人。对此,殖民者大言不惭地宣称,对非洲人的征服和对国家所有权的确立,是他们用鲜血换来的,战败的非洲人丧失了他们曾经拥有的对国家的一切权利。① 通过这场战争,英国殖民者打败了恩德贝莱王国,并最终占领了整个津巴布韦。

第一次马塔贝莱战争期间,恩德贝莱王国部队在人数上远超对方,但是殖民军在武器和军事上占据优势。他们拥有先进的武器马克沁机枪,成为殖民军战胜恩德贝莱人的关键。高度自动化的现代机械枪的出现和应用,进一步改变了殖民者与被殖民者之间的力量对比。英国诗人希拉尔·贝洛克(Hilaire Belloc)曾写道:"无论发生什么,我们有马克沁机枪;而他们没有。"② 这句话甚至可以概括殖民者占领和瓜分非洲的历史。连殖民者也承认恩德贝莱人的英勇,只是败在了武器落后上。"虽然他们以大无畏的精神作战,但是面对优良的装备,他们毫无胜利的可能。"③ "英国南非公司的创立和侵略性武装力量的组建,均表明西方势力正准备摧毁非洲的社会、经济和政治结构。在此过程中,马克沁机枪起了决定性作用,使白人殖民者占据明显的武力优势。"④

1895 年起,殖民者为了纪念和颂扬罗得斯的"丰功伟绩",将现在津

---

① Leonard T. Kapungu, *Rhodesia: The Struggle for Freedom*, pp. 5 – 6.

② Ranka Primorac & Stephen Chan, *Zimbabwe in Crisis: The International Response and the Space of Silence*, Routledge, 2007, 67 – 68. 另见 [美] 凯文·希林顿:《非洲史》,赵俊译,第 381 页。

③ [英] P. E. N. 廷德尔:《中非史》,陆彤之译,第 290 页。

④ Brian Raftopoulos & A. S. Mlambo (eds.), *Becoming Zimbabwe: A History from the Pre-colonial Period to 2008*, p. 46.

第三章　英国南非公司殖民入侵和统治(1890—1923) / 75

巴布韦和赞比亚两国所在地区以他的名字命名为罗得西亚。1898年10月20日，英国政府在其枢密令中首次将赞比西河以南地区（即津巴布韦）称为南罗得西亚。1911年，英国政府将赞比亚殖民地进行合并，并命名为"北罗得西亚保护地"。从此以后，南罗得西亚（今津巴布韦）和北罗得西亚（今赞比亚）的名称固定并普及开来，一直到1964年赞比亚独立，北罗得西亚不复存在，南罗得西亚改称为罗得西亚。

第三节　第一次解放斗争

从欧洲殖民者踏上这片土地开始，津巴布韦人民反抗殖民统治的斗争就从未停止过。[1] 1896年3月—1897年10月，津巴布韦广大恩德贝莱族和绍纳族人民相继揭竿而起，在自己的土地上武装反抗英国殖民者的残酷统治和剥削，但是最终被镇压下去，这次起义被称为恩德贝莱—绍纳起义，由于其具有重要历史地位，又被称为津巴布韦第一次解放斗争，或者"第一次奇穆伦加"。[2] 恩德贝莱—绍纳起义虽然失败，但是起义中人们所表现出的大无畏的民族斗争精神，所涌现出的英雄人物及其事迹，以及绍纳族与恩德贝莱族的联合行动，成为20世纪60年代中期开始的津巴布韦第二次解放斗争的强大精神动力。

一　起义背景

一般而言，当一个民族受到异族的侵略和压迫时，全民族同仇敌忾的反抗心理就会以各种形式表现出来，并引发巨大的精神力量。[3] 英国南非公司征服津巴布韦之后，对这片土地上的人民进行残酷的殖民统治与剥削，到了令人无法忍受的地步，他们对殖民者产生了极度仇恨的心理，

---

[1] Sobantu Sibanda, "The Quest for Unity, Peace and Stability in Zimbabwe", in David Kaulemu (ed.), *The Struggles after the Struggle*, p. 47.

[2] 奇穆伦加（Chimurenga），绍纳语，意为"解放斗争"或"革命斗争"。津巴布韦历史上把1896—1897年反英起义称为"第一次奇穆伦加"，把20世纪60年代开始的民族独立斗争称为"第二次奇穆伦加"，后来有人又把2000年开始的土地改革称为"第三次奇穆伦加"。

[3] 李安山：《非洲民族主义研究》，第29页。

强烈要求赶走殖民者，夺回原本属于自己的安定生活。"马塔贝莱人在表面上是顺从的，但是，他们当然不会喜欢受屈辱的新地位……他们既骄傲，又不服输，他们在寻找机会，要从劣势转为优势，改变同公司的关系。"①

白人殖民者入侵之后，津巴布韦连续多年发生旱灾，导致粮食大幅歉收，1895年旱情最为严重。旱灾还引发蝗虫灾害和牛瘟蔓延，使形势更为严峻。当地人认为这些灾难都是殖民者带来的，也是神灵发怒的征兆。而殖民者为了防止牛瘟蔓延，下令屠杀了大批的牛，进一步引发当地人不满，他们认为这是非常愚蠢的做法。

1895年12月，在罗得斯的策划下，罗得西亚行政长官利安德·詹姆森率领一支约600人的部队南下突袭德兰士瓦共和国，试图一举推翻布尔人克鲁格政府，扫除英国进行殖民扩张的障碍，但是他们反被德兰士瓦军队围剿，14人被打死，40人受伤，余者包括詹姆森在内全部被俘，这就是历史上著名的"詹姆森袭击事件"。在詹姆森率领的部队中，大部分人都是从罗得西亚抽调来的，造成罗得西亚兵力空虚，给恩德贝莱人和绍纳人起义提供了有利时机。"詹姆森失败的消息鼓舞了马塔贝莱人，他们认为公司的武装力量并不是不可战胜的，而且只有四十来个白人警察留在国内，似乎驱逐征服者的时机已经到来了。"②

二 恩德贝莱起义

1896年3月20日，恩德贝莱人率先发动起义，战火迅速在整个马塔贝莱兰地区蔓延开来，恩德贝莱人同殖民者展开顽强斗争，一直持续到当年年末，这被称为恩德贝莱起义或者第二次马塔贝莱战争（相对于1893年第一次马塔贝莱战争而言），是津巴布韦第一次解放斗争的重要组成部分。

恩德贝莱王室及宗教领袖领导了起义。1893年抗英斗争中，恩德贝莱王国的军团组织并未被完全消灭，有一部分还继续存在。洛本古拉国

---

① ［英］P. E. N. 廷德尔：《中非史》，陆彤之译，第298—299页。
② ［英］P. E. N. 廷德尔：《中非史》，陆彤之译，第302页。

王的大儿子恩亚曼达（Nyamanda）被推举为新国王，并拥有一些军事力量，伺机再战。恩德贝莱宗教领袖姆利莫（Mlimo）号召人们进行起义，声称在他的法力下殖民者的子弹会变成水，炮弹会变成鸡蛋，因此不必害怕白人的武器，应勇往直前地同白人作战。一些被英国南非公司招募的当地黑人警察也加入了起义队伍。

恩德贝莱起义的目标是杀死或赶走全部白人殖民者，当时白人殖民者大约有 4000 人。起义爆发后，恩德贝莱人使用马蒂尼—亨利步枪以及长矛、弓箭、斧头等传统武器，四处袭击白人的农场、矿山、商店、仓库，见到白人就杀，抢回了被殖民者夺走的牛和其他财产。"到 6 月 30 日晚，马塔贝莱兰边远地区，有些白人仓皇逃跑，有些白人被解救到军事保护营地，另有 145 人被残忍杀害，这里再也见不到一个活的白人。"①有些白人仓皇逃窜至布拉瓦约、格韦洛、贝林格韦等殖民者中心据点，才得以幸免于难。

殖民者躲藏在布拉瓦约进行顽强抵抗，同时等待援军到来。恩德贝莱人包围了布拉瓦约，但是他们吸取了 1893 年战争中被殖民军用马克沁机枪扫射的教训，没有对布拉瓦约发动大规模进攻，错失了攻下该城的良机。同时，他们还犯了一个严重错误，即没有切断布拉瓦约的电报线，使被围困的殖民者得以与外界保持联系，随时报告战场情况，请求增兵支援。

5 月起，各路殖民者增援部队陆续从索尔兹伯里、维多利亚堡以及南非等地赶到布拉瓦约，其中包括罗得斯率部队从索尔兹伯里赶来。弗雷德里克·卡林顿（Frederick Carrington）被任命为英国殖民军司令，巴登·鲍威尔（Colonel Baden-Powell）担任参谋长，指挥部队向恩德贝莱武装发起进攻，从而使战争形势急转直下。

恩德贝莱人被迫撤退至马托博山上，由主动进攻转为被动防御，利用有利地形继续与殖民军作战。马托博山成为战斗最为惨烈的地方，许多恩德贝莱武士战死，殖民者也付出了巨大代价。随着起义领袖姆利莫被殖民军暗杀，恩德贝莱人的处境越来越艰难，几乎到了弹尽粮绝的地

---

① Leonard T. Kapungu, *Rhodesia: The Struggle for Freedom*, p. 6.

步,斗争难以为继。在这种情况下,罗得斯抓住机会,于 1896 年 8 月 21 日亲自上山与恩德贝莱族头领进行谈判。经过近 2 个月的谈判,双方于 10 月 13 日达成协议,罗得斯答应了恩德贝莱族头领提出的一些条件,恩德贝莱人同意放下武器,接受英国的殖民统治,这标志着恩德贝莱起义最终失败。

三 绍纳起义

继恩德贝莱人起义之后,绍纳人于 1896 年 6 月 17 日发动起义。绍纳起义首先从马佐埃地区爆发,随后迅速蔓延到马绍纳兰其他地区,一直持续到 1897 年 10 月。

绍纳族宗教领袖和各地酋长领导了起义。宗教领袖姆克瓦提(Mukwati)号召绍纳人起义:"马上去杀死那些白人,把他们从我们祖先的土地上赶出去,我一定除却牛疫和蝗虫,还给你们降下雨露。"① 尼汉达·恩亚卡西卡娜(Nehanda Nyakasikana)是这次起义中著名的女性宗教领袖(灵媒),她在马佐埃地区组织群众,发起抗英起义。宗教领袖卡古维·古博雷舒姆巴(Kaguvi Gumboreshumba)在戈罗芒兹(Goromonzi)地区领导起义,马沙亚莫贝酋长(Mashayamombe)主要在索尔兹伯里以南的蒙多罗地区(Mhondoro)组织和发动起义,其他领导起义的酋长还有戈瓦巴亚纳(Gwabayana)、马科尼(Makoni)、马庞德拉(Mapondera)、曼戈文德(Mangwende)和赛克(Seke)等。绍纳人四处袭击殖民者,杀死了一些殖民官员和上百名白人,给予殖民者沉痛一击。

对于绍纳人起义,殖民者完全错误地估计了形势。他们以为恩德贝莱人曾经侵略和奴役过绍纳人,在恩德贝莱人反英起义中,绍纳人肯定会站到英国人一边,但结果完全相反。"1896 年 6 月绍纳人起义爆发是罗得西亚白人史上最具戏剧性的事件之一,因为这完全出乎意料,让殖民者措手不及。"② 绍纳人起义受恩德贝莱人的直接影响,又极大地配合与声援了恩德贝莱人的斗争,使殖民者陷入两线作战、背腹受敌的困境。

---

① [英] P. E. N. 廷德尔:《中非史》,陆彤之译,第 300 页。
② Leonard T. Kapungu, *Rhodesia: The Struggle for Freedom*, p. 6.

当恩德贝莱人放下武器之后,殖民军得以集中兵力镇压绍纳人起义,绍纳人的斗争还在继续,但是形势已经越来越不利。"他们掩蔽在马绍纳兰的花岗岩要塞中,拒绝任何媾和的试探。"① 殖民军对绍纳人发起猛烈攻击,他们不惜用炸药炸掉绍纳人藏身的山洞,以迫使他们投降。一些起义领导人在战斗中战死,有些投降,著名宗教领袖尼汉达和卡古维于1897年10月被捕,第二年被殖民者绞死。至1897年10月,绍纳人反英起义被残酷镇压下去。

在反英起义中,绍纳人英勇斗争、顽强抵抗,狠狠打击了殖民者,同时也付出了巨大代价。"有些起义酋长在战斗中死亡;另一些被法院判为犯有谋杀罪,少数幸存的则失去了一切权力。起义过去以后,公司采取步骤,禁止绍纳人在石丘中建立村落,以防止再次发生暴力行动。"②

1896—1897年恩德贝莱—绍纳起义以失败告终,根本原因是双方力量悬殊,以非洲人的长矛对殖民者的机枪,武器装备远远落后,军事实力和战斗力根本无法与殖民军队匹敌。在起义过程中,非洲人虽然也取得了一些胜利,但都是暂时的、局部的,在当时的历史背景下,终归抵不过殖民者的强大和残酷。此外,起义军没有强大的领导核心,缺乏统一指挥和严密组织,力量分散,无法形成对敌人的有力和有效打击。恩德贝莱族和绍纳族虽然有些呼应,但是没有真正统一起来,他们各自为战,易被殖民军分别击破。一些非洲人不仅没有参加起义,反而帮助殖民者镇压自己的同胞,起了极坏的作用。

四 起义的影响

1896—1897年恩德贝莱—绍纳起义在津巴布韦历史上具有重要地位,其影响非常深远,而且是多方面的。

第一,1896—1897年恩德贝莱—绍纳起义沉重打击了英国殖民者。这次起义范围广,几乎遍及整个津巴布韦;规模大,两族很大一部分人民都参加起义;持续时间长,达一年半之久。起义沉重地打击了英国殖

---

① [英] P. E. N. 廷德尔:《中非史》,陆彤之译,第308页。
② [英] P. E. N. 廷德尔:《中非史》,陆彤之译,第310页。

民统治，震惊了欧洲，给白人留下痛苦记忆。据英国议会档案记载，这场起义共杀死英军官兵53人，杀死白人殖民者390人，伤150人。这个数字占当时白人殖民者总数的1/10。起义消耗了殖民者大量的人力物力和财力，英国不得不多次增派军队，甚至考虑雇佣印度兵前去镇压，最终出动的总兵力达1.2万人。为了镇压非洲人起义，英国南非公司不仅名誉扫地，而且几乎破产。据英国议会档案记载，英国南非公司共花了225万英镑。这个数字还不包括其他额外开销，直到1924年对南罗得西亚的统治结束时，该公司一直不能给股东分红。① 这次起义使殖民者陷入深深的不安全感之中，而且这种不安全感一直存在。为了最大限度地消除这种不安全感，最长期地维护殖民统治，英国殖民者不断完善殖民统治制度，增强殖民统治力量，推行种族隔离政策，但最终还是被非洲人民推翻和打破，在世界殖民史上写下了不光彩的一页。

第二，1896—1897年恩德贝莱—绍纳起义为津巴布韦民族解放斗争树立了光辉榜样。这次起义中，两族人民为抗击殖民者进行了英勇顽强的斗争，涌现出许多英雄人物，在津巴布韦广为流传，极大地鼓舞着津巴布韦人民，成为后来第二次解放斗争的强大精神动力。"尽管最终失败了，这次斗争造就了恩德贝莱人和绍纳人自己的民族英雄，显示了反抗外来统治的坚强意志。"② 其中，尼汉达是津巴布韦著名的女民族英雄，她在临死前曾发表了铁骨铮铮的言论："我的骨骼会重新站起来，继续抗击殖民主义。"后来文学家陈哲雷·郝夫（Chenjerai Hove）将其英雄事迹改变成小说《铁骨》，鼓励着后人继续大无畏地投身于反抗殖民统治的斗争。③ 尼汉达从事抗英斗争和被捕后的照片收藏在津巴布韦国家档案馆里，她的英雄事迹和精神一直流传至今，在津巴布韦人民心中享有崇高地位，被尊称为姆布亚·尼汉达（Mbuya Nehanda）。总之，津巴布韦人民早期反抗英国殖民侵略的斗争虽然失败，但是为20世纪下半叶的民族

---

① 参见何丽儿《津巴布韦——南部非洲的一颗明珠》，第92页。
② Abiodun Alao, *Mugabe and the Politics of Security in Zimbabwe*, McGill-Queen's University Press, 2012, p. 16.
③ Oyekan Owomoyela, *Culture and Customs of Zimbabwe*, Greenwood Press, Westport, 2002, p. 16.

解放运动作了思想上和精神上的准备，因此具有重要的历史意义。

第三，1896—1897年恩德贝莱—绍纳起义失败是英国殖民者对津巴布韦实行"有效统治"的开始。从殖民入侵到殖民征服，再到殖民统治，是一个复杂的过程。在镇压了起义之后，殖民者开始全面加强殖民统治，推行种族隔离政策。殖民当局把整个地区划分为4个行政区，指定土著事务专员为地方行政负责人。他们处理地方问题，并保持中央政府同乡村地区的联系。每个地区都派驻警察支队，以维持秩序。酋长的权力受到严格限制。司法的职权几乎完全交到土著事务专员手里了。① 对殖民地人民来说，他们不得不接受起义失败的结果，不得不接受殖民统治和奴役。"直到1893年英恩战争和1896—1897年恩德贝莱—绍纳起义之后，英国对恩德贝莱人和绍纳人的'有效殖民化'才真正开始。"② 但是，战争对双方来说都是痛苦的记忆，彼此的仇恨和对抗传了一代又一代，战败的黑人对白人充满了仇恨，他们在期盼正义之日的到来。

第四节　英国南非公司统治

英国南非公司的主要任务是建立起一种稳定的殖民统治形式，既能实现帝国主义的目标，满足殖民人口在当地的各种需求，又要避免激起非洲人进一步的暴力抵抗。从一开始，殖民主义国家对种族和种族差异就有明确规定，并将其制度化。这样做的结果是公民被种族化，罗得西亚人口被分为"公民和臣民"。按照种族和民族差异，罗得西亚人口被划分为欧洲人、亚洲人、有色人种和土著人。土著人又进一步分为原始土著人和殖民土著人，以及马绍纳兰土著人和马塔贝莱土著人。③

罗得斯是公认的种族主义者，他深信英国人是世界上最优秀的人种，他曾经这样问其他英国人："你有没有想过自己身为英国人是多么的幸

---

① ［英］P. E. N. 廷德尔：《中非史》，陆彤之译，第311页。
② Brian Raftopoulos & A. S. Mlambo (eds.), *Becoming Zimbabwe: A History from the Pre-colonial Period to 2008*, p. 45.
③ Brian Raftopoulos & A. S. Mlambo (eds.), *Becoming Zimbabwe: A History from the Pre-colonial Period to 2008*, p. 59.

运？而世界上还有数亿人不是英国人。"① 罗得斯进一步称："英国人是世界上最好的人种，在世界上分布得越广，对人类来说就越好。"② 对于非洲殖民地，罗得斯曾露骨地说："我更喜欢这里的土地，而不是黑鬼。"罗得斯奉行赤裸裸的种族主义，由他的英国南非公司来统治津巴布韦，从一开始就打上了种族主义的深刻烙印。

1898年宪法是罗得西亚历史上首部种族主义宪法，由英国南非专员米尔纳勋爵负责起草，英国政府通过敕令颁布。该宪法规定设立行政委员会，由英国政府委派的驻节长官和4名英国南非公司指定的委员组成；设立立法委员会，由5名英国南非公司指定的委员加4名通过选举产生的委员组成。立法委员会负责制定法律，但须经南非高级专员批准；南非高级专员亦可以公告方式立法。此后随着欧洲移民增多，立法委员会中的选举委员也逐步增加。1903年，选举委员的人数开始同指定委员的人数相等。1907年，选举委员已占多数了。③ 该宪法还加强了英国政府对南罗得西亚事务的控制，特别是在武装部队的指挥和土著政策的制定和实施方面，以免英国南非公司再次把宗主国卷入与外国或土著民族耗资巨大的冲突中去。1923年之前，罗得西亚一直根据该宪法进行治理。

与该宪法相配套，殖民者在1898年推出了首部选举法，规定有投票权的选举人必须具备以下资格：1）英国男性臣民，精神失常者和罪犯除外；2）年龄超过21岁；3）能够读写选票；4）年收入在50英镑以上，或者拥有价值在75英镑以上的不动产。④ 根据该选举法，1898年罗得西亚所有的成年男性白人都获得了选举权，却没有一个非洲人能够同时满足上述4项条件，选举权也就无从谈起。到了1912年，只有12名非洲人满足上述条件，也确实进行了选民登记。但就是这12人也被殖民者视为威胁，殖民者随即在1917年提高了选举权的财产资格限制，将最低年收

---

① Patrick Keatley, *The Politics of Partnership*, Penguin Books, London, 1963, p. 23.
② Nora Kane, *The World's View: The Story of Southern Rhodesia*, Cassell, London, 1954, P. 169.
③ ［英］P. E. N. 廷德尔：《中非史》，陆彤之译，第365—366页。
④ Leonard T. Kapungu, *Rhodesia: The Struggle for Freedom*, pp. 26–27.

入提高到 100 英镑，不动产价值提高到 150 英镑，都比 1898 年翻了一番。① 殖民者正是通过在肤色、财产、教育等方面设限，把广大黑人排除在政治体系之外，剥夺了他们应该享有的政治权利。

起先英国南非公司侵入罗得西亚的首要目标是寻找金矿，试图找到第二个兰德金矿，但是此目标并未实现。直到 1910 年，约翰内斯堡最大的 11 个矿区利润总和达到近 700 万英镑，而罗得西亚最赚钱的 10 个矿区利润总和只有 61.4 万英镑。② 失望之余，殖民者看到了在罗得西亚发展农业的巨大潜力，于是通过大力开发商业农场来吸引更多的白人到罗得西亚来，农业逐渐成为殖民地经济的第二大支柱。③ 要发展农业，就必须要有土地，于是掠夺土地便成为殖民者在寻找金矿未果之后的首要目标。

英国南非公司将南罗得西亚的全部土地划分为三部分：一部分是欧洲人的土地，一部分是非洲人（土著）的保留地，其余部分则掌握在公司手中。殖民者实行保留地政策，认为在保留地范围内，非洲人可以继续过他们的部落生活。这些保留地是专门留给土著非洲人的，欧洲人不得在保留地内购买土地。1894 年，英国南非公司为恩德贝莱人划定了第一批保留地，位于干旱的戈瓦伊（Gwai）和尚加尼地区。就连英国副专员理查德·马丁爵士（Richard Martin）都认为这些保留地"严重缺水，含沙量大，不适合定居"。在被征服之前，恩德贝莱人拥有 2100 万公顷土地。但到了 1894 年，他们被驱赶到仅剩的两块保留地里，面积只有 100 万公顷。白人定居者与恩德贝莱人、绍纳人之间土地斗争的种子就此埋下，这一斗争贯穿于津巴布韦民族主义运动，并且一直持续到殖民后。1898 年，英国南非公司又给绍纳人划定了第一批保留地，大部分绍纳人都居住在那里。到 1905 年，英国南非公司给非洲人共划出了约 60 块保留地，但这些土地的面积仅相当于新殖民地的 22%，殖民者把大部分土地

---

① Leonard T. Kapungu, *Rhodesia: The Struggle for Freedom*, pp. 34 – 35.
② Andre Astrow, *Zimbabwe: A Revolution That Lost Its Way?* Zed Press, London, 1983, p. 6.
③ Tor Skalnes, *The Politics of Economic Reform in Zimbabwe: Continuity and Change in Development*, Macmillan Press Ltd., 1995, p. 35.

据为己有。① 1914 年一个专门委员会来调查南罗得西亚土地的情况，结果为：32% 的土地属于欧洲人，23% 的土地为非洲人保留地，其余约 45% 的土地留作将来分配之用。② 在津巴布韦，土地之争和土地问题的矛盾从殖民者入侵那一天就开始了，一直延续了上百年。

除了掠夺土地之外，殖民者还向非洲人强制征收苛捐杂税，美其名曰是因为他们从殖民统治中得到了好处。"就像在英国统治下的其他国家一样，政府认为当地老百姓应该对行政经费作出贡献，因为政府建立起法律和秩序，老百姓从中得到了好处。"③ 1894 年起征收茅屋税，按非洲人拥有的茅屋数量征税，每间茅草屋每年要交 10 先令的税。1902 年起改为人头税，每个非洲成年男子每年要向政府缴纳 1 英镑。更有甚者，非洲人娶妻也要被强制交税，规定凡是娶多个妻子者，从第二个起每娶一个妻子要征收附加税 10 先令。④ 非洲人没有钱交税，就必须用粮食、牲畜抵扣，或者以劳役支付。殖民者的苛捐杂税名目繁多，让非洲人不堪重负。

向非洲人征收苛捐杂税不仅仅是为了增加殖民政府的财政收入，还有另一个重要目的和作用，即强迫非洲人到白人的农场和矿山劳作，否则他们就没有钱来交税。为了保证白人农场主和矿主有充足的劳动力，防止黑人逃脱和怠工，殖民当局又颁布实施了《通行证法》《主仆法》等法律，对白人来说是给予法律上的保障，对广大黑人来说则是套上了法律的枷锁。

在英国南非公司的统治之下，白人农场越来越多，黑人的土地却越来越少。黑人被迫到白人农场和矿山去劳动，承担劳役，缴纳赋税。即使在土著保留地里，黑人也毫无自由可言，白人当局严密地控制着一切，包括农作物的种类、牲口的数量等。

英国南非公司的残暴统治不仅引发了恩德贝莱—绍纳起义，而且引

---

① Brian Raftopoulos & A. S. Mlambo (eds.), *Becoming Zimbabwe: A History from the Pre-colonial Period to 2008*, p. 66.
② ［英］P. E. N. 廷德尔：《中非史》，陆彤之译，第 374—375 页。
③ ［英］P. E. N. 廷德尔：《中非史》，陆彤之译，第 372—373 页。
④ ［英］P. E. N. 廷德尔：《中非史》，陆彤之译，第 373 页。

起英国政府内部的不满，一些人强烈批评英国南非公司，并要求英国政府撤销对它的特许状。但是，英国政府并不想承担直接统治的责任，因此继续委任英国南非公司进行统治，同时加强了对它的监管。1914年，英国南非公司的特许状期满，英国政府又同意再延期10年。但是，英国南非公司的统治越来越难以为继，到1923年被自治政府取而代之。

第 四 章

从自治殖民地到单方面独立
（1923—1965）

从罗得斯到白人殖民政权的最后一位总理伊恩·史密斯（Ian Smith），他们都是不折不扣的种族主义者，坚定奉行种族主义理念和政策，坚持认为白人至上，白人优于黑人，将黑人视为野蛮人、原始人，跟白人相比，黑人是劣等人。由于种族主义作祟，白人对灿烂的非洲文化视而不见，如他们不相信大津巴布韦遗址是非洲人（绍纳人）建造的，并且试图去证明这一点，结果徒劳无功。津巴布韦的白人殖民者试图效仿南非，制定和实行种族隔离政策。但是，由于这里的白人始终是少数，所占比例远小于南非白人，不可能实现像南非那样完全的种族隔离，最终无法抵挡非洲民族解放的浪潮。津巴布韦的白人政权一方面依靠母国英国维护其统治，另一方面又渴望摆脱英国的控制和羁绊，于1965年冒天下之大不韪单方面宣布独立，但这也只维持了不到15年。

第一节 自治殖民地时期

第一次世界大战给南罗得西亚带来巨大变化，大量欧洲移民涌入南罗得西亚。随着欧洲移民的增多，他们提出了结束英国南非公司统治、实现自治的政治目标和要求。查尔斯·科格伦（Charles Coghlan）领导了自治运动，向英国政府提出了建立责任政府（Responsible Government）的请求。1921年，英国政府成立了巴克斯顿委员会，就南罗得西亚建立责任政府问题展开调查。该委员会建议南罗得西亚成立责任政府，但须经公民投票同意。1922 年 10 月，南罗得西亚举行公民投票，结果以 8774 票赞成、5989 票反对通过了建立责任政府、实行内部自治的决议。① 1923 年 9 月 12 日，南罗得西亚正式成为英国的自治殖民地。1923 年 10 月 1 日，南罗得西亚责任政府正式成立。

1923 年宪法取代了 1898 年宪法，规定南罗得西亚享有自治权，由英国派驻总督代表英国国王，由当地白人组成责任政府，由 30 名议员组成的议会拥有立法权，但是英国政府对于非洲人权益方面的立法拥有审查和批准权，外交事务也掌握在英国政府手中。为了吸取 1896—1897 年恩德贝莱—绍纳起义的教训，防止殖民政府对非洲人无度压迫剥削而引发起义，将英国拖入其中，该宪法设置了"保留条款"，规定英国政府有权否决南罗得西亚议会通过的任何歧视非洲人的议案。但实际上，英国从未援引过"保留条款"否决任何歧视黑人的议案，该条款形同虚设，只不过是一个幌子。自治政府成立后，享有自治权的南罗得西亚不再隶属英国殖民部，而是由英国自治领部（后来改称英联邦关系部）管辖，南罗得西亚总理可参加英联邦总理会议。

英国南非公司对南罗得西亚 30 多年的统治宣告结束，英国政府同意付给该公司行政费和公共事业费共 375 万英镑，同时为其保留了土地、商业资产、采矿权和对铁路的控制权，但这些权利后来又被南罗得西亚政府分别在 1933 年和 1947 年收购为国有。② 曾经辉煌一时的英国南非公司退出了历史舞台。

查尔斯·科格伦成为南罗得西亚责任政府的首任总理，直到 1927 年 8 月他去世为止。此后到 1953 年中非联邦成立，南罗得西亚又总共经历了 3 任总理，他们分别是霍华德·莫法特（Howard Moffat，传教士约翰·莫法特之子，1927 年 9 月—1933 年 7 月在任）、乔治·米歇尔（George Mitchell，1933 年 7 月—9 月在任）和戈弗雷·哈金斯（Godfrey Huggins，1933 年 9 月—1953 年 9 月在任）。其中乔治·米歇尔是接替辞职的霍华

---

① ［英］P. E. N. 廷德尔：《中非史》，陆彤之译，第 379 页。
② ［英］P. E. N. 廷德尔：《中非史》，陆彤之译，第 380 页。

德·莫法特出任总理，他只做了约两个月的总理，便因为在选举中失败而下台，成为南罗得西亚历史上任期最短的总理。戈弗雷·哈金斯在选举中战胜了乔治·米歇尔，于1933年9月成为南罗得西亚第四任总理，1953年9月他又成为中非联邦的首任总理，直至1956年11月由罗伊·韦伦斯基（Roy Welensky）接任。戈弗雷·哈金斯不仅是南罗得西亚在位时间最长的总理，也是英联邦在位时间最长的总理，他还是唯一的先后经历了4位英国君主的总理，他们分别是：乔治五世、爱德华八世、乔治六世和当今女王伊丽莎白二世。

但是，不管总理怎么轮换，白人政权维护殖民统治的目标从未改变，保障当地白人享有政治、经济、文化、教育等各种特权的目标从未改变，压迫和剥削广大黑人的目标从未改变。担任南罗得西亚总理时间最长的戈弗雷·哈金斯也是个极端种族主义者，他有句臭名昭著的"名言"广为流传："黑人与白人的关系就如同马与骑手的关系，黑人是马，白人是骑手。"① 这也成为南罗得西亚种族关系和殖民统治的真实写照。

白人对黑人知之甚少，害怕与劣等的黑人打交道。南罗得西亚实行种族隔离，居住区、学校、交通工具、卫生设施甚至教堂无不如是。有许多白人除了跟他们的黑人厨师、园丁和女佣说话外，与其他任何黑人从来没有说过一句话。南罗得西亚大部分白人从来不会花一丁点儿时间来听取一下黑人的意见。即使所谓最"开明"的白人，当被问道"你是否愿意把自己的女儿嫁给一个非洲人"时，也会断然拒绝。②

土地无论对黑人还是白人来说，都是赖以生存的基础，这一点是完全相同的。不同之处在于，对黑人来说，他们世世代代生活在这里，土地承载了他们的历史、文化、宗教、安全、社会制度和情感；对白人来说，土地意味着财富的获得、吸引白人移民，以及将政治权力牢牢把握在手中。

英国南非公司统治时期，尚有45%的土地没有分配。为了进一步解决这些土地的分配问题，南罗得西亚自治政府于1925年成立了专门委员

---

① Leonard T. Kapungu, *Rhodesia: The Struggle for Freedom*, p. 38.
② Leonard T. Kapungu, *Rhodesia: The Struggle for Freedom*, p. 11.

会，就土地问题展开调查，并提出按照种族隔离原则占有土地的建议。根据该委员会建议，南罗得西亚自治政府于 1930 年出台了臭名昭著的《土地分配法》(*The Land Apportionment Act*)，从 1931 年开始实施。该法将南罗得西亚土地分为 5 个部分：欧洲人区、土著保留区、土著购买区和森林区，此外还有约 700 万公顷的"未分配土地"。土著保留区增至 98 个，殖民者认为这能够满足快速增长的非洲人口对土地的需求。该法还对不同区域的土地所有权种类进行了明确划分。在欧洲人区，土地被认为是私有财产，并且有地契；而在土著保留区，土地归"社区所有"，没有地契，非洲人只有使用权，可以在专门的土地上种植庄稼、建造房屋、饲养牲畜，而这些都是社区财产的一部分，非洲人酋长有权在土著事务专员的监管下分配土地。土著购买区则是不同种族间的"中间地块"，非洲人有钱就可以购买这里的土地，一小部分农村中产阶级最早开始购买。这些土地临近土著保留区，但是属于私人财产。不幸的是，土著购买区的土地也都很贫瘠。①

根据 1930 年《土地分配法》，占总人口不到 5% 的白人分得 4100 万英亩最好的土地，而占总人口超过 95% 的黑人只分得 4400 万英亩贫瘠的土地。该法成为殖民主义者在接下来 50 年里维护其统治的重要奠基石。② 1930 年《土地分配法》在津巴布韦历史上具有"里程碑意义"，其影响非常深远，此后虽然几经修改，但是万变不离其宗，白人霸占一半面积土地的格局不变，按种族隔离原则占有土地的原则不变。③ 1930 年《土地分配法》无疑是津巴布韦历史上影响最大的法律之一，直到今天它对津巴布韦政治经济的影响都还存在。④ 该法是南罗得西亚白人种族主义统治的基石，是压在广大黑人身上的大山，是造成津巴布韦土地问题的根

---

① Brian Raftopoulos & A. S. Mlambo (eds.), *Becoming Zimbabwe: A History from the Pre-colonial Period to 2008*, Weaver Press, Harare, 2009, pp. 66 – 67.
② Tor Skalnes, *The Politics of Economic Reform in Zimbabwe: Continuity and Change in Development*, p. 35.
③ 何丽儿：《津巴布韦——南部非洲的一颗明珠》，第 73 页。
④ Ranka Primorac & Stephen Chan, *Zimbabwe in Crisis: The International Response and the Space of Silence*, Routledge, 2007, 69.

源,是津巴布韦人民最为痛恨的法律之一,废除该法也成为津巴布韦革命的目标和动因之一。

当然,1930年《土地分配法》受到白人殖民者的热烈欢迎。在他们看来,"这个法令,略经修改以后,一直是土地所有权的根本大法,也大大影响了人们关于这个国家总的发展的想法。它有助于防止种族之间在购买土地问题上发生矛盾;它使欧洲人用他们的技术和资本开发这个国家有了信心,它也使保留地里的非洲人感到住在那里有了保证"①。殖民者试图通过立法,为其非法抢占土地的行为打上"合法"的标签,但终归掩盖不了非法的本质。

第一次世界大战以后,南罗得西亚的采矿业和加工业得到长足发展,大批白人移民从欧洲迁入,白人和黑人在就业方面的竞争日趋激烈。为了保证白人在就业领域的优先地位和特权,南罗得西亚白人政权于1934年颁布了《工业调解法》,该法规定白人工人优先就业,享有最低工资保障,垄断技术工种,依法解决劳资纠纷等。与此同时,该法把黑人排除在"工人"之外,把他们统称为土著劳工,无法享有工人权利,不得组织工会和罢工,不得从事技术工种的工作。非洲人与白人的工资差别非常大,即使同样的工作也不能得到同等的报酬。《工业调解法》按种族规定工种、待遇和权利,是典型的种族歧视法律,是南罗得西亚种族主义统治的又一基石。

第二次世界大战中,南罗得西亚作为英国殖民地参战。战争需求刺激了南罗得西亚工业发展,尤其是钢铁业和纺织业。"二战"结束后,南罗得西亚迎来经济快速发展的时期。一方面,农矿产品出口大量增加,其中烟草出口成倍增长,为南罗得西亚带来可观的外汇收入;另一方面,外来投资大幅增加,带动了当地各部门经济增长,尤其是制造业。产业发展需要大量的劳动力,经济发展与人口增长相辅相成。"二战"结束后,大批白人移民涌入南罗得西亚,其中包括许多无业人员。殖民当局则通过优越的移民政策,吸引英国、美国、加拿大等地的白人来到南罗得西亚。1936年南罗得西亚的白人数量在5.5万人左右,1946年增至约

---

① [英] P. E. N. 廷德尔:《中非史》,陆彤之译,第386页。

8.2万人，1951年进一步增至约13.5万人。① 另据恩科莫在其回忆录中所说，"二战"后南罗得西亚又迎来了一次白人涌入的高峰，在1947年以后的7年间，南罗得西亚的白人数量增加了一倍，达到约17万人。② 将二者数据进行对比，出入不大。

白人移民一到这里便可得到好的工作、房子、汽车和佣人，这些是他们以前在自己的国家不敢奢望的。白人虽然在数量上不多，却属于统治阶级，处在社会最高层，过着一流的、富足舒适的生活，即使与英国相比也毫不逊色，"他们的平均家庭收入要比英国高得多，而生活费却比那里低得多"。③ 与此同时，南罗得西亚非洲人的数量也有大幅增长，1900年估计约50万人，到1950年则增至200多万人。④ 广大黑人处在受压迫、被剥削的境地，靠在保留地里的传统农业或者为白人打工为生，既无政治权利，也没有经济权利和教育、卫生等保障，与白人生活形成了鲜明对比。可以说，南罗得西亚是白人的天堂，黑人的地狱。当然，白人也非常清楚他们的优越生活是怎样来的，是靠黑人和白人在经济、社会和政治等方面的不平等维持的，如果失去了对黑人的统治和剥削，白人就会失去所拥有的一切。因此，千方百计地维护白人的少数统治，是殖民者一切思想、行为、政治制度及政策措施的出发点和落脚点。

第二节 中非联邦

早在1915年，英国南非公司就曾提出南、北罗得西亚合并的主张，以减少行政开支。此后这个想法和问题就一直存在，每隔几年总要拿出来进行讨论。⑤ 但是南、北罗得西亚的白人、黑人以及英国政府等各方在此问题上的考虑各不相同，意见不一，因此合并一直没有实施。

---

① ［英］P. E. N. 廷德尔：《中非史》，陆彤之译，第401—402页。
② Joshua Nkomo, *Nkomo: The Story of My Life*, p. 42.
③ ［英］戴维·史密斯等：《杰出的津巴布韦人——穆加贝》，周锡生等译，第25页。
④ ［英］P. E. N. 廷德尔：《中非史》，陆彤之译，第402页。
⑤ ［英］P. E. N. 廷德尔：《中非史》，陆彤之译，第526页。

一　中非联邦成立

1936 年，南、北罗得西亚的殖民者代表在维多利亚瀑布城举行会议，双方赞成两个地区合并，建立一个英国在非洲内陆地区的强大堡垒。为此，英国政府成立了一个专门委员会就合并问题进行调查研究。该委员会得出结论认为，将两个罗得西亚以及尼亚萨兰联合起来是合乎需要的，因为随着这三个地区的发展，它们将变得更加相互依赖。不过，委员会同时认为，南罗得西亚和北方地区处理非洲人事务的方式大不相同，因此不能立刻行动。[①] 合并的想法得以强化，但是合并问题继续被搁置。

第二次世界大战以后，随着非洲民族解放运动的兴起，英国人认识到按照老路子已经无法维持其在非洲的殖民统治，必须要改变才有可能延续殖民统治，维护大英帝国的利益，于是决定实施建立中非联邦的计划。当时三个地区的人口情况是：北罗得西亚（今赞比亚）总人口 290 万人，其中白人 3.7 万人；南罗得西亚总人口 220 万人，其中白人 13.55 万人；尼亚萨兰（今马拉维）总人口 240 万人，其中白人 4000 人。[②] 从经济情况来看，北罗得西亚（今赞比亚）开采铜矿需要大量廉价劳动力；尼亚萨兰（今马拉维）人口众多，有长期往国外输出劳工的传统；南罗得西亚盛产粮食，白人殖民者人口最多。

如果将这三块殖民地合并，既可以保证白人继续控制整个地区，还大大减轻英国政府的负担，英国公司的利润也完全有保障，无论是掌握北罗得西亚铜矿的公司，还是控制南罗得西亚农场的公司，也无论其总部设在伦敦还是约翰内斯堡。"这个扩容了的国家到时将拥有强大的经济实力，就像南非的白人一样，足以抵制所有要求实现非洲人多数统治的反抗活动。这将会吸引英国在该地区的新投资，这样一来也就进一步强化了白人在国家中的主导地位。"[③] 由此可见，将三个地区合并完全是从维护殖民统治、保障白人利益出发的，而完全不顾这片土地上的真正主

[①] ［英］P. E. N. 廷德尔：《中非史》，陆彤之译，第 527—528 页。
[②] Joshua Nkomo, *Nkomo: The Story of My Life*, p. 48.
[③] ［美］凯文·希林顿：《非洲史》，赵俊译，第 508 页。

人——广大黑人的主张和利益，这一点也决定了中非联邦的寿命短暂，它只存在了 10 年便宣告解体。

1948—1953 年，英国政府组织召开了一系列会议，讨论罗得西亚与尼亚萨兰合并事宜。1949 年 2 月，三个地区的殖民者代表在维多利亚瀑布城举行首次会议，一致通过了支持成立联邦的决议。会议完全由殖民者操控，没有一个非洲人代表与会。1951 年初，英国政府召集三方代表在伦敦举行会议，起草了一个联邦宪法草案。1951 年 9 月，第二次维多利亚瀑布城会议举行，虽然没有通过最后决议，但它使人相信建立联邦是有好处的，合并又前进了一步。此后在 1952 年和 1953 年又召开了多次会议，最终解决了各种细节问题，为建立联邦铺平了道路。

在殖民者的操控下，北罗得西亚和尼亚萨兰分别通过了同意建立中非联邦的法案。南罗得西亚则于 1953 年 4 月 9 日举行了只有白人参加的公民投票，以 2.5 万票赞成、1.5 万票反对的结果通过了加入联邦的议案。1953 年 8 月 1 日，南罗得西亚、北罗得西亚和尼亚萨兰正式合并组成"罗得西亚与尼亚萨兰联邦"（The Federation of Rhodesia and Nyasaland），或称"中非联邦"（Central African Federation，CAF）。

中非联邦设立总督（Governor-General），由英国女王派出，代表英国女王，首任总督约翰·卢埃林勋爵（Lord John Llewellin）于 1953 年 9 月 4 日就职。中非联邦政府作为中央政府，下设三个地方政府管理各自地区的事务，与此相对应分设联邦政府总理和三个地方政府总理，联邦宪法就各级政府的职权范围进行了大致划分。中非联邦的立法机构称为联邦议会，由 35 名议员组成；其中 26 席定额分配给三个地区：南罗得西亚 14 席，北罗得西亚 8 席，尼亚萨兰 4 席；其余 9 席名义上是要保证代表非洲人：每个地区 2 名非洲人议员，其余 3 席是对非洲人利益负责的欧洲籍议员。[①] 内阁部长从议员中产生，相关程序也完全是效仿英国法律。根据上述政治安排，南罗得西亚总理戈弗雷·哈金斯被选举为中非联邦首任总理。1956 年 11 月，来自北罗得西亚的罗伊·韦伦斯基（Roy Welensky）接替哈金斯出任中非联邦第二任，也是最后一任总理，一直到 1963

---

① ［英］P. E. N. 廷德尔：《中非史》，陆彤之译，第 531 页。

年12月联邦解散为止。司法方面,联邦设有最高法院,后来改称联邦法院,首任首席大法官是来自南罗得西亚的罗伯特·特雷德戈尔德（Robert Tredgold）。财政金融方面,中非联邦曾经发行过自己的货币,称为罗得西亚与尼亚萨兰镑。财政收入的分配比例为:60%归联邦政府,南、北罗得西亚各17%,尼亚萨兰6%。地方政府还可以征收地方税。①

二 中非联邦时期的南罗得西亚

中非联邦时期,南罗得西亚共经历了3位总理。1953年9月,加菲尔德·托德（Garfield Todd）接替因出任中非联邦总理而辞去南罗得西亚总理职务的戈弗雷·哈金斯,成为南罗得西亚第五任总理。1958年2月,埃德加·怀特赫德（Edgar Whitehead）出任南罗得西亚第六任总理。1962年12月,罗得西亚阵线党（Rhodesian Front）的温斯顿·菲尔德（Winston Field）成为南罗得西亚第七任总理,到1964年4月被伊恩·史密斯接任。他们虽然在政策主张方面有些不同,但是奉行种族主义、维护殖民统治、保障白人利益的根本目标没有任何差异。

政治方面,南罗得西亚殖民当局出台了一系列镇压剥削黑人的法律,包括《法律与秩序维护法》《非法组织法》和《预防性拘留法》等。黑人民族主义政党纷纷被取缔,包括非洲国民大会党（African National Congress,1959年被取缔）、民族民主党（National Democratic Party,1961年被取缔）和津巴布韦非洲人民联盟（Zimbabwe African People's Union,1962年被取缔）等。对此,白人政府总理埃德加·怀特赫德曾得意扬扬地说:"我很了解非洲人,他们对政治不感兴趣,只对实用的眼前利益感兴趣,比如孩子上学、土地问题、改善生活之类的事情。"②

事实上是,广大黑人基本上被剥夺和严格限制政治权利。到1939年,在南罗得西亚全部28296名选民中,只有70名非洲人。这70人所占的比例完全可以忽略不计,但还是引起了白人的害怕。1951年殖民者进一步提升了选举人的财产资格条件,将最低年收入提高到240英镑,不动产价

---

① ［英］P. E. N. 廷德尔:《中非史》,陆彤之译,第533页。
② Leonard T. Kapungu, *Rhodesia: The Struggle for Freedom*, p. 46.

值提高到500英镑。到1956年，共有560名黑人满足选举人条件，白人总数为177124人，其中过半达到选举年龄，他们全都拥有选举权。① 黑人选民人数的增加进一步引发殖民者的恐惧。

1956年，以中非联邦首席大法官罗伯特·特雷德戈尔德为首的委员会就选民资格问题提出报告，其主要目的是进一步限制黑人的选举权。该报告建议将选民分为两类，一类是普通选民，一类是特殊选民。具有以下资格方可成为普通选民：（1）年收入在720英镑以上或者拥有超过1500英镑的不动产，而且必须会英语；（2）年收入在480英镑以上或者不动产在1000英镑以上，而且教育程度达到八年级以上（相当于初中）；（3）年收入在300英镑以上或者不动产在500英镑以上，而且教育程度达到十二年级以上（相当于高中）。普通选民实行"一人一票"原则，权利有充分保障，不受任何限制。这是专门为白人设定的，需要同时满足财产和教育这两个条件，而且受教育程度越高，财产要求就越低。对广大黑人来说，满足一个条件都无比困难，更不要说同时满足两个条件。看似不以种族为标准划分政治权利，然而白人和黑人之间享有的财产和教育是有天壤之别的，实则是变相的，更恶毒的种族主义。

再来看特殊选民，这是为黑人设定的，只要年收入在180英镑以上即可登记为特殊选民，没有受教育条件限制，这看似比白人的条件宽松。但是，特殊选民并非真正的"一人一票"，而是有非常严格的比例限制，在任何选举中，特殊选民的有效票数都不得超过普通选民有效票数的一半。比如在一场选举中，如果有600名普通选民和200名特殊选民进行投票，这种情况下可以按照一人一票计算，因为特殊选民的数量不到普通选民的一半。但是，如果普通选民有500名，特殊选民有300名，这种情况下特殊选民就不能按照一人一票计算，选票要折算成250票以下，即不得超过普通选票的一半。② 殖民者希望通过这种卑劣的方式，永远保持人口占少数的白人在任何选举中都占多数优势地位，而人口占多数的黑人永远处在少数劣势地位，从而永远保障白人至上的少数人统治。所谓给

---

① Leonard T. Kapungu, *Rhodesia: The Struggle for Freedom*, pp. 34 – 35.
② Robert Tredgold Commission Report, *The Struggle for Freedom*, pp. 35 – 37.

予黑人选举权，只不过是殖民当局玩弄的政治花样。

经济方面，中非联邦的建立在一定程度上促进了南罗得西亚经济发展。这是因为，南罗得西亚制造业相对发达，北罗得西亚矿产资源尤其是铜矿资源丰富，尼亚萨兰劳动力资源丰富。三个地区联合，南罗得西亚占据最大优势，它可以将自己生产的工业产品销往其他两地，同时从其他两地分别获得矿产资源和劳动力，为经济发展提供重要保障。统计数据显示，1923—1965 年南罗得西亚经济总体上保持较快增长。其中1923—1938 年平均增长率为 6.3%，1939—1945 年平均增长率为 2.6%，1946—1953 年平均增长率高达 10%，1954—1960 年平均增长率为 6.1%。① 可以看出，中非联邦时期南罗得西亚经济保持了稳定增长。但是，南罗得西亚经济发展的成果被白人垄断和独享，广大黑人根本享受不到。

土地问题在进一步加剧。南罗得西亚政府报告承认，1950—1960 年约有 11 万户黑人被白人定居者驱离家园，原本属于黑人的土地被白人占领。到 1962 年，被白人强占却未开发利用的闲置土地达 384 万英亩。即使土地闲置，也不让黑人耕种。殖民者还严格限制黑人拥有牲畜，1951 年通过的《土地畜牧法》(*The Land Husbandry Act*) 强制规定，每个黑人家庭最多可拥有 6 英亩土地和 8 头牛，包括 4 头公牛用来耕地，还有 2 头母牛和 2 头小牛。超出的牲畜必须卖掉或者宰杀掉，而卖掉的话只有卖给白人。② 为了防止黑人逃避劳役，强迫黑人为白人劳动，殖民当局又通过了《流浪法》(*The Vagrants Act*)。根据这一法律，如果黑人既不去上学，也没有工作，就可以被认定为流浪汉，警察有权随时逮捕他，即使他自己的父亲也不能收留他，这样一来黑人的出路就只有一条，那就是充当廉价劳动力为白人工作。

教育方面，白人害怕黑人因受教育而变得"不可控制"，认为黑人受教育会威胁白人的统治。因此，殖民当局想方设法地剥夺黑人受教育的

---

① Tor Skalnes, *The Politics of Economic Reform in Zimbabwe: Continuity and Change in Development*, p. 40.

② Leonard T. Kapungu, *Rhodesia: The Struggle for Freedom*, pp. 14–15.

权利，严格控制黑人接受教育，拒绝为黑人提供教育机会。1960年，南罗得西亚共有350万黑人，其中一半人口在17岁以下，殖民当局只为黑人开设了50所小学，5所中学和4所职业技校，这远远满足不了黑人的教育需求。① 在为黑人开设的有限教育中，殖民当局设定的一项"必修课"就是对黑人学生进行洗脑，告诉他们能够上学是多么幸运的事情，会说英语是"文明人"的标志，因此他们在非洲人当中是最好的，属于精英阶层，那些没有受过教育的非洲人则是低等的。通过灌输这种思想，那些受过教育的非洲人产生阶层优越感，转而歧视自己的同胞，并接受白人优于黑人的思想。这样的人是肯定不会参加革命的，不会反抗白人统治的，白人从而达到维护殖民统治的目的。此外，当有越来越多的黑人在南罗得西亚境外接受教育时，白人便深感不安。

与黑人悲惨生活形成鲜明对比的是，罗得西亚的白人可以尽情享受美好生活，指望他们与黑人一起享受美好生活是不可能的。白人拥有特权地位，而且想永保这种特权。而黑人也想过美好生活，想拥有自己的家园和财产，想在平静中死去。黑人不甘心永远生活在白人的脚下，不甘心自己的劳动被无偿剥削，他们已清楚地认识到，越是辛苦地为白人工作，到头来得到的羞辱就越多。

三 中非联邦解体

中非联邦从建立到运行，一切都是以白人殖民者的利益为考量，广大黑人基本上被排除在外，他们的声音被淹没，他们的利益毫无保障。因此，中非联邦自始至终都遭到三个地区广大黑人的强烈反对。即使在白人内部也有这样一种说法：不顾非洲人的反抗而提倡联邦，这是愚蠢的。② 事实证明，这一说法是完全正确的。随着北罗得西亚和尼亚萨兰民族解放运动的发展，中非联邦越来越难以为继。

1958年下半年，在尼亚萨兰非洲人国民大会的领导下，该地区非洲人举行群众集会和游行示威，要求退出中非联邦，实现国家独立。1959

---

① Leonard T. Kapungu, *Rhodesia: The Struggle for Freedom*, p. 19.
② ［英］P. E. N. 廷德尔:《中非史》，陆彤之译，第534页。

年1月，尼亚萨兰北方省首先爆发了反英武装暴动，并迅速扩展到中央省和南方省，形成了全国性的反抗殖民统治的运动。殖民政府以武力镇压，才平息了这场暴动。但是殖民者的暴力行径遭到国际社会的指责，这场反英斗争大大推动了尼亚萨兰的民族独立斗争，也加速了中非联邦的解体。

在中非联邦难以为继的情况下，英国政府于1962年12月同意尼亚萨兰率先退出联邦。1963年3月，英国政府又同意南、北罗得西亚均可退出联邦。此后，在英国政府的主持下，中非联邦在维多利亚瀑布城举行了最后一次会议，讨论将联邦权力归还给各地方政府并解散联邦事宜。1963年12月31日，中非联邦在仅仅维持了10年以后正式宣告解散。1964年7月，尼亚萨兰宣告独立，改名为马拉维。同年10月，北罗得西亚宣布独立，定国名为赞比亚。因为北罗得西亚不复存在，南罗得西亚遂改称罗得西亚。

第三节　单方面独立

1965年11月11日，罗得西亚白人种族主义政权单方面宣布罗得西亚脱离英国统治而独立。这一事件是第二次世界大战非殖民化进程和非洲民族解放运动中一个令人瞩目的特别历史事件。对于单方面独立的目的，穆加贝曾一针见血地指出："这个野蛮的法西斯殖民政府，为了使殖民者奴役数百万非洲人，正在准备宣布罗得西亚单方面独立于英国。"①

一　单方面独立的背景

第二次世界大战以后，特别是20世纪50年代开始，非洲民族独立运动取得巨大胜利，南罗得西亚面临的国内外形势急剧变化，殖民统治和种族主义制度面临严峻挑战。

首先，非洲民族解放斗争形势对南罗得西亚白人种族主义政权越来越不利。加纳于1957年3月赢得独立，拉开了非洲国家争取民族独立的

---

① ［英］戴维·史密斯等：《杰出的津巴布韦人——穆加贝》，周锡生等译，第41页。

序幕。1960年共有17个非洲国家独立,这一年被作为"非洲年"载入人类史册。1961—1963年又有塞拉利昂、肯尼亚等多个非洲国家独立。更为严重的是,在中非联邦解散后不久,尼亚萨兰和北罗得西亚于1964年先后独立,给南罗得西亚殖民统治敲响了警钟。与此同时,津巴布韦民族解放运动得到非洲国家和国际社会的大力支持,非洲统一组织和联合国大会多次通过决议,要求南罗得西亚尽快实现种族平等和多数人统治。英联邦内的非洲成员国也向英国政府施压,要求它阻止南罗得西亚单方面独立,尽快实现非洲人多数统治。中国政府和人民坚定支持津巴布韦民族解放斗争,并提供了道义上和军事上的支持。

其次,南罗得西亚黑人民族解放运动日益高涨。1957年,索尔兹伯里城市青年联盟与布拉瓦约非洲人国民大会合并成立非洲人国民大会,领导非洲人民进行斗争,1959年2月该组织被殖民当局取缔。1960年1月在非洲人国民大会的基础上又成立了民族民主党,明确提出实现黑人多数统治的要求,组织各种形式的大规模群众斗争。7月20日,索尔兹伯里爆发了规模空前的黑人游行,抗议殖民当局逮捕3名民族民主党领导人,游行运动迅速蔓延到布拉瓦约,殖民当局以武力镇压,死伤多人,上百人被捕,南罗得西亚处于白色恐怖之中。1961年12月,民族民主党也被殖民当局取缔。此后,津巴布韦非洲人民联盟(简称"人盟")和津巴布韦非洲民族联盟(简称"民盟")先后成立,这两个政党成为津巴布韦民族解放运动的领导力量。但是在1964年,殖民当局下令取缔所有黑人民族主义政党,民盟和人盟被迫转入地下活动。南罗得西亚黑人与白人对立形势日趋紧张,黑人民族独立运动的浪潮直接威胁到白人种族主义统治。

再次,南罗得西亚白人试图通过建立独立国家来维护和延续殖民统治。在南罗得西亚,白人所占比例从未超过5%,少数白人一直处在广大黑人的包围之中。在这种人口数量对比悬殊的形势下,白人始终有一种深深的不安全感、危机感,甚至恐惧感,他们非常担心有朝一日白人统治会被黑人推翻,白人群体会被黑人从这片土地上赶走。"在维护白人统治方面,白人是高度一致的,但对采取什么策略才能最好地达到这个目的,各阶层和社会集团却存在分歧。在白人社会中,农场主、技工和新移民特别反对对现存制度作任何变革，反对对黑人的政治经济要求作任何让步，是极端种族主义的社会基础。他们对黑人政治经济要求的强硬态度，以及在政治上拥有举足轻重力量，决定了白人移民作为一个整体在种族关系上的不妥协性。"① 在这种情况下，极端种族主义者、代表极右翼白人势力的伊恩·史密斯在1964年被推选为总理，一意孤行地带领南罗得西亚走上了单方面独立的道路。

最后，英国的态度起到了关键作用。随着非洲民族解放运动兴起，英国越来越认识到其在非洲的殖民帝国已经难以维持。为了最大限度地维护自身在非洲的利益，英国不得不调整其非洲政策，实行所谓的"脱身政策"，从而加速了非洲民族解放的进程。但是，如何解决南罗得西亚问题，是英国政府面对的一个难题。事实上，英国并不想在罗得西亚实现多数人统治，或者至少说不想那么快实现，因为这对它来说没有什么好处。大多数罗得西亚白人与英国人有血缘关系，如果罗得西亚实现了多数人统治，必然有大量白人涌入英国，而当时英国的经济状况决定了它无法吸收那么多的罗得西亚白人，那会给自己增加沉重负担。在武力干涉问题上，英国政府不可能为了黑人利益去攻打白人，只有白人政权受到黑人威胁时，英国才会出兵干预，这是问题的实质。因此，在得到英国政府不会派兵干涉南罗得西亚单方面独立的承诺之后，南罗得西亚殖民当局就毫无顾忌地放手去干了。

二 单方面独立的过程

1962年3月，代表极右翼白人势力的罗得西亚阵线党（Rhodesia Front, RF）成立，它是一个白人种族主义政党，坚决维护白人殖民统治，反对黑人多数统治，反对向非洲人移交权力。在该党看来，只要独立问题不解决，殖民统治政策受到外界的干涉和掣肘，那么南罗得西亚的前途就难以确定，这对白人统治乃至白人社会的生存来说都是致命的。在1962年12月的选举中，该党战胜了代表白人工商业资产阶级利益的统一联邦党，温斯顿·菲尔德出任南罗得西亚第七任总理。

---

① 李春放：《论南罗得西亚单方面宣布"独立"的原因》，载《世界历史》1991年第3期。

1964年4月,伊恩·史密斯取代菲尔德。史密斯是南罗得西亚第一位也是唯一一位土生土长的白人总理,他毕生致力于维护白人种族主义统治,坚决反对多数人统治。史密斯曾经说过:"除非从我的尸体上踏过,否则就别想实现多数人统治。"① 史密斯曾经提出"五个绝不"主张:绝不要勉强的种族平等,绝不降低标准,绝不放弃责任政府,绝不废除土地分配法,绝不屈从于非洲—亚洲人集团的要求。② 史密斯政权为实现南罗得西亚单方面独立,奉行更为激进的政策。

史密斯上台后在政治上采取了两大行动:一是全面镇压国内黑人民族运动,宣布取缔所有非洲民族主义政党,大规模逮捕其领导人和主要成员。民盟和人盟被取缔,穆加贝、恩科莫等众多领导人被捕,津巴布韦民族解放运动陷入最黑暗、最苦难的境地,被迫转向国外继续进行斗争。二是谋求摆脱英国的控制和掣肘,实现单方面独立。在赞比亚宣布独立、北罗得西亚不复存在之后,史密斯政权在1964年10月宣布将国名改为罗得西亚。11月4日,史密斯政权又组织了只有白人选民参加的公民投票,最终以5.8万人支持、6千人反对的结果通过了独立表决。③ 此举为南罗得西亚单方面独立提供了"法律上"的依据。

1963年起,英国政府与罗得西亚阵线党就独立问题进行了频繁磋商和谈判。1964年10月,英国威尔逊政府发表声明,警告史密斯政权单方面独立将会招致英国的经济和外交制裁。1965年10月,英国首相威尔逊亲赴罗得西亚,试图阻止其单方面独立。威尔逊不仅会见了史密斯,还会见了穆加贝、恩科莫等黑人领袖。但是威尔逊政府明确表示,英国不会以武力阻止和干预罗得西亚单方面独立,这无疑是告诉罗得西亚殖民当局"放手干吧"。由此可见,英国政府对罗得西亚单方面独立实际上是采取了纵容的态度和政策,广大非洲人的利益又一次被置于无视和牺牲的境地。

1965年11月11日,史密斯政权不顾非洲人民和国际社会的反对,

---

① Leonard T. Kapungu, *Rhodesia: The Struggle for Freedom*, p. 107.
② [南非] A. P. J. 范伦斯伯格:《当代非洲领袖》,重庆出版社1985年版,第256页。
③ 何丽儿:《津巴布韦——南部非洲的一颗明珠》,第77页。

逆历史潮流而动，单方面宣布罗得西亚独立，其独立公告从内容到形式完全模仿美国《独立宣言》，所使用的言辞也几乎与美国《独立宣言》一模一样，但是罗得西亚独立与美国独立的状况是完全不同的。1969年宪法宣布罗得西亚"完全独立"，断绝了与英国的从属关系；确保罗得西亚白人永远掌权，排除了黑人多数统治。根据1969年罗得西亚宪法，参议院有白人议员10人，黑人议员10人，政府任命的议员3人，这3人只会是白人，不可能是黑人，从而保证了白人议员在参议院的多数优势。众议院有白人议员50人，黑人议员16人，二者之间差别更大。而黑人占总人口的比例是96%，白人只占4%。① 1970年3月，史密斯政权宣布罗得西亚成为"罗得西亚共和国"。

三 国际社会的反应

罗得西亚悍然单方面独立引发国际社会广泛关注和不同的反应，从而折射出不同的国际行为体在罗得西亚问题上的原则立场和利益关切差异。

英国作为宗主国，在罗得西亚单方面独立问题上处于两难境地，正是由于其不坚决甚至纵容的态度，才导致史密斯政权铤而走险宣布独立。此举令英国政府颜面扫地，它宣布不承认罗得西亚独立，并对其采取一系列制裁措施。英国宣布中止罗得西亚在英联邦的地位，将罗得西亚赶出英镑区，冻结罗得西亚在英国的资产，限制对罗得西亚的贸易和投资，禁止从罗得西亚进口烟草、蔗糖等商品，对罗得西亚实行石油禁运。后来，英国政府又进一步将贸易禁运范围从烟草和蔗糖扩大到铬矿、钢铁等金属以及食品，这些禁运商品占到罗得西亚对英总出口的95%以上。但是，英国的制裁未能废止罗得西亚单方面独立，更多的被认为是一种形式，而不具有实质性意义。②

为了解决罗得西亚地位问题，英国政府与史密斯政权继续进行谈判。

---

① Leonard T. Kapungu, *Rhodesia: The Struggle for Freedom*, p. 20.
② Colin Stoneman & Lionel Ciffe, *Zimbabwe Politics, Economics and Society*, Pinter Publishers Limited, London, 1989, p. 29.

1966年12月，英国首相威尔逊和史密斯在直布罗陀附近海域的"老虎号"英国军舰上举行会谈。1968年10月，两人又在"无畏号"英国军舰上进行会谈。但是，史密斯政权不同意英国提出的相关建议，会谈无果而终。1970年6月，英国保守党希思政府上台，使人们看到了解决罗得西亚问题的希望。希思政府与史密斯政权展开新的谈判，但史密斯仍然坚持英国必须承认罗得西亚是一个独立主权国家。

非洲国家坚决反对罗得西亚单方面独立。非洲统一组织通过决议，声称如果英国不能在1965年12月15日以前终止罗得西亚单方面独立，该组织成员国将与英国断绝外交关系。后来英国并未能阻止罗得西亚单方面独立，在36个非统成员国中只有10个宣布与英国断交。加纳总统恩克鲁玛要求英国动用武力解决罗得西亚单方面独立问题，并号召非洲国家联合起来，组织军事力量进行打击。但是，由于当时非洲国家尚未全部独立，整体力量尚弱，而且解决问题的关键不在非洲国家，最终非洲国家也未能阻止罗得西亚单方面独立。

联合国安理会认为罗得西亚的行径威胁到国际社会的安全与稳定，触犯了联合国宪章第七款，通过决议对罗得西亚进行包括石油禁运在内的全面制裁。但是联合国的制裁决议并未得到很好的执行，主要是一些西方国家为了自身利益继续与罗得西亚进行贸易和投资往来。荷兰、德国的船只仍然将罗得西亚的货物运往世界各地，意大利、瑞士的公司仍然在同罗得西亚做生意，美国继续向罗得西亚投资并从罗得西亚进口铬矿石。1971年美国国会通过了一项法案，允许从罗得西亚进口诸如铬矿之类的战略物资，该法令从1972年1月1日起生效，直到1977年3月才被废止。西方国家为什么这样做？答案很明确，它们谴责罗得西亚单方面独立是一回事，是否支持罗得西亚实现黑人多数统治以取代白人政权又是另一回事。西方国家不会真心希望推翻罗得西亚白人政权，因此也不会认真履行联合国对罗得西亚的制裁决议，所谓支持制裁只不过是做一下表面文章而已。

罗得西亚白人政权极为顽固，采取多种措施力图打破制裁和封锁。一方面，在南非和葡萄牙白人政权的帮助下，罗得西亚将本国商品打上南非或葡萄牙的商标销往国外，通过这种方式继续出口创汇。再加上一些西方国家并未对罗得西亚进行真制裁,致使贸易禁运和石油禁运效果大打折扣,制裁甚至形同虚设,这助长了罗得西亚殖民者蔑视联合国制裁决议的气焰。

另一方面,罗得西亚白人政权强调自力更生,采取进口替代战略,实行多样化政策,大力发展国内经济。在遭受制裁前,烟草是罗得西亚最重要的出口商品,约占其出口总额的1/3。受制裁的影响,罗得西亚烟草出口占世界市场的份额从27%降至10%,烟草农场的数量从2800个减至1700个。为了应对制裁,罗得西亚白人政权在农业领域推行多样化政策,号召白人农场主减少种植烟草,扩大农产品种类,包括小麦、大豆、咖啡、水果、蔬菜等。这一多样化政策取得成效,1964—1974年罗得西亚农业产量增加了75%,农业产值增加了125%。[1] 与此同时,罗得西亚大力发展制造业,1966年能够生产1059种工业产品,1970年增至3837种。[2] 1965—1974年,罗得西亚经济不降反升,也从一个侧面说明国际制裁并未发挥多大作用。

当然,广大黑人为罗得西亚经济发展做出了巨大贡献。1965年,共有27.38万黑人不分昼夜地劳动,生产烟草和糖;矿业领域共有4.36万黑人劳力,制造业共有7.1万黑人工人。[3] 然而,他们的工资却少得可怜,生活条件非常艰苦。但同时,越来越多的黑人处于无业或失业状态。1966年共有9000名罗得西亚黑人失去工作,另有1.6万名来自其他非洲国家的黑人被解雇;1967年又有2万名罗得西亚黑人失去工作,在当年满16岁而又无学可上的4.8万名黑人中,没有一人找到工作。[4] 到了20世纪70年代,罗得西亚共有552.5万人,其中非洲黑人525万人,欧洲白人25万人,亚洲人2.5万人。本应该为所有人享受的社会、政治和经

---

[1] Tor Skalnes, *The Politics of Economic Reform in Zimbabwe: Continuity and Change in Development*, pp. 66 – 67.

[2] Tor Skalnes, *The Politics of Economic Reform in Zimbabwe: Continuity and Change in Development*, p. 45.

[3] Leonard T. Kapungu, *Rhodesia: The Struggle for Freedom*, pp. 15 – 16.

[4] Leonard T. Kapungu, *Rhodesia: The Struggle for Freedom*, p. 124.

济权利,在这里只属于欧洲白人定居者。① 单方面独立后的罗得西亚白人种族主义政权对黑人的镇压和剥削进一步加剧,从而使种族关系更趋恶化,推动了非洲民族主义思潮泛起,民族主义力量壮大,黑人最终走向了民族解放斗争的道路。

  罗得西亚单方面独立的根本目的在于殖民者想方设法延长对这片土地的占有和统治,史密斯曾说"至少要上千年"。罗得西亚白人坚信这里是地球上最好的地方,这里的政府管理优于任何其他由白人统治的国家。为此,罗得西亚新闻部在报纸上刊登广告,大肆宣扬罗得西亚种族和谐:在全非洲乃至全世界,没有任何一个国家的种族关系能够比罗得西亚更和谐,这里包括白人、黑人、有色人和亚洲人。无论是在农场、矿山、商店、办公室、工厂、车间里,还是在政府部门、陆军、空军、警察中,罗得西亚不同种族的人们携手并行,为实现建设自己的国家这一共同目标而努力。② 但是,这实际上只是一种自欺欺人的宣传手段而已。只有当津巴布韦真正实现了民族解放和国家独立,实现了多数人统治,广大黑人才真正成为这片土地上的主人,才能真正独立自主地建设自己的家园。

---

 ① Leonard T. Kapungu, *Rhodesia: The Struggle for Freedom*, Foreword, p. ix.
 ② Heike Schmidt, *Colonialism & Violence in Zimbabwe: A History of Suffering*, James Currey, 2013, p. 170.

第 五 章

通往民族独立之路(1945—1980)

在当今54个非洲国家中,津巴布韦是独立较晚的国家。津巴布韦非洲民族联盟(Zimbabwe African National Union, ZANU,简称"民盟")和津巴布韦非洲人民联盟(Zimbabwe African People's Union, ZAPU,简称"人盟")均致力于民族解放斗争,成立了各自的游击队,以游击战争方式打击白人殖民主义政权。1976年10月,这两大黑人民族解放组织联合起来组成"爱国阵线",使津巴布韦民族解放斗争形势发生了重大变化。殖民统治者被迫同意进行政治谈判,于1979年9—12月举行了具有历史意义的兰开斯特大厦制宪会议。1980年2月,津巴布韦举行独立选举,穆加贝及其领导的民盟获胜。1980年4月18日,津巴布韦共和国正式宣告成立。津巴布韦人民经过浴血奋战,付出了无数生命和鲜血,终于摆脱殖民统治,赢得国家独立,掀开了民族历史的新篇章。

第一节 早期民族主义运动

第二次世界大战极大地唤醒了非洲民族主义力量,推动了非洲民族主义发展,迎来了非洲民族解放运动的高潮。"第二次世界大战使非洲人民特别是参战的黑人士兵进一步认识了白人优越论的荒谬,使非洲人民看清了西方殖民主义统治的不合理性和非正义性,参加了二战的非洲士兵回到家乡后成为非洲民族主义的有生力量。"[①] 在当时的南罗得西亚也

---

① 李安山:《非洲民族主义研究》,第43页。

是这种情况,"二战"对南罗得西亚白人移民与非洲人的关系造成了深刻影响,广大黑人在思想和政治上开始觉醒,要求民族平等与自决的呼声日益提高。

1896—1897年恩德贝莱—绍纳起义失败之后,南罗得西亚广大黑人被纳入白人殖民政权的统治之下,他们虽然不满白人压迫与剥削,但却无力反抗。历史学家罗伯特·布莱克写道:"大起义失败之后,这个国家非洲人的声音变哑了。直到20世纪20年代初,才又可以听到非洲人的声音,但它还是很微弱而遥远,所传达的信息混乱而模糊。"① 当时成立了少数非洲人团体,如南罗得西亚班图选民协会,在服从白人统治的前提下,提出改善黑人处境的要求,希望能够得到殖民当局的同意。这些团体的领导人都是黑人上层精英,他们受过一定教育,思想和见识较为先进,与白人接触密切,希望能够被白人接纳,也能过上好的生活。但是,这些团体的力量都很弱,影响力很小。

20世纪30年代,非洲人争取权利的意识趋于强烈。1934年,南罗得西亚班图人大会(The Bantu Congress of Southern Rhodesia)在第二大城市布拉瓦约成立,这是一个由非洲人上层精英分子组成的温和派政治组织。其领导人汤普森·萨姆坎戈(Thompson Samkange)提出了一个响亮的口号——"难道我们不是人吗?"旨在反对殖民统治的暴行,为非洲人争取权利,反映了非洲人民族主义政治意识的发展,但它只是一个改良派组织,而非激进派组织。②

20世纪40年代,特别是"二战"后,大量白人移民涌入南罗得西亚,这大大增加了当地的移民人口,为经济发展提供了必要的熟练劳动力和更大的国内市场。然而白人移民的到来,也加剧了种族间的紧张局势,加速了激进的非洲民族主义的兴起。③ 在战争岁月里,南罗得西亚总理戈弗雷·哈金斯改变了对城市里非洲人的看法,他在1944年的一次议

---

① Robert Blake, *A History of Rhodesia*, London:Eyre Methuen, 1977, p.196.
② Brian Raftopoulos & A. S. Mlambo (eds.), *Becoming Zimbabwe:A History from the Pre-colonial Period to 2008*, Weaver Press, Harare, 2009, p.73.
③ [津巴布韦]布莱恩·拉夫托帕洛斯等:《津巴布韦史》,张瑾译,东方出版中心2013年版,第87—88页。

会演讲中说道："我们不得不承认,一个永久性的城市阶级正在兴起,而且将来必定壮大起来。"① 事实证明,这位白人总理的判断是正确的,"二战"后南罗得西亚的民族主义工人运动日趋活跃。

1945年10月,南罗得西亚爆发了首次铁路工人大罢工。随着矿产资源开采量日益增长,南罗得西亚铁路的黑人员工每周工作达65小时以上,将矿产品运输到印度洋的港口。与同是铁路工人的白人相比,黑人雇员的待遇比白人差,工资等级也比白人低,而且不像白人那样拥有强大的工会。1944年春,罗得西亚铁路非洲雇员协会(RREAA)成立,很快就吸引了众多黑人工人加入,其中大部分成员都在布拉瓦约。到1945年,该协会多次向罗得西亚铁路公司提出增加工资、改善待遇等要求,但都被忽视了,公司白人管理层错误地认为非洲人无法组织起来要求更多权利。在这种情况下,1945年10月22日,布拉瓦约2708名黑人铁路工人举行罢工,要求大幅增加工资,并且以现金支付,而不是以粮食配给支付。罢工很快影响到布拉瓦约以外的索尔兹伯里、维多利亚堡、格韦洛、赛卢克和万基煤矿的铁路工人,他们都加入了罢工行列。当时罗得西亚铁路公司约有1万名黑人员工,其中约80%的人参加了这次罢工。殖民当局感受到了罢工带来的不利影响和巨大压力,戈弗雷·哈金斯总理下令成立专门委员会对事件进行调查,满足了黑人铁路工人提出的部分要求,工资上调了25%—30%。更为重要的是,这次罢工大大增加了南罗得西亚黑人工人争取平等权利的信心,推动了工人运动发展。此后,布拉瓦约非洲工人协会、非洲工人之声协会、工业与商业工人协会等一系列工会组织相继建立。

1948年4月,南罗得西亚爆发了首次全国性的黑人工人大罢工。1954年,南罗得西亚工会大会成立,汇集了一批早期的非洲民族主义者,后来该组织得到国际劳工组织承认。不过,这一阶段南罗得西亚人民还只是希望在白人统治下改善自己的处境,而不是争取民族独立。非洲人并没想要从白人手中夺取政权,他们更想要的是减少歧视,改善生活。非洲人斗争指向的是反对种族歧视,而不是实现多数人统治。但是,工

---

① [英] P. E. N. 廷德尔:《中非史》,陆彤之译,第408—409页。

人运动已经成为反殖民主义斗争的一种重要形式，为非洲民族主义的发展创造了条件。

但是，仅仅依靠工人运动是无法实现民族解放的。1965年，在罗得西亚国民经济各部门中，共有非洲人劳力63.8万人，其中农业部门27.38万人，矿业4.36万人，制造业7.1万人，建筑业3万人，批发零售业3.17万人，交通运输业1.63万人，教育行业2.23万人，各类服务业9.47万人，而白人、亚洲人和有色人种全部劳力只有约9万人。从理论上说，如果各行各业的黑人在全国范围内同时举行大罢工，那么罗得西亚经济会崩溃。[1] 但这只是理论假设，实际上在罗得西亚行不通。白人掌控着水和电，如果说没有电黑人还能生活，但是若没有水，黑人怎么生活下去？这是非常现实的问题。再者，殖民当局会严厉镇压大罢工。例如，在1972年1月，沙巴尼（Shabani）石棉矿区约400名矿工举行罢工，即遭到殖民当局调遣部队进行镇压，打死1名黑人矿工，受伤9人。这只是殖民当局公布的数字，实际死伤人数可能更多。对于各地以和平方式进行的游行示威，殖民当局依然是无情镇压，因为他们认为非洲人只听得懂"皮鞭的声音"。[2] 要实现民族解放的目标，就必须依靠新的斗争力量，采取新的斗争形式，走上新的斗争道路。

第二节　民盟和人盟创立

津巴布韦非洲民族联盟和津巴布韦非洲人民联盟均创建于20世纪60年代，是领导津巴布韦民族解放运动的两大政党，在津巴布韦独立后合二为一，称为津巴布韦非洲民族联盟（爱国阵线，英文简称ZANU-PF），至今一直是津巴布韦的执政党。

一　穆加贝投身革命

罗伯特·穆加贝（Robert Gabriel Mugabe）1924年2月21日出生于南

---

[1] Leonard T. Kapungu, *Rhodesia: The Struggle for Freedom*, p. 110.
[2] Leonard T. Kapungu, *Rhodesia: The Struggle for Freedom*, pp. 111–112.

罗得西亚索尔兹伯里市（今哈拉雷）附近库塔马村（Kutama）的一个农民家庭。在穆加贝10岁时，他的父亲离家出走，母亲一个人抚养孩子，维持家庭。童年时的穆加贝性格有些孤僻，很少跟别的孩子玩，几乎没什么朋友，但是他非常聪明，勤奋好学，喜欢读书。据穆加贝当年的一位朋友回忆："我们全都知道他是一个非常聪明的孩子……也许是因为他比别人年龄小，个儿又矮的缘故，他似乎有点不合群。我记得他没有参加过什么体育活动或学校的其他游玩，看上去总喜欢独自一人。"① 诺贝尔文学奖获得者多丽丝·莱辛在其书中写道："罗伯特·穆加贝是威权文化的产物，在具有威权主义背景的天主教学校接受教育。教过他的老师和他的同学都说他聪颖过人，总在读书，不会轻易和别人混在一起，而是观察、聆听。"② 穆加贝一直都自信又有主见，"据说穆加贝年轻时就非常自信，他从来不会在自己认为对的问题上妥协"。③

穆加贝从小亲身感受到白人殖民统治者带来的种种不平等，但他受过六年教会小学教育，接受了天主教教会所宣传的平等思想，这些成为长大后穆加贝追求平等社会的动力。小学毕业后，穆加贝进入一家师范学校继续学习，获得了教师文凭。此后穆加贝离开家乡，在全国多个地方从事教学工作，实现了他长大后当一名老师的愿望。1949年，25岁的穆加贝获得奖学金支持，前往南非黑尔堡大学（University of Fort Hare）求学，这一求学经历对他的一生影响很大。成立于1916年的黑尔堡大学是当时南非唯一一所招收黑人学生的高等学府，很多后来成为南非民族解放运动领袖的黑人青年，如纳尔逊·曼德拉、罗伯特·索布克伟、奥利弗·坦博等，都曾在那里求学。在黑尔堡大学期间，穆加贝"第一次接受了政治洗礼，第一次体验了非洲的民族主义"。④ 他不仅受到马克思主义的影响，还受到宣扬"非暴力抵抗"的甘地主义的影响，他参加了南非非洲人国民大会所属的青年联盟。在回忆过去时，穆加贝把在黑尔

---

① ［英］戴维·史密斯等：《杰出的津巴布韦人——穆加贝》，周锡生等译，第6—7页。
② ［英］多丽丝·莱辛：《非洲的笑声——四访津巴布韦》，叶肖等译，第339页。
③ Abiodun Alao, *Mugabe and the Politics of Security in Zimbabwe*, McGill-Queen's University Press, 2012, p. 28.
④ ［英］戴维·史密斯等：《杰出的津巴布韦人——穆加贝》，周锡生等译，第9页。

堡大学度过的几年视为人生中的"转折点"。他说道:"我来自一个大多数黑人已经接受了欧洲人统治的国家,我们大多数人认为,我们所要努力的是消除我们在这种统治制度中遭受的苦难。黑尔堡大学之后,我思想上发生了一场剧烈的变化。"① 当穆加贝离开黑尔堡大学时,他有了新的方向和目标。

1955年,穆加贝来到北罗得西亚(今赞比亚)教书和学习。1957年3月6日,加纳成为第二次世界大战后首个获得独立的非洲国家,成为非洲大陆的灯塔,也成为许多非洲民族主义者向往的地方。穆加贝于1957年秋来到加纳,在加纳首都阿克拉以西港口城市塔科拉迪的一所学校任教。这期间,穆加贝不仅深受恩克鲁玛非洲民族主义和泛非主义思想的影响,更加坚定了投身于非洲民族解放运动的决心,他还结识了当地年轻的女教师萨丽·海弗罗恩(Sally Hayfron),成就了一桩志同道合的跨国婚姻。当时的穆加贝受过良好教育,从事教师工作,有文化,有才能,有见识,属于黑人精英阶层,完全可以跻身于欧洲人社会,过上令许多非洲人羡慕向往的体面生活,但是他毅然选择了无比艰难的抗争道路,选择了出生入死的革命道路,选择了和广大受压迫人民站在一起,领导他们进行争取民族解放的斗争。1960年5月,穆加贝回到南罗得西亚,投身于反对种族主义和殖民主义的革命斗争。

1963年8月,穆加贝参与创建了津巴布韦非洲民族联盟,领导人民进行反抗殖民统治的斗争。他的加纳妻子曾因参加反抗活动被殖民当局判处监禁两年,缓期五年执行。此后,穆加贝带着妻子流亡至坦桑尼亚。在达累斯萨拉姆,穆加贝的妻子生下一个儿子。后来由于国内斗争的需要,1963年12月穆加贝从坦桑尼亚返回南罗得西亚,其妻子则带着孩子回到加纳。

穆加贝回国后不久便遭到殖民当局逮捕,直到1974年12月获释,其铁窗生涯长达十年之久。其间,穆加贝转换多个监狱,条件非常艰苦。狱中的穆加贝保持坚定的信念、清醒的头脑,一方面继续与殖民当局进行斗争,另一方面坚持学习,通过函授课程获得伦敦大学法律学士学位。

---

① [英]戴维·史密斯等:《杰出的津巴布韦人——穆加贝》,周锡生等译,第10页。

穆加贝不仅自己学习，还组织各种文化补习班，鼓励和辅导其他人学习。对此，穆加贝表示："不管拘留时间是几个月还是几年，都绝不能虚度过去。"① "我是为了自己，也是为了津巴布韦，因为我知道我们总有一天，都会需要这些学位的。"② 穆加贝以这种方式为革命斗争做好准备，同时进一步树立了他的威信和领导地位。

穆加贝与萨丽的儿子从小体弱多病，加之生活条件恶劣，3岁时在加纳不幸夭折。狱中的穆加贝向殖民当局提出申请，希望能够获准假释去参加儿子的葬礼，但是被史密斯当局无情拒绝。"丧子之痛和殖民者的残暴无情，让穆加贝一辈子都铭记在心。"③ 这既是穆加贝个人和家庭的悲剧，也是民族的悲剧、时代的悲剧。穆加贝只有把悲痛和愤怒埋在心中，化悲痛为力量，化愤怒为动力，与殖民者顽强斗争。"穆加贝只有一个孩子，当那个孩子病重时，史密斯不允许他探视。当那个孩子病死时，仍旧不允许他去参加葬礼。有时候，有人说，那是史密斯干过的最愚蠢的事。"④ 即使是这样，津巴布韦革命胜利后，穆加贝也没有对史密斯进行报复。

1974年，被关押了10年之久的穆加贝获释。1975年4月，穆加贝经过长途跋涉，来到驻扎在莫桑比克的民盟游击队营地，领导民盟及其武装部队进行革命斗争。1977年8月，穆加贝正式当选为民盟主席。

二　恩科莫投身革命

乔舒亚·恩科莫（Joshua Nkomo）1917年6月7日出生于马塔贝莱兰地区邦果（Bango）村，这个村庄位于著名的马托博山脚下。根据恩科莫自传记述，他的父母都是基督徒，总共有8个孩子，恩科莫排第三。恩科莫的父亲只有一个妻子，5间房子。而村长有5个妻子，众多孩子，有25—30间房子，还有厨房。村民们以种地为生，家家户户都有土地，饲养尽可能多的牲口，包括牛、绵羊、山羊和驴子等。恩科莫的父亲是位

---

① ［英］戴维·史密斯等：《杰出的津巴布韦人——穆加贝》，周锡生等译，第50页。
② ［英］戴维·史密斯等：《杰出的津巴布韦人——穆加贝》，周锡生等译，第53页。
③ Abiodun Alao, *Mugabe and the Politics of Security in Zimbabwe*, p. 28.
④ ［英］多丽丝·莱辛：《非洲的笑声——四访津巴布韦》，叶肖等译，第340页。

老师，但同样拥有土地，他从南非学习了先进的农业技术，可以生产出更多的粮食，并且把多余的粮食卖掉赚钱。恩科莫家里有辆两轮驴车，后来又换成了四轮驴车，这在村里是很引以为荣的事情。① 可以看出，恩科莫虽然出生于一个恩德贝莱族的普通家庭，但在白人殖民者到来之前，能够过自给自足的安稳生活。

但是，白人殖民者的到来改变了一切。他们夺取了黑人的土地和财产，也夺去了黑人的自由。白人农场越来越多，黑人的土地却越来越少，他们被迫到白人农场去劳动。土著保留地里的黑人也毫无自由可言，白人当局控制着一切，包括牲口的数量，农作物的种类等。恩科莫一家被迫从原来居住的邦果村迁到80公里以外的姆奔比斯瓦纳村（Mbembeswana），这里条件极为艰苦，再也不能像原来那样饮取自由流动的河水，而是只能汲取有一股咸味的井水。这里不仅生活环境变了，而且原来结交的朋友也都失去了联系。恩科莫一家后来又被迫多次迁徙，成为津巴布韦非洲人在殖民统治压迫下走投无路、四处迁移的一个缩影。

在殖民统治下，要想过更好的生活，就必须接受教育并努力提高自己的受教育水平。在这种认识下，恩科莫15岁时来到位于布拉瓦约西北110公里处的马塔贝莱兰特约洛特约（Tjolotjo）工业学校上学。当恩科莫25岁时，他决定去南非亚当斯学院（Adams College）求学。这里临近大海，距离德班只有41公里，恩科莫得以第一次看见大海，此前他认识的所有人，包括其父母都从来没有见过大海。在亚当斯大学3年的学习结束后，恩科莫于1945年1月又来到约翰内斯堡的霍夫梅尔学校（Hofmeyr School）攻读社会学专业，直至1947年毕业获得学士学位，这一年他刚好30岁。

1948年初，恩科莫回到罗得西亚后，找到了一份罗得西亚铁路局的工作，成了一名铁路工人，而且他当时是铁路局员工里第一个有大学学历的非洲人。即使这样，恩科莫每月的工资只有12英镑，一般黑人职员的月工资只有8—10英镑，与此形成鲜明对比的是，即使普通白人员工的

---

① Joshua Nkomo, *Nkomo: The Story of My Life*, p. 9.

工资也高达 100 英镑，至少是黑人的 10 倍，高级白人员工的工资则更高。① 这种黑人和白人之间的悬殊对比、待遇不公让恩科莫愤懑不平，他下决心努力改变这种现状。

恩科莫深受南非非洲人民族主义思想的影响。他在南非认识了纳尔逊·曼德拉以及其他一些民族主义领导人。在从事田野调查的过程中，恩科莫接触到南非的各种社会问题，并认识到社会工作者并不能解决所有社会问题，只有政府才能做到，但是南非政府不是为了人民，而是反对人民的。② 自己的祖国津巴布韦面临的情况与南非基本相似，只要白人种族主义政府继续存在，非洲人民就会一直遭受压迫和剥削。

在民族主义思想的指导下，恩科莫逐步走上了领导民族主义运动、反抗殖民统治的道路，被认为是一个稳健的、走中间道路的人物。他于 1961 年 12 月组建了津巴布韦非洲人民联盟，1964 年被殖民当局逮捕入狱，1974 年获释后继续领导该党进行斗争，直至革命取得胜利。在津巴布韦，恩科莫被称为"民族主义之父"。

三 两大政党成立

津巴布韦大规模的民族主义运动始于 1955 年索尔兹伯里城市青年联盟的成立。该组织主席詹姆斯·契克雷马（James Chikerem）提出："不要像小孩那样吊在欧洲人的背上，还是自力更生吧！"③ 1956 年，为抗议公共汽车票涨价，青年联盟发起了抵制公共汽车运动。白人殖民当局派出大批警察驱散游行示威人群，双方发生冲突，遂引发大规模骚乱，许多公共汽车和小轿车被烧毁，道路被封堵。这场运动从索尔兹伯里蔓延到布拉瓦约，显示了津巴布韦非洲人的力量。此次事件给了白人统治者当头一棒，因为在此之前他们认为黑人不会也不敢起而反抗。"在那些自鸣得意的白人政治家看来，有组织的非洲人反抗事件在罗得西亚是永远不可能发生的。"④ 一批新的民族主义者也由此诞生，他们不再单纯强调

---

① Joshua Nkomo, *Nkomo: The Story of My Life*, p. 42.
② Joshua Nkomo, *Nkomo: The Story of My Life*, p. 36.
③ ［英］戴维·史密斯等：《杰出的津巴布韦人——穆加贝》，周锡生等译，第 25 页。
④ Joshua Nkomo, *Nkomo: The Story of My Life*, p. 70.

抗议和谈判，而是对殖民当局的合法性提出质疑和挑战，是津巴布韦民族主义者走向对抗和谋求民族独立的开始。

1957年9月12日，在殖民主义者"占领日"这一天，城市青年联盟与布拉瓦约非洲人国民大会联合起来，成立了南罗得西亚非洲人国民大会（Southern Rhodesia African National Congress，ANC），领导人有恩科莫、詹姆斯·契克雷马（James Chikerema）等。该组织的目标是反对种族歧视，谋求民族独立，这是津巴布韦第一个全国性非洲民族主义政党。该党反对《土地分配法》《工业调解法》等种族歧视法律，要求改善非洲人的生活条件，既包括广大农村，也包括城市，为农民争取更多的土地和牲畜。该党还坚持奉行泛非主义，将津巴布韦的解放与整个非洲大陆的解放紧密联系起来。非洲人国民大会在城市和乡村都赢得了大批支持者，让白人感到害怕。1959年2月，白人当局宣布全国进入紧急状态，取缔非洲人国民大会，没收该党全部资产，并逮捕了该党500多名成员，当时恩科莫因在埃及而躲过一劫。

像非洲人国民大会这样的组织是绝不会被白人政权所容忍的，一旦出现就会被镇压和取缔。"对付民族主义运动的方式就这样在罗得西亚确定了。在以后的几年里，这种方式重复了好几次。任何一个民族主义组织只要稍微有一点向欧洲人权力挑战的名头，就会马上被取缔，其资金和设备就会被没收，其领导人就会被逮捕。"① 从非洲人国民大会，到津巴布韦非洲人民联盟，再到津巴布韦非洲民族联盟，无一例外。

然而，津巴布韦民族主义斗争不仅未因此平息，反而愈演愈烈。1960年1月1日，非洲人国民大会的原班人马组建了民族民主党（National Democratic Party，NDP），其政治纲领也与非洲人国民大会一模一样，明确要求通过普选实现多数人统治，等于说非洲人国民大会换了个名称而已。其最初的领导人是米歇尔·马维马（Michael Mawema），后来恩科莫当选为该党主席。穆加贝曾担任该党宣传书记，主管党的宣传工作，主要负责唤起人们的斗争精神。该党的创始人之一塔卡维拉提出：

---

① ［英］戴维·史密斯等：《杰出的津巴布韦人——穆加贝》，周锡生等译，第29页。

"我们不再要求欧洲人好好地统治我们,我们需要的是自己支配自己。"①但是,该党认为实现多数人统治的手段是制宪会议,而不是武装斗争,要以加纳、尼日利亚等非洲国家为榜样。1960年11月—1961年1月,恩科莫三次飞往伦敦,意在向英国施压,使它同意召开制宪会议。结果是,南罗得西亚1961年宪法取代1923年宪法,但非洲人并未实现他们想要的权利。

民族民主党的活动遭到殖民当局镇压。1960年7月7日,警察突击搜查了该党的办公地点。7月19日,警察又袭击了该党领导人的住处,逮捕了米歇尔·马维马、利奥波德·塔卡维拉(Leopold Takawira)等人。第二天,2.5万名手无寸铁的黑人走上索尔兹伯里街头进行游行示威,抗议殖民当局逮捕黑人领袖,他们向市中心进发,要求会见殖民政府总理埃德加·怀特赫德,却遭到无情镇压。警察向游行队伍开枪,打死36名黑人(政府报告说打死12名游行者)。愤怒的黑人以石块还击警察,游行示威演变为骚乱,殖民当局的残酷本质暴露无遗。

1961年7月26日,南罗得西亚举行白人公民投票,以新宪法取代1923年宪法,继续维护白人统治。殖民当局公布的投票结果为:41949票赞成,21848票反对。民族民主党一方面抵制殖民当局组织的公投,同时组织了非洲人公投,结果是467189票反对,只有584票赞成。对于新宪法,黑人反对票是白人赞成票的10倍还要多。② 这虽然无法改变局势,但至少反映了非洲人的声音。

公投之后,恩科莫前往伦敦,向英国政府递交非洲人对新宪法公投的结果,当时英联邦关系部德文什尔公爵(Duke of Devonshire)会见了恩科莫。此人直言:"恩科莫先生,你必须明白,南罗得西亚经济发达,我们不可能把它交给未经培训的非洲人手里。"恩科莫当场予以反驳:"如果南罗得西亚的发展成为黑人政治自由的障碍,那么我们宁愿摧毁这种发展。在战争中,如果一座桥梁威胁到你的国家,那么就把它炸掉,不是因为这座桥不好,而是因为它的存在对敌人有利。因此,如果南罗

---

① [英]戴维·史密斯等:《杰出的津巴布韦人——穆加贝》,周锡生等译,第30—31页。
② Joshua Nkomo, *Nkomo*: *The Story of My Life*, p. 96.

得西亚的工厂成为我们前进的障碍,那么我们也要炸毁这些工厂。"① 恩科莫的这些话发表在媒体上,从而揭露了英国从根本上来说不愿意罗得西亚实现多数人统治的真实面目。

民族民主党发起的全国性抗议运动给殖民当局造成重大威胁。1961年12月9日,怀特赫德政府宣布该党为非法组织,下令将其取缔。此后津巴布韦民族主义者被迫采用同样的策略,以原班人马,原来的纲领,但是换一个名字,于1961年12月18日成立了一个新的民族主义政党——津巴布韦非洲人民联盟。该党的目标与民族民主党一样,即争取实现黑人多数统治,领导人也是恩科莫等人,执委会组成与民族民主党也大致相同。因此,南罗得西亚非洲人国民大会、民族民主党和非洲人民联盟这3个政党一脉相承,实际上属于同一政治组织,只不过名称不同而已。

人们希望该党能够吸取民族民主党的教训,采取新的斗争策略,来实现政治目标。但是该党把主要希望寄托于外部力量尤其是联合国身上,"通过向联合国施压,进而向英国施压,最终向罗得西亚政府施压,迫使其将权力交还给津巴布韦非洲人"。②为此,人盟领导人恩科莫于1962年4月和7月两次前往纽约联合国总部,尽管没有任何实质性收获,但他回国后便宣称津巴布韦"解放指日可待,独立就在眼前"。人盟领导层还对外表示,"恩科莫先生将于今年(1962年)10月成为新的政府总理"。③但事实很快证明,这只是一厢情愿而已。

自成立伊始,人盟便面临内部分裂问题的考验。随着形势发展和斗争深入,人盟分裂已经不可避免。1963年6月,穆加贝、恩达巴宁吉·西托莱(Ndabaningi Sithole)、塔卡维拉(Takawira)等人宣布脱离人盟,与恩科莫分道扬镳,并于同年8月另外组建了新的政党——津巴布韦民族联盟。在民盟初期,由西托莱担任该党主席。

关于人盟分裂的原因,有多种说法。民盟领导人批评恩科莫独断专行、领导无方,甚至是错误行事,指责他大部分时间都在国外,而不是

---

① Joshua Nkomo, *Nkomo: The Story of My Life*, pp. 98–99.
② Leonard T. Kapungu, *Rhodesia: The Struggle for Freedom*, p. 130.
③ Leonard T. Kapungu, *Rhodesia: The Struggle for Freedom*, p. 130.

在国内从事和领导斗争。例如，西托莱称恩科莫"软弱、怯懦、推卸责任，而且腐败"。恩科莫政治领导的特点是强调国际支援，而不是巩固和加强国内的政治基础。① 因此，恩科莫经常在国外活动，当其他一些民族主义领导人遭到逮捕拘押时，他却可以幸免。为了逃避殖民当局的镇压，恩科莫还主张将人盟总部迁至坦桑尼亚，这遭到穆加贝、塔卡维拉等人的反对。他们认为，不管留在国内会遭到什么样的镇压，必须向人民显示出他们有决心坚持到底，而不能让人民认为他们不愿作出牺牲而逃至国外。

此外，恩科莫关于多数统治即将到来的诺言没有实现，他主张主要依靠外部势力来获得津巴布韦解放，穆加贝等人不同意这种主张。在1961年宪法问题上，殖民当局只给予黑人15个议会席位，这让实现黑人多数统治变得遥遥无期，但是恩科莫居然对此作出妥协，从而引发其他民族主义者的强烈不满。当时负责民族民主党对外关系事务的塔卡维拉愤怒地表示："我们完全拒绝关于南罗得西亚问题的协议，认为这是对300万非洲人前途的背叛。这项协议犹如凶残的魔鬼，将会带来一场灾祸。外部世界对民族民主党俯首帖耳地接受协议感到震惊，我们因此失去了朋友们和支持者们的同情。除非你采取坚定的立场……前途将意味着无穷的痛苦和艰难。祈求你毫不妥协地谴责和毫无保留地拒绝制宪会议的协议；请求你立即改变目前的立场。300万非洲人的前途，将取决于你立即采取行动。"② 民族民主党执委会召集会议，围绕制宪问题展开激烈讨论，穆加贝严厉指责恩科莫，称他出卖了非洲人的利益。恩科莫则针锋相对，威胁称要对反对他的塔卡拉维、穆加贝等人采取行动。

最重要的是，民族问题在其中发挥了关键作用。历史上，"好战"的恩德贝莱人总是压迫"温和的"甚或说"懦弱的"绍纳人。最终人盟成为一个以恩德贝莱族为主的政党，民盟则成为一个绍纳族占绝对多数的政党。③

---

① ［英］戴维·史密斯等：《杰出的津巴布韦人——穆加贝》，周锡生等译，第39页。
② ［英］戴维·史密斯等：《杰出的津巴布韦人——穆加贝》，周锡生等译，第35页。
③ Abiodun Alao, *Mugabe and the Politics of Security in Zimbabwe*, p. 17.

1963年6月到1964年8月，民盟和人盟两党深陷内斗，津巴布韦革命形势一度陷入黑暗。人民必须选择站队，决定支持哪一派，造成父子、兄弟、姐妹反目成仇，家庭破裂，友谊终结，政治斗争的目标被忘到九霄云外，民族主义运动四分五裂。两派支持者之间相互攻击，暴力殴打甚至杀死对方一派的支持者，许多房屋被烧毁，一些人被活活烧死在里面。一时间每个黑人都生活在自己同胞的恐怖威胁之下，人人自危。白人殖民者则坐收渔利，感到了前所未有的安全。这15个月对津巴布韦非洲人来说是非常黑暗的一个时期，民族主义政党领导层内斗给解放事业带来的严重分裂、恐怖和血泪无以言表。可以借用非洲人的一句谚语来解释这种内斗："当你同时面对自己家里的蛇和房子外面的狮子时，你必须先除掉蛇，再来对付狮子。"①

面对黑人分裂内斗，白人当局采取的是纵容策略，不但不出面维持秩序，反而减少黑人居住区的警力，放任暴力事件发生，任由黑人自相残杀，也不会逮捕那些行凶杀人者。对此，有评论指出，"津巴布韦两大黑人民族主义政党之间的不和与斗争是一场悲剧，给革命力量带来严重打击，延迟了独立进程。民族主义者与革命者的共同点是他们都热爱自己的祖国和人民，不同点是革命者能够有效组织斗争，为自己的祖国和人民带来政治、经济和社会变革，而民族主义者却不能。1964—1970年津巴布韦革命是没有指导思想的革命，也是没有革命者的革命，其后果必然是灾难性的"。② 姑且不论这种说法是否正确，但是可以说明分裂给革命斗争和解放事业带来了极大危害。

1964年4月，白人右翼分子史密斯成为殖民当局总理，加紧了对国内黑人民族解放运动的严厉镇压。1964年8月，史密斯宣布全国进入紧急状态，民盟和人盟两党被取缔，穆加贝、恩科莫、西托莱等大部分领导人遭到逮捕，长期关在殖民当局的监狱里，直到1974年12月才获释出狱。两党活动也被迫转入地下，民盟在坦桑尼亚、人盟在赞比亚分别成立领导机构；民盟由奇特波（Chitepo）领导，人盟先后由契克雷马

---

① Leonard T. Kapungu, *Rhodesia: The Struggle for Freedom*, p. 132.
② Leonard T. Kapungu, *Rhodesia: The Struggle for Freedom*, pp. 132–133.

（J. R. Chikerema）和莫约（Moyo）领导。

第三节　第二次解放斗争

罗得西亚白人与黑人的矛盾不可调和，种族对抗一直在持续。"种族主义流淌在罗得西亚白人的血液里，非洲人最终得出结论，要想找回失去的尊严，就必须赶走白人。"① "白人要为保卫他们攫取的权利而战，黑人要为夺回他们失去的权利而战，一场血淋淋的对抗和斗争已不可避免。"② 事实证明，群众运动和政治斗争都无法撼动种族主义统治，武装斗争成为非洲民族主义者最后的选择。随着1965年11月史密斯政权单方面宣布独立，津巴布韦民族解放斗争进入了以武装斗争为主的新阶段。1966年4月奇诺伊战役打响了武装斗争的第一枪，拉开了津巴布韦第二次解放斗争（绍纳语称第二次"奇穆伦加"）的序幕。

"津巴布韦的民族解放斗争不同于黄金海岸、尼日利亚、坦噶尼喀、乌干达等非洲国家，它们都是直接反对英国殖民主义，而津巴布韦是反对英国殖民主义支持下的罗得西亚白人种族主义。众多白人殖民者都以罗得西亚为家，至少有1/3的白人除了罗得西亚以外，在其他地方无家可归。"③ 因此，这里的殖民主义和种族主义统治极为顽固。在长期群众运动和政治斗争不能奏效的情况下，民盟决定走上武装斗争的道路。根据当时的实力对比情况，民族解放力量无法与殖民当局部队进行正面交战，只有以游击战袭击和打击敌人。1963年9月，穆加贝代表民盟赴伦敦与英国谈判南罗得西亚局势问题，未获成果。会后穆加贝公开表示："如果我们没有别的办法，不得不采取以武力对付武力的方式来解决问题，那么，我们就认定这样干了。"④ 民盟开始为武装斗争做准备，成立了自己的武装力量——津巴布韦民族解放军（Zimbabwe African National Liberation Army，ZANLA）。穆加贝亲自前往加纳，请求加纳政府帮其训

---

① Leonard T. Kapungu, *Rhodesia: The Struggle for Freedom*, pp. 11 – 12.
② Leonard T. Kapungu, *Rhodesia: The Struggle for Freedom*, p. 23.
③ Leonard T. Kapungu, *Rhodesia: The Struggle for Freedom*, p. 114.
④ 胡冰如：《津巴布韦总理罗伯特·穆加贝》，载《现代国际关系》1982年第2期。

练游击战士,作为开展武装斗争的第一步。

中国为津巴布韦民族解放斗争提供了宝贵支持。1963年9月22日,民盟第一批5名游击队员在埃莫森·姆南加古瓦(即现任津巴布韦总统)的带领下前往中国接受为期半年的军事培训。1964年从中国回来后,姆南加古瓦带领一支游击队越过赞比西河,从赞比亚进入罗得西亚境内,准备开战游击战争。1965年,民盟第二批4名游击队员在加纳接受了基本军事培训后,前往中国接受高级军事培训。1966年,民盟又派出第三批11名游击队员前往中国接受军事培训,领队为约书亚·通戈加拉(Josiah Tongogara),后来成为津巴布韦民族解放军司令,他们学成后于当年11月回到坦桑尼亚。① 除了到中国受训以外,还有大批民盟游击队员在坦桑尼亚境内接受了中国军事教官的培训。

对于中国和坦桑尼亚支持民盟,恩科莫有自己的看法。他在自己的回忆录中写道:"尼雷尔总是试图控制他所资助的民族解放组织,包括该组织的政策和人员安排,认为恩科莫可能会威胁到他所支持的领导人,因此尼雷尔总是反对恩科莫,支持恩科莫的批评者,不管这是否有损于罗得西亚的自由事业。尼雷尔之所以这样做,很可能是受到了他极为信任的中国顾问的影响。"② 对于中国大力支持包括津巴布韦在内的南部非洲国家的民族解放运动,有外国学者提出:冷战时期,中国"卷入"南部非洲错综复杂的政治斗争问题非常值得研究,但是似乎并没有引起学者们的足够重视,对这段历史需要更多研究和认真对待。③

人盟也走上了武装斗争的道路,成立了自己的武装部队——津巴布韦人民革命军(Zimbabwe People's Revolutionary Army, ZIPLA)。对此,恩科莫在其回忆录中写道:"当我还是懵懂少年时,我就渴望自由。当我长大成人后,我认识到只要自己的国家和人民尚未获得自由,我就不会自

---

① David Martin & Phyllis Johnson, *The Struggle for Zimbabwe: The Second Chimurenga War*, African Publisher Group, Harare, 2012, p. 11.

② Joshua Nkomo, *Nkomo: The Story of My Life*, p. 110.

③ Abiodun Alao, *Mugabe and the Politics of Security in Zimbabwe*, McGill-Queen's University Press, 2012, p. 231.

由。为了实现自由，我们除了拿起武器，别无选择。"① 人盟及其武装部队得到苏联的支持。

1966年4月28日，民盟武装力量津巴布韦民族解放军（ZANLA）在首都索尔兹伯里西北部城市奇诺伊（Chinhoyi，或称 Sinoia）打响了武装斗争的第一枪。21名民盟游击队员与有直升机作掩护的罗得西亚安全部队展开激战，其中希门·恩延多拉（Simon Nyandoro）、戴维·古祖祖（David Guzuzu）、戈弗雷·杜比（Godfrey Dube）等7名战士牺牲。② 奇诺伊战役成为津巴布韦第二次解放斗争（绍纳语称第二次"奇穆伦加"）的开始，具有重要的标志性意义。

1967年7月，人盟游击队津巴布韦人民革命军与南非非洲人国民大会武装力量组成联合部队，越过赞比西河，进入津巴布韦西北部的万基（Hwange，或称 Wankie）野生动物保护区，对敌展开武装斗争，一直持续到9月份。据罗得西亚当局称，共有31名游击队员被打死，另有30余名被俘；政府军方面共有7人死亡，14人受伤。③ 这是人盟游击队第一次军事行动，使殖民当局被迫要应对两支非洲民族解放力量。

1966年4月至1972年12月为武装斗争第一阶段，这一时期罗得西亚当局的政治和军事力量都很强大，民盟和人盟游击队力量薄弱，而且作战经验不足，发动群众不强，难以展开有效斗争，给予敌人有力打击。

1972年12月21日，民盟游击队袭击了一家位于赞比西河谷东北部名为阿尔提纳的白人农场（Altena Farm），虽然只造成农场主马克·博什格拉夫（Marc Borchgrave）的一个孩子受轻伤，但这是自1966年奇诺伊战役之后黑人游击队首次对白人农场发起袭击，此后大规模游击战争深入展开，标志着津巴布韦解放斗争进入决定性阶段。④ 7年后的同一天，

---

① Joshua Nkomo, *Nkomo*: *The Story of My Life*, Introduction.
② David Martin & Phyllis Johnson, *The Struggle for Zimbabwe*: *The Second Chimurenga War*, pp. 9 - 10.
③ David Martin & Phyllis Johnson, *The Struggle for Zimbabwe*: *The Second Chimurenga War*, p. 10.
④ David Martin & Phyllis Johnson, *The Struggle for Zimbabwe*: *The Second Chimurenga War*, pp. 1 - 2.

即 1979 年 12 月 21 日,《兰开斯特大厦协议》签署。

  1975 年 6 月,莫桑比克摆脱葡萄牙殖民统治而独立,使南部非洲的民族解放斗争形势发生了重大变化。事实证明,这对罗得西亚殖民统治来说也是灾难性的。随着莫桑比克赢得独立,民盟游击队得以沿着两国边界地区进入罗得西亚,攻击殖民当局的安全部队、警局和农场。史密斯意识到,罗得西亚正在被敌对国家包围,遂宣布全国进入紧急状态,并关闭了与莫桑比克的边境。与此同时,南非白人政权对罗得西亚的支持也在减少,开始缩减对罗得西亚的经济援助,限制向罗得西亚军方提供武器弹药和燃料,甚至撤回其支援罗得西亚的部队,包括位于罗得西亚与赞比亚边境的部队。到 1977 年,游击战争已经蔓延到整个罗得西亚。到 1979 年,罗得西亚境内的民盟和人盟武装力量加在一起,总共至少有12500 名游击队员,此外它们还有更多的武装力量在邻国莫桑比克和赞比亚,随时可以潜入罗得西亚发动袭击。

  与此同时,非洲民族主义力量内部的团结问题一直困扰甚至阻碍着解放进程。"黑人同样也分裂成无数小群体,不仅有不同的领导,奉行不同的思想,率领不同的部队,各支部队本身也分裂成小块。罗伯特·穆加贝率领的部队只不过是其中一支,却是最激进的一支,奉行共产主义,或马克思主义。"① 1974 年 12 月 7 日,民盟、人盟、穆佐雷瓦主教(Bishop Abel Muzorewa)领导的非洲民族委员会以及津巴布韦解放阵线共同签署了《卢萨卡团结协议》。但是该协议从未真正实施过,津巴布韦各民族党派依然各自为战。恩科莫认为:"我们之间缺少团结导致战争延长了 6 年,成千上万的人死于战争。"② 此外,独立斗争要取得胜利,就必须得到广大人民的支持。如果领导人不与追随者并肩战斗,那么革命就不会成功。而这似乎正是 1960—1970 年津巴布韦革命存在的问题——领导人高高在上、不可接近,他们"太重要"了,以至于不能与人民并肩战斗。③ 民族团结、党派联合与发动群众成为津巴布韦独立斗争取得胜利

---

① [英]多丽丝·莱辛:《非洲的笑声——四访津巴布韦》,叶肖等译,第 11 页。
② Joshua Nkomo, *Nkomo: The Story of My Life*, p. 152.
③ Leonard T. Kapungu, *Rhodesia: The Struggle for Freedom*, p. 155.

的关键。

在坦桑尼亚、赞比亚、莫桑比克等"前线国家"的促成下,1976年10月,民盟与人盟宣布组成"爱国阵线",穆加贝和恩科莫并列为爱国阵线联合主席。民盟和人盟曾经分道扬镳,但是为了对付共同的敌人、实现民族解放的共同目标,现在团结起来携手共进,有利于实现民族解放事业。穆加贝表示:"我们决定在共同的目标下一起工作,以对付华盛顿和伦敦方面提出的战略。"穆加贝还称:"我们有矛盾,但要保证这些矛盾限制在不被敌人利用的范围内。"他还强调在国际上要"用一个声音说话"。① 爱国阵线成立使革命形势发生了很大变化,民盟和人盟协调立场,共同反对史密斯当局推行的所谓"内部解决"方案,共同参加一系列政治谈判。穆加贝强调进行谈判不能放松武装斗争,爱国阵线坚持游击战,不断增强军事实力,持续扩大战果,打击白人种族主义政权。军事实力和游击战争成为爱国阵线在谈判桌上得以制胜对手的强大后盾和重要保证。

但是,津巴布韦人民也为赢得独立付出了巨大代价,关于战争中的死亡人数已无法准确统计,估计至少有3万人,实际数字有可能要翻番,大部分发生在津巴布韦北部和东部,或者在赞比亚和莫桑比克的游击队训练营和难民营。② 战争迫使大量津巴布韦人逃到邻国,成为难民。1979年5月,周边国家的津巴布韦难民数量为:赞比亚5.4万人,莫桑比克8万人,博茨瓦纳2.8万人。③

英国诺贝尔文学奖获得者多丽丝·莱辛将这场战争称为"最肮脏的一场战争"。她写道,"和许多其他战争一样,南罗得西亚独立战争原本不必爆发。这里的白人至多也就二十五万,我相信他们中的大多数会愿意妥协,同黑人分享权力,如果当初有人向他们指明另一条道路的话。

---

① 胡冰如:《津巴布韦总理罗伯特·穆加贝》,载《现代国际关系》1982年第2期。
② The Catholic Commission for Justice and Peace in Zimbabwe, *Gukurahundi in Zimbabwe: A Report on the Disturbances in Matabeleland and the Midlands 1980–1988*, Hurst Publishers, Ltd., London, 2007, p. xix.
③ Jericho Nkala, *The United Nations, International Law, and the Rhodesian Independence Crisis*, Clarendon Press, 1985, p. 16.

可这些白人中的一小部分在依安·史密斯的率领下，铁了心要为白人的特权而战。战争的爆发没有具体日期，战火越燃越大，竟成为我们这一时代最肮脏的一场战争"。① 对于白人种族主义者来说，这是一场试图继续维护殖民统治、逆时代潮流的"肮脏战争"；对津巴布韦人民来说，这是一场反抗殖民统治、实现民族独立的伟大解放战争。

第四节 走向独立

1974年，罗得西亚局势进入"缓和"时期。赞比亚总统卡翁达与南非总统沃斯特通过不懈努力，促使史密斯政权与民盟、人盟等党派进行谈判，但没有取得成果。1975年8月25—26日，有关各方在维多利亚瀑布城举行会议，由赞比亚总统卡翁达召集，在两国边界的一列火车上举行，参加者包括罗得西亚白人政府总理史密斯、南非总理沃斯特，但是仍然无果而终。

津巴布韦解放斗争是在"冷战"的大背景下进行的。美国同苏联争夺南部非洲，防止苏联渗透，确保其在该地区的利益。英国是罗得西亚的宗主国，在解决罗得西亚问题上负有"特殊责任"。美、英两国对南非和罗得西亚的白人种族主义政权一贯奉行"口头上的敌人，事实上的朋友"的政策，两国提出多个解决罗得西亚问题的方案，美国国务卿基辛格进行"穿梭外交"，试图发挥主导作用。苏联以支持非洲民族解放运动为借口加紧向南部非洲渗透，向人盟及其武装提供军事援助。据报道："俄国人过去向非洲人民联盟游击队提供训练顾问和作战物资，现在已改变为直接控制和组织它的军事活动。"而从1978年起，苏联一反过去在"爱国阵线"中只支持一派游击队的做法，开始向非洲民族联盟的游击队提供武器，虽然它把重点仍放在非洲人民联盟一方。② 大国干预在一定程度上推动了罗得西亚问题的解决，同时也使问题变得更为复杂，它们的出发点各有不同，利益和立场也大不相同，所起的作用也有很大差异。

---

① ［英］多丽丝·莱辛：《非洲的笑声——四访津巴布韦》，叶肖等译，第10页。
② 陈赞威：《动荡中的南部非洲》，载《世界知识》1979年第14期。

一 "内部解决"方案

1977 年起,史密斯政权推出"内部解决"方案。所谓"内部解决",是指史密斯政权利用津巴布韦民族解放组织各派别之间的矛盾和分歧,将从事武装斗争的民盟和人盟"爱国阵线"排除在外,拉拢易于控制的黑人温和派,制造形式上实现黑人多数统治的表象,但实际上仍由少数白人掌握实权。

参与"内部解决"的黑人温和派包括:穆佐雷瓦主教领导的非洲人全国委员会、西托莱领导的民盟少数派以及奇劳酋长(Chief Jeremiah Chirau)领导的津巴布韦统一人民组织。穆佐雷瓦和西托莱均对爱国阵线心怀不满,奇劳则是效忠于史密斯政权的黑人酋长,他们被拉进来制造"内部解决"得到传统权威支持的假象。

史密斯政权与黑人温和派之间的谈判在 1977 年 12 月至 1978 年 3 月间进行,最终达成"内部解决"协议,并于 1979 年 4 月举行"议会选举",穆佐雷瓦派赢得 64 席,组成了"黑人占多数的内阁",穆佐雷瓦出任政府总理,国家改名为津巴布韦—罗得西亚,给人种族合作新时代到来的假象。

所谓"内部解决"完全是一场政治骗局,因为即使由黑人出任了总理,但是国家权力仍然掌握在白人手中,穆佐雷瓦只不过是殖民当局的傀儡,是白人政权想方设法延续其统治的一个幌子,而起决定性作用的非洲民族解放力量爱国阵线完全被排除在外。"内部解决"并未得到国内民意认可,也未得到国际社会承认,斗争仍在继续。

穆加贝一针见血地指出,所谓"内部解决"只不过是"换头术"而已,由白人面孔换为黑人面孔,但白人种族主义统治的实质并未改变,黑人多数统治仍未实现。1978 年元旦,穆加贝发表新年讲话号召人们继续战斗:"津巴布韦必须要实现自由,我们的人民正在热切期盼着一个新的独立国家……同志们,无论你是工人、农民还是学生,你们中的每个人,都要携起手来,继续战斗,痛击敌人,直到最后胜利!"① 至此,津巴布韦民族解放斗争离胜利已经为时不远。

二　兰开斯特制宪会议

随着苏联向南部非洲日益加紧渗透扩张,美国、英国为了保护它们在南部非洲的既得利益,迫切希望打破罗得西亚问题的僵局。1979 年下半年起,英国首相撒切尔夫人就罗得西亚问题先后同一些非洲国家首脑进行磋商。在同年 8 月举行的卢萨卡英联邦会议上,撒切尔夫人明确认为根据"内部解决"协议制订的罗得西亚宪法"在一些重要方面是有缺陷的",表示英国愿意谋求一项"英联邦和整个国际社会都能够接受、并为罗得西亚及其邻国人民提供和平前景的解决办法"。在赞比亚等国的推动下,撒切尔夫人提出了召开包括津巴布韦爱国阵线参加的罗得西亚各方制宪会议的建议。根据此建议,英联邦国家首脑会议要求英国对罗得西亚承担宪法责任,并一致通过了关于解决罗得西亚问题的九点声明,从而为召开兰开斯特制宪会议奠定了基础。

1979 年 9 月 10 日至 12 月 22 日,在英国外交大臣卡林顿的主持下,穆佐雷瓦率领所谓的罗得西亚政府代表团,成员包括白人种族主义头目史密斯,穆加贝、恩科莫率领津巴布韦爱国阵线代表团,在伦敦兰开斯特大厦进行了长达 3 个多月的谈判,终于就制定宪法、过渡期安排、实现停火等重要问题达成协议,从而为津巴布韦最终走向独立铺平了道路。此次会议被称为"兰开斯特制宪会议",在津巴布韦历史上具有重要地位和意义。

兰开斯特会议分为三个阶段进行。第一阶段主要讨论制订津巴布韦独立宪法问题。各方同意组成一个由 100 名议员组成的议会,其中 80 名由普选产生,20 名专属白人议席,但白人议员在议会中不再拥有否决权,国家实行立宪总统和执行总理内阁制。会议第二阶段讨论实现独立的过渡期安排问题。各方同意过渡期为两个月,这期间穆佐雷瓦当局不再行

---

① The Office of the President and Cabinet, *90: Robert Gabriel Mugabe*, The House of Books (Pvt) Ltd., Harare, 2014, p. 46.

使政府职权，由英国任命一位具有行政和立法权力的总督负责行使政府职权，并在英国和英联邦观察员的监督下举行自由和公正的大选，产生独立后的新政府。会议第三阶段讨论罗得西亚当局同爱国阵线之间的停火问题。各方达成以下原则协议：英国通知南非当局，罗得西亚"在英国总督行使权力时期不容外来干涉"；由肯尼亚、英国、澳大利亚、新西兰和斐济等5国组成一支1200人的维持和平部队，以便有效地维护罗得西亚稳定和执行全面的监督任务；关于停火期间爱国阵线和罗得西亚当局部队脱离接触等具体问题，将推迟到停火执行阶段时进一步谈判解决。

谈判斗争的焦点围绕着废除白人种族主义特权和真正实现黑人多数统治展开。津巴布韦爱国阵线从一开始就要求保证将"权力不可逆转地移交给津巴布韦人民"。会议第一阶段，爱国阵线拒绝给予白人特权，主张公平地重新分配由白人掌握的土地，反对由独立后的津巴布韦政府来支付收回白人农场主土地所需的补偿金。当会议陷入僵局时，爱国阵线在白人公民权问题上作出了让步，同意移居罗得西亚的白人在国家独立后依然享有公民权。英国和美国则承诺愿意支付将来被没收土地的白人农场主的补偿金，并资助津巴布韦农业和经济发展计划。在过渡期安排问题上，爱国阵线反对由罗得西亚当局现有部队和警察来维持过渡期间的秩序，同时要求延长两个月的过渡期。对此，英国作出让步，放弃了由罗得西亚警察维持秩序的主张，并且同意将两个月的过渡期延长到从有效停火之日算起。爱国阵线也放弃了要求由联合国维和部队来维持秩序和6个月过渡期的主张，从而打破了谈判僵局，使会议转入最后阶段，即讨论爱国阵线和罗得西亚当局部队的停火问题。最后阶段的谈判更为艰巨，与会各方分歧严重，焦点问题是如何对待罗得西亚当局和爱国阵线这两支对立的军队。爱国阵线坚决主张自己的部队和罗得西亚当局安全部队享有平等地位，要求在停火期间将部队集中到适当数量的集结地点，但必须对罗得西亚当局的军队有同样的限制，特别是要保证罗得西亚当局的空军不能袭击被集中到指定地点的爱国阵线部队。

英国一再坚持自己提出的方案，还威胁爱国阵线称如果不接受就与穆佐雷瓦当局单方面解决罗得西亚问题。经过爱国阵线领导人恩科莫、穆加贝与卡林顿进行秘密会谈，双方采纳了英联邦秘书长兰法尔提出的折中方案。英国同意罗得西亚当局和爱国阵线双方的军队拥有平等地位，并对罗得西亚当局的空军实行有效控制。爱国阵线也在扩大英联邦部队的范围问题上作出让步，原则上同意了停火协议。

罗得西亚白人当局为了逼迫爱国阵线在谈判桌上作出更大让步，在兰开斯特会议期间不断派出军队袭击赞比亚、莫桑比克境内的津巴布韦游击队营地和难民营。但是这些敌对破坏行动遭到爱国阵线和非洲前线国家的坚决反击，罗得西亚当局最后不得不接受了会议期间达成的各项协议。各方最终签署了《兰开斯特大厦协议》，为津巴布韦实现独立铺平了道路。

津巴布韦1979年的独立宪法共12章114条款，确立了津巴布韦政体为议会共和制。宪法正文主要有共和国与宪法、国籍、权利宣言、行政机关、国会、公共事务部门、司法机关、警察机关、国防部队、财政等章。在宪法的末尾，还包括誓言与宣誓、公共突发事件和保留条款、议员和选民的资格、立法程序、退休金等6个附录。

1979年独立宪法规定，津巴布韦是主权共和国，公民在尊重他人权利和自由以及公共利益的条件下，享有生命、自由、人身安全、法律保护等权利。个人有言论、集会、结社等自由，18周岁以上享有选举权。津巴布韦将实行多党制，建立了竞争性的选举制度。总统是名义上的国家元首，同时担任武装部队总司令，政府总理由议会中多数党领袖担任并组阁，实行总理内阁制；议会分众、参两院，众议院共有100个议席，其中80人由普选产生，20人由白人选民单独选举产生（限定独立后7年内）；参议院共40个议席，其中10名由白人选民单独选举产生（限定独立后7年内）。白人议员和黑人议员分别由不同肤色的选民选举产生，这种议员组成和选举方式烙有极强的殖民主义色彩。

另外，津巴布韦独立宪法还规定，津巴布韦独立后10年内不得进行土地改革。土地问题一直是津巴布韦殖民统治的历史遗留问题。此规定使得津巴布韦既得利益团体——白人移民虽然在政治上失去了少数人统治权，但在经济上仍保留了殖民时期的特权。这样的规定侵害了大多数非洲人的利益，也削弱了执政党的威信，为独立后津巴布韦的政治、经济和社会危机埋下了种子。

三 独立选举

根据兰开斯特制宪协议,备受瞩目的津巴布韦独立选举于1980年2月14日举行。议会共有100议席,其中20个为白人保留议席,完全由白人选民选出;另外80个议席由普通选民选出。参选的政党有民盟、人盟、罗得西亚阵线三大政党,以及穆佐雷瓦主教领导的非洲统一民族委员会(UANC)、民盟(恩东加派)、津巴布韦民主党、津巴布韦民族阵线等7个小党。最终选举结果是,20个白人议席全部由罗得西亚阵线赢得;80个黑人议席中,民盟赢得57席、得票率63%,成为议会第一大党,人盟赢得20席、得票率24%,另外3席由非洲统一民族委员会获得。

表5—1　　1980年津巴布韦大选结果

政党	有效选票数(票)	得票率(%)	席位(席)
民盟(穆加贝)	1668992	63	57
人盟(恩科莫)	638879	24.1	20
UNAC(穆佐雷瓦)	219307	8.3	3

资料来源:Henry Wiseman & Alastair Taylor, *From Rhodesia to Zimbabwe: The Politics of Transition*, Pergamon Press, 1981, p.41.

从各省投票情况来看,民盟赢得的选票主要来自绍纳人聚居的省份,即南、北马塔贝莱兰省以外的其他6省,而人盟赢得的选票则主要来自这两个省,即恩德贝莱族聚居区。

表5—2　　1980年津巴布韦大选各省选举情况　　　　　　　　(席)

省份	主体民族	席位数	民盟	人盟	其他党派
马尼卡兰省	绍纳族	11	11	0	0
马旬戈省	绍纳族	11	11	0	0
中马绍纳兰省	绍纳族	6	6	0	0
东马绍纳兰省	绍纳族	16	14	0	2 UNAC

续表

省份	主体民族	席位数	民盟	人盟	其他党派
西马绍纳兰省	绍纳族	6	4	1	1 UNAC
北马塔贝莱兰省	恩德贝莱族	10	1	9	0
南马塔贝莱兰省	恩德贝莱族	6	0	6	0
中部省	多族混居	12	8	4	0
总计		80	57	20	3

资料来源：Southern Rhodesian general election 1980, https://en.wikipedia.org/wiki/Southern_Rhodesian_general_election_1980.

1980年3月11日，穆加贝组成了以他为总理的津巴布韦第一届内阁。1980年4月18日，津巴布韦共和国宣告诞生，成为非洲大陆一个年轻的民族独立国家。津巴布韦各族人民经过长期英勇斗争，终于结束了白人殖民主义和种族主义统治，迎来了无比宝贵的民族解放和国家独立。

从1890年英国殖民主义者入侵，到1980年最终获得独立，津巴布韦走过了90年的苦难和斗争史。在漫漫历史长河中，90年可能很短，但是对于经历了那段苦难历史的津巴布韦人民来说却很漫长。回望历史，民族伤痛已化为深深的历史烙印，值得永远铭记。"九十年算得了什么？可就在这九十年中，这片土地上的文化（大致相当于西班牙的国土面积）被彻底摧毁，人民屈服于各种现代武器、警察机构和宣传机器的淫威。最后人民奋起一击，对抗装备了最先进武器的军队，居然打赢了。"[①] 津巴布韦民族解放运动是第二次世界大战后亚非拉民族解放运动的重要组成部分，是全世界受压迫人民英勇反抗殖民主义、种族主义和帝国主义斗争的重要组成部分。

---

① ［英］多丽丝·莱辛：《非洲的笑声——四访津巴布韦》，叶肖等译，第12页。

第六章

国家重建与发展(1980—1989)

津巴布韦人民经过长期英勇的斗争,终于结束了殖民主义和种族主义的黑暗统治,赢得宝贵的民族独立,建立起自己的国家。但是,独立仅仅是国家发展迈出的第一步。独立后的津巴布韦面临种族隔阂、民族矛盾、社会矛盾、经济失衡、黑人贫困等复杂严峻形势,国家重建需要完成维护统一、巩固政权、种族和解、发展经济、消除不公等重大艰巨任务。独立后的津巴布韦在穆加贝及民盟领导下,奉行种族和解、民族团结政策,致力于推动经济发展,促进社会进步,大力振兴教育,在政治、经济、军事、外交、文教等各领域取得了可喜成就,国民人均寿命、识字率均有提升,创造了"十年奇迹",成为"非洲的榜样"。

第一节 独立之初的形势

津巴布韦独立之初面临的国内外形势十分严峻,种族隔阂、部族对立、党派纷争等各种矛盾非常尖锐复杂,南非白人种族主义政权对新生的津巴布韦采取仇视和破坏政策。穆加贝及其领导的民盟从维护国家和民族利益大局出发,吸取其他一些先期独立的非洲国家的经验教训,制定和实行了正确有效的种族政策、民族政策、政党政策、军队政策和外交政策,对国家可能面临的分裂危险采取了坚决果断措施,事实证明发挥了至关重要的作用。

津巴布韦是经过长期武装斗争,最后通过政治谈判的方式实现独立的,是殖民地与原殖民宗主国、黑人与白人、黑人内部乃至地区国家之间等各种势力相妥协的结果,具有不彻底性的特点,而这种不彻底性也为津巴布韦民族国家重建造成了种种困难和障碍。

一 种族对立

由于长期遭受白人种族主义统治,津巴布韦黑人与白人之间的矛盾十分尖锐,这种历史上长期形成的种族隔阂不可能很快消除。白人在全国 726 万人口中占 3.5%,他们中的大多数愿意接受多数人统治的原则,留在津巴布韦。[1] 但也有一部分人担心黑人统治而逃离,还有少数白人种族主义分子则不甘失败,仍在伺机进行破坏和捣乱。

津巴布韦诞生之时,它可以从三个非洲国家身上吸取教训。莫桑比克的经济已经彻底瘫痪了,部分原因是白人都给赶了出去,白人也带走了所有的专业知识。在坦桑尼亚,尼雷尔受到苏联经验的鼓舞,在国内强制实行土地集体化,而农民则消极对抗政府的政策,结果在那个土地肥沃的国家,商店里食品竟然少得可怜,或者干脆什么也没有。在赞比亚,由于管理不善,该国的农业面临巨大灾难,结果大部分粮食都是留下来的少数白人种出来的(到 1992 年,这种状况依旧没有改变)。对于如何对待白人问题,据说莫桑比克总统萨莫拉·马歇尔曾经对穆加贝说:"别再犯我们的错误,别把白人赶走,那样他们只会给你留下个经济烂摊子。"[2] 鉴于上述国家的教训,如何处理种族问题是新生的津巴布韦面临的首要问题和考验。

津巴布韦虽然独立,但是少数白人仍然享有政治、经济特权,议会中有专属议席,经济上处于掌控优势,土地问题保持现状,这些都让广大黑人不满。

二 民族矛盾

除了黑白对立以外,绍纳族和恩德贝莱族这两大黑人民族之间的矛盾由来已久,也是津巴布韦独立后面临的主要矛盾之一。绍纳族和恩德

---

[1] 顾欣尔:《独立后的津巴布韦》,载《国际问题研究》1982 年第 3 期。
[2] [英]多丽丝·莱辛:《非洲的笑声——四访津巴布韦》,叶肖等译,第 11—12 页。

贝莱族是津巴布韦的两大主体民族，在历史上相互对立仇视情况较为严重，由此直接影响和决定了津巴布韦两大民族主义政党的关系。穆加贝领导的民盟以绍纳族为主，恩科莫领导的人盟以恩德贝莱族为主。独立战争时期，两党及其分别领导的军队曾对白人种族主义政权共同作战，勉强组成"爱国阵线"，但它们实际上还是两套人马，各自为战，相互之间的矛盾和冲突从未停止过，有时候甚至兵戎相见。

在1980年2月的独立选举中，民盟在恩德贝莱族聚居的南、北马塔贝莱兰两省仅获得1席，人盟在绍纳族聚居的5个省也仅获得1席。对此，恩科莫认为独立选举是不可信的，人盟受到了欺骗，却又不得不接受它，吞下这一苦果。"我敢肯定，津巴布韦的首次自由选举未能反映人民的意愿。"① 人盟及恩德贝莱族的一些人不满穆加贝政府统治，不满绍纳人统治。这种政党与民族分立的局面暴露无遗，为后来的政治冲突埋下了隐患的种子。

1980年11月，民盟和人盟军队在布拉瓦约发生武装冲突，共造成双方60人死亡，还伤及无辜平民，造成大量财产损失。1981年1月，恩科莫的内政部长被解职，转任不重要的公共事务部长。同年2月，民盟和人盟军队再次发生武装冲突，地点在布拉瓦约附近和奎鲁（Gweru）附近。1982年2月，人盟成员在布拉瓦约附近农场私藏大量武器弹药事件曝出，民盟指责人盟与南非勾结，阴谋推翻现政权，恩科莫应当对此负责。但恩科莫坚决予以否认，称这是无稽之谈。后来又进一步搜查，总共有35处发现武器弹药，这些地方均属于人盟成员。2月17日，也就是发现人盟成员私藏武器后的11天，穆加贝召开记者会，宣布将包括恩科莫在内的4名人盟内阁部长解职。军队中的多名人盟高级将领被逮捕，包括国民军副总司令卢克沃特·马苏库（Lookout Masuku）。穆加贝声称："人盟及其领导人恩科莫就如同房间里的眼镜蛇，而对付眼镜蛇唯一有效办法就是击打敲碎它的脑袋。"② 人盟成员私藏武器弹药事件给国家安全带来重大威胁，造成两党、两族关系高度紧张。

---

① Joshua Nkomo, *Nkomo: The Story of My Life*, p. 210.
② Joshua Nkomo, *Nkomo: The Story of My Life*, p. 2.

三 军队整编问题

津巴布韦的种族对立和民族矛盾在独立后的军队整编问题上集中体现出来。独立之初,津巴布韦存在三支完全不同的武装力量:民盟领导的津巴布韦非洲民族解放军,人盟领导的津巴布韦人民革命军,以及罗得西亚白人安全部队。黑人和白人军队曾经是战场上你死我活的敌人,现在要合并在一起。即使两支黑人游击队之间也有很大不同,它们既面对共同的敌人,又相互对立。两军的构成不同,民盟领导的津巴布韦非洲民族解放军主要由绍纳人组成,人盟领导的津巴布韦人民革命军主要由恩德贝莱人组成;两军的军事理念不同,前者更重视军队数量,后者更重视在国外建立一支正规军;两军的外部支持力量不同,前者受到中国的支持,后者得到原苏联的支持。① 人盟虽然在大选中失利,但它仍掌握军事力量,津巴布韦人民革命军有上万人,装备精良,训练有素,听命于恩科莫及人盟。显然,一个统一的国家内绝对不能有多支各行其是的军队,这直接关系到国家稳定和政权稳定,建立统一的军队迫在眉睫。

四 经济形势

经济上,津巴布韦自然资源丰富,农业、矿业和制造业都有一定基础,交通运输系统也比较健全,经济发展水平在南部非洲仅次于南非。但是,独立多年以后,津巴布韦国家经济很大一部分仍然掌握在白人和外国公司手中。在非洲大陆,津巴布韦经济是对外来资本依赖最严重的国家之一,这里约70%的资本控制在外国人手中,主要是130家英国公司和43家南非公司。外国资本拥有津巴布韦60%的工业、90%的矿业和19%的农场。1980—1983年间,输送到国外的利润达333亿津元。② 这种情况是1979年兰开斯特制宪会议造成的结果。《兰开斯特大厦协议》实际上是一种妥协,它将政治权力交给了黑人民族主义者,却允许白人少

---

① Sobantu Sibanda, "The Quest for Unity, Peace and Stability in Zimbabwe", in David Kaulemu (ed.), *The Struggles after the Struggle*, p. 49.

② [英]多丽丝·莱辛:《非洲的笑声——四访津巴布韦》,叶肖等译,第315页。

数人继续保持对经济权利的垄断。①

独立之初,津巴布韦绝大多数中高级文职人员都是白人,控制着政府各个部门,经济领域白人也占统治地位。全国工矿企业和加工制造业基本上都控制在白人和外资手里,其中的技术员和工程师也多是白人。从农业看,不到 6 千个白人农场主占据全国可耕地的一半。1977 年,他们生产的粮食和经济作物总产值占当年全国农业总产值的 90%,独立之后,这种形势几无改观。

此外,独立之初津巴布韦面临的外部形势也非常复杂。南非白人政权仇视津巴布韦黑人政府,对津巴布韦实行破坏政策。1981 年 3 月,南非政府通知津巴布韦,不再延续 1964 年以来的双边贸易协定;同时遣返南非境内的约 4 万名津巴布韦工人,致使津巴布韦每年损失侨汇 2500 万津元。到 1981 年 3 月,有 30 万吨津巴布韦货物滞留在南非港口。1981 年 4 月 4 日,南非还撤回了原来派往津巴布韦的铁路技术人员,收回了租借给津巴布韦的 24 台柴油机车。② 南非白人政权的敌视政策给津巴布韦安全、稳定与发展带来威胁。

第二节 民族和解

面对这种复杂困难的形势,为了实现国家和平与稳定,穆加贝政府从执政伊始就明确提出了种族和解与民族团结政策。他表示,津巴布韦战争已经结束,为了建设新的津巴布韦,要不念旧恶,忘掉过去,全国不分种族和部族,共同团结起来向前看。穆加贝政府从维护民族团结和国家统一的大局出发,制定和实施了一系列内政外交政策,积极倡导民族和解,创造一个和平稳定的环境,并在此基础上努力发展经济,从各方面有效推进国家重建,取得了很大成就。

---

① Blessing-Miles Tendi, *Making History in Mugabe's Zimbabwe: Politics, Intellectuals and the Media*, Perter Lang, Bern, 2010, p. 111.

② Staffan Darnolf & Liisa Laakso (eds.), *Twenty Years of Independence in Zimbabwe: From Liberation to Authoritarianism*, Palgrave Macmillan, 2003, p. 54.

一 种族和解

对于国内白人，津巴布韦政府倡导种族和解，呼吁黑白两族忘掉仇恨，面向未来，呼吁白人留下来共建家园，保障他们的合法权利。根据《兰开斯特大厦协议》，津巴布韦在独立后7年以内，即直到1987年，议会要为白人保留20个议席。对此，津巴布韦政府信守承诺，在议会中为白人保留20个专属议席。在独立后首届内阁中，穆加贝任命了2名白人担任部长，一是罗得西亚全国农场主联盟（Rhodesian National Farmers' Union）领导人丹尼斯·诺曼（Dennis Norman）为农业部长，二是罗得西亚政府时期的财长戴维·史密斯（David Smith）任工商部长。两位白人部长，一个掌管农业，一个掌管工商业，这不仅是国民经济的命脉，而且与白人利益息息相关。1987年，津巴布韦议会中的白人专属议席被取消，但仍有多名白人议员，政府中也有3名白人部长、副部长。

穆加贝政府还承诺不改变原有经济结构，不对私人企业实行国有化，不强制没收白人土地，而是按照"愿买愿卖"的原则解决土地问题。穆加贝深知白人的技术、资金和经验对建设百废待兴的新津巴布韦的重要意义。没有白人的合作，困难将会成倍增加。为此，穆加贝表示："我们愿意创造的社会是，所有人民，不分肤色如何，将能根据他的最大特长发挥作用。"[1] 黑人与白人都将获得平等的生存权和发展权，以此稳定白人的心态，希望他们留下来建设津巴布韦。

穆加贝这样阐释其种族和解思想与政策："从此以后，无论从思想上还是精神上，我们都必须努力适应政治变化的现实，彼此是兄弟加同志般的关系。即使昨天你还是我的敌人，今天你已经成为我的朋友，我们为了共同的国家利益、忠诚、权利和义务而走到一起。即使昨天你还恨我，今天也不要无视我们之间的友爱。在这种情况下，如果还有人要把过去的创伤和积怨翻出来，岂不是愚蠢？我们必须尽释前嫌，既往

---

[1] 潘琪：《津巴布韦回顾与展望》，载《国际政治研究》1982年第1期。

不谙！"①

白人对新政府温和友善的种族政策表示欢迎。他们过去说："要谁也不要穆加贝"，现在则称他为"挺不错的老兵"。许多白人已在津巴布韦生活了几十年甚至两三代，把津巴布韦看作自己的祖国，生活比较富裕，一般情况下是不愿离去的。许多白人对新政府的态度逐渐从敌视和怀疑转向信任与合作。1985年选举中，白人政党发生分裂从一个侧面反映出，白人内部在迅速分化，越来越多的白人改变了原来敌视黑人的立场，努力适应新形势，有的白人还选择加入了民盟。

二 民族团结

津巴布韦历史学家曾经这样总结到：我们民族的显著特征、文化认同、我们生物和基因的同一性，我们的社会制度、我们的地理和我们的历史共同构成了我们的国家认同，共同塑造了我们充满活力、积极向上的民族精神，并且一直保持传承至今。② 穆加贝对此大加赞同，认为这反映了津巴布韦民族精神与国家认同。

本着民族和解的精神，对于人盟及其所代表的恩德贝莱族，穆加贝政府倡导民族平等，坚持民族团结政策。在独立后的首次议会选举中，人盟共赢得80个黑人议席中的20席，有5名人盟领导在内阁中任职。其中恩科莫出任重要的内政部长一职，这个职位很有实权，掌管全国警察，人盟另有两个部长职位和两个副部长职位。

为了处理好同人盟的关系，穆加贝还要同民盟党内的激进势力作斗争，其代表人物是民盟总书记特克雷。团结恩科莫是穆加贝一项重大战略决策，但是特克雷却要求把人盟赶出政府，说恩科莫是"妄想狂"，要把他镇压下去，甚至威胁要干掉恩科莫。他身居高位，有不少支持者，影响很坏，干扰了穆加贝的民族和解政策，成为穆加贝身边"一根不时

---

① Brian Raftopoulos &A. S. Mlambo（eds.），*Becoming Zimbabwe*：*A History from the Pre-colonial Period to 2008*，Weaver Press，Harare，2009，p. xxviii.

② N. Bhebe & T. O. Ranger（eds.），*The Historical Dimensions of Democracy and Human Rights in Zimbabwe*，*Volume One*：*Pre-Colonial and Colonial Legacies*，University of Zimbabwe Publications，Harare，2001，p. xxvi.

扎人的棘刺"。鉴于此，穆加贝毅然将其政府职务和党内职务分别撤销。穆加贝的信条是："每个组织内部都有腐败的种子，必须在它们传染大多数人之前给予认真对付。"津巴布韦报纸评论说："解除特克雷在津巴布韦内阁的职务将有助于维护国内外对政府的信任。"①

与此同时，对于那些可能给国家统一与安全带来威胁的分裂分子，穆加贝政府予以坚决打击和镇压。在发现人盟成员私藏大量武器弹药之后，穆加贝立即派军队前往处置。在此过程中，据称共有2万多人被杀，造成了历史上的"古库拉洪迪事件"。

"古库拉洪迪"（Gukurahundi）原意为"冲刷掉去年收获季的陈旧谷壳的第一场雨"，有令人欢快的含义。但是，自从20世纪80年代津巴布韦发生"古库拉洪迪事件"之后，该词的含义就变了。"古库拉洪迪这个词带给津巴布韦人的只有各种负面情绪：淡漠、羞耻、否认、恐怖、痛苦、愤怒或者深深的创伤。到底是哪种情绪，取决于每个人在这场事件中是受害者还是行凶者，或者是像大多数人那样的保持沉默者之一。"②

据恩科莫在其回忆录中写道，1983年1月，马塔贝莱兰大屠杀开始，总共约有2万人死于这场屠杀。这一地区还被封锁，人们生活困难。有的村庄整个被夷为平地，牲口被屠杀，妇女被强奸，人盟军人被捕并遭受酷刑，有些人未经审判便被投入监狱。恩科莫本人及其家人、朋友的安全受到威胁，他的护照被当局扣留，他呼吁团结与正义的讲话被媒体封锁。第五纵队搜查恩科莫在布拉瓦约的住所，并开枪打死了恩科莫的司机和两个工人，其生命安全受到极大威胁。在妻子的极力劝说下，恩科莫决定离开津巴布韦，于1983年3月8日穿越边境，来到博茨瓦纳境内，开始了流亡经历。③

古库拉洪迪事件之后，民盟极力推动与人盟的合并。1983年4月，两党开始就联合问题举行谈判。两党在意识形态和国家政治体制等问题

---

① 潘琪：《津巴布韦回顾与展望》，载《国际政治研究》1982年第1期。
② The Catholic Commission for Justice and Peace in Zimbabwe, *Gukurahundi in Zimbabwe: A Report on the Disturbances in Matabeleland and the Midlands 1980–1988*, Hurst Publishers, Ltd., London, 2007, p. xiii.
③ Joshua Nkomo, *Nkomo: The Story of My Life*, p. 1.

上没有重大分歧，但是在联合后新党的名称和两党在中央领导机构的名额分配问题上意见不一致。谈判几经反复，进展较为缓慢，1987年4月一度中断。同年10月，两党恢复谈判。经过反复磋商，双方最终就合并问题达成一致意见。

1987年12月22日，民盟主席穆加贝和人盟主席恩科莫在首都哈拉雷的国家宫里签署了联合协定（Unity Accord）。根据该协定，统一后的党将沿用民盟现在的名称，中央和地方组织都实行合并，穆加贝担任党的第一书记兼主席，并设两位第二书记兼副主席。两党合并后，津巴布韦在政治体制上由内阁制改为总统制，穆加贝就任执行总统，恩科莫出任副总统。1989年12月，民盟与人盟联合召开全国代表大会，完成两党合并进程。

民盟和人盟两党合并是津巴布韦独立后国家发展史上具有重要意义和深远影响的历史性事件。两党合并有助于缓和绍纳族与恩德贝莱族之间的矛盾，结束民盟与人盟20多年来的对立局面，为津巴布韦维护国家统一和民族团结奠定了重要基础。如果说领导人民赢得国家独立是穆加贝及民盟第一大历史功绩的话，那么实现两党合并、维护国家统一和民族团结可以说是其第二大历史功绩。评论认为："两党联合协议的签订是穆加贝最辉煌的成就。津巴布韦变了，特别是马塔贝莱兰变了，津巴布韦最终可以说成为一个民族了。"[①] 非洲统一组织执行主席、赞比亚总统卡翁达称颂津巴布韦两党联合是"非洲的骄傲"。12月22日这一天被定为"联合日"，是国家公共假期，每年都要举行庆祝活动。

但是，也有反对者认为联合协议只是将民盟和人盟两个政党联合起来，两个民族之间的矛盾和不平衡问题依然存在，津巴布韦政府也未能改善马塔贝莱兰地区人民的生活状况。当地民众曾经对媒体表示：我们经常遭受干旱之苦，但是自1980年独立以来，政府一直忽视马塔贝莱兰地区，从来没有为我们修建过一座水坝，这是因为执政党民盟奉行歧视恩德贝莱人的政策。有人甚至认为，目前恩德贝莱人仍然遭受"外来统治和歧视"，所不同的是，独立前遭受白人殖民统治是基于种族，而独立

---

① 何丽儿：《一党制在津巴布韦》，载《世界知识》1990年第11期。

后受民盟统治是基于部族。还有观点认为，联合协议只是将民盟和人盟的领导层联合起来，而对于两党广大基层党员来说毫无干系。甚至还有人认为，这根本就不是两党联合，而是民盟吞并了人盟。"民盟和人盟选择合并的原因并不相同，对大多数恩德贝莱人而言，这不是一个选择的问题，而是一种生存战略。"① "1987年联合协定，结束了发生在马塔贝莱兰的暴行，极大地削弱了当时的主要反对党——津巴布韦非洲人民联盟，并明确了马塔贝莱兰的区域从属地位。"② 不管怎么说，两党合并在津巴布韦历史上的重要意义和对国家发展进程的重大影响是不言而喻的。

三 整编军队

如何整编旧的军队，建立一支统一的、新的国家军队，事关政权稳定与国家安全。穆加贝成立了由三方军事领导人参加的临时指挥机构——最高联合指挥部，他本人兼任国防部长，直接领导三军合编工作。但是，军队整编过程并不顺利。人盟和民盟的军队多次发生武装冲突，其中1980年11月和1981年2月两次冲突规模最大，双方动用了大炮坦克，造成死伤数百人。

经过艰苦努力，1981年11月终于完成了军队整编工作，民盟领导的津巴布韦民族解放军、人盟领导的津巴布韦人民革命军以及原来罗得西亚白人政权的安全部队合而为一，组成了统一的津巴布韦国防军。前罗得西亚殖民军总司令沃尔斯中将同黑人游击队打了很多年仗，但他还是被穆加贝任命为统一后的国防军司令，真正体现了种族和解精神。穆加贝宣布，从此这支军队就不再是为任何少数人服务或谋求个人私利的军队。建成一支统一的军队对于津巴布韦巩固新生政权、维护国家长治久安具有重要意义，为未来国家建设奠定了和平与安全基础。

经过不断发展，当前津巴布韦国防军编制员额4.5万人，实际总兵力约3.5万人。其中陆军编制4万人，总兵力3.2万人；空军编制5000人，

---

① David Kaulemu (ed.), *The Struggles after the Struggle*, p. 53.

② Brian Raftopoulos & A. S. Mlambo (eds.), *Becoming Zimbabwe: A History from the Pre-colonial Period to 2008*, Weaver Press, Harare, 2009, p. xxix.

总兵力约 3000 人。津巴布韦是内陆国家,没有海军。

四 1985 年大选

1985 年大选同 1980 年一样,议会共有 100 议席,其中 20 个为白人保留议席,由白人选民选出,于 1985 年 6 月举行,参选的白人政党有津巴布韦保守派联盟（Conservative Alliance of Zimbabwe,原罗得西亚阵线,主张坚决捍卫白人利益）和独立津巴布韦联盟（Independent Zimbabwe Group,主张民族和解,与民盟合作）;另外 80 个议席由普通选民选出,于 1985 年 7 月举行,参选的政党有民盟和人盟两大党,还有穆佐雷瓦领导的统一非洲民族委员会、民盟（恩东加派）等小党派。最终选举结果是,20 个白人议席中津巴布韦保守派联盟赢得 15 席,独立津巴布韦联盟获得 4 席,独立候选人 1 席,表明白人内部分裂趋势加剧。80 个黑人议席中,民盟赢得 77.2% 的选票、64 席,人盟赢得 19.3% 的选票、15 席,民盟（恩东加派）获得 1 席,统一非洲民族委员会在此次选举中一无所获。

与 1980 年相比,民盟在议会中增加了 7 席,而人盟下降了 5 席。民盟几乎赢得了除南、北马塔贝莱兰省以外的其他 6 省全部议席,只有 1 席被民盟（恩东加派）获得。人盟赢得了南、北马塔贝莱兰省的全部 15 个议席,但在其他省一无所获。

表 6—1　　　　　　　津巴布韦 1985 年大选结果　　　　　　　（席）

省份	主体民族	席位数	民盟	人盟	其他党派
马尼卡兰省	绍纳族	11	10	0	1,民盟恩东加派
马旬戈省	绍纳族	11	11,全部候选人以 90% 以上的得票率当选	0	0
中马绍纳兰省	绍纳族	5	5,全部候选人以 98% 以上的得票率当选	0	0
东马绍纳兰省	绍纳族	18	18,全部候选人以 80% 以上的得票率当选	0	0
西马绍纳兰省	绍纳族	8	8	0	0

续表

省份	主体民族	席位数	民盟	人盟	其他党派
北马塔贝莱兰省	恩德贝莱族	9	0	9	0
南马塔贝莱兰省	恩德贝莱族	6	0	6	0
中部省	多族混居	12	12	0	0
总计		80	64	15	1

资料来源：Zimbabwean Parliamentary Election, 1985, https://en.wikipedia.org/wiki/Zimbabwean_parliamentary_election_1985.

总体来看，独立后津巴布韦在实现民族和解、维护国家稳定和统一方面的政策是成功而又有效的。原来的殖民地国家在获得独立后，需要首先实现政治稳定，以便为发展生产、进行建设、逐步改善人民生活创造条件。一些非洲前殖民地国家在争取民族独立的过程中，往往产生了好几个民族解放组织或政党，它们代表不同的部族或地区利益，反映不同的政治倾向，彼此之间存在着不同程度的矛盾和芥蒂，有些国家还存在深刻的种族矛盾。独立后，如何处理好这些矛盾以保证国家稳定是十分重要的。许多国家的例子证明，这一问题处理得不好，就会引起社会不安定，甚至发生长年累月的内战，使人民非但不能享受独立的果实，反而备尝战乱之苦。津巴布韦的种族和民族矛盾本来是相当深刻和尖锐的，但由于采取了正确的政策措施，团结了一切可以团结的力量，比较顺利地实现了国家稳定，从而为恢复和发展经济提供了保证。

第三节 国家重建

津巴布韦政府在维护民族团结和国家稳定的同时，实行较为稳健的经济政策，积极吸引外资和外国援助，实现了经济总体稳定发展。津巴布韦政府还积极进行重新安置工作，努力发展民生，大力发展教育。

一 发展经济

原来的殖民地国家在获得政治独立之后，需要采取稳步前进的政策来进行经济建设。这比实现政治独立的任务更加艰巨，需要从本国的实际情况出发，制定符合本国国情的发展方针和政策，并坚持自力更生为主的原则。只有依据本国国情，制定稳步前进的发展方针和政策，才能取得经济发展。为了平复独立战争给经济带来的创伤，大力发展经济，逐步改造殖民统治所造成的不合理经济结构，穆加贝政府在提出建设国家长远目标的同时，强调在原有基础上复兴和发展经济。

1981年2月，津巴布韦正式发表了第一份关于经济政策的政府白皮书：《公平的发展》（Growth with Equity），明确要高速发展经济，实现充分就业，保障物价稳定，促进资源有效分配与使用，以及在公平分配社会福利的条件下，努力实行社会主义平等和民主的政策。1981年11月，津巴布韦政府又制定了为期3年（1982—1985年）的《过渡期国家发展计划》（Transitional National Development Plan，TNDP）。1982年2月，穆加贝明确宣布，不改变原有经济结构，不没收白人土地和私人企业，允许私人经济存在至少20年。另一方面，通过合股形式参加了一些金融机构和企业的经营，加强国家参与经济，并逐步从白人农场主手中购买了一些闲置或未充分利用的土地，分配给无地或少地的黑人农民，在某些地区还开始组织农业合作社的试点。

货币方面，1980年津巴布韦储备银行发行了第一代津巴布韦元，包括2元、5元、10元和20元四种面值，以1∶1的比率收兑殖民地时期的罗得西亚元。在发行初期，官方汇率为1津元兑换1.47美元。然而，由于这一汇率严重高估了津元的实际币值，津元的汇率无论在官方还是在黑市都迅速贬值。1983年，为打击地下黑市汇兑市场，津巴布韦央行实施"变相双轨汇率制"，有效地稳定了外汇市场。然而，这一时期政府的产业保护政策却保护了低效高成本的企业，导致津巴布韦的出口成本升高，外汇收入大幅减少。不过由于外部援助资金以及津巴布韦温和式土地政策带来的农业大发展，津元的汇率仍能保持在相对稳定的水准。

由于政府的政策统筹兼顾了各方面利益，有力地调动了各种积极因素，实行较为稳健的经济货币政策，从而促进了生产力发展。同独立前相比，1980年津巴布韦经济增长率达10.7%，1981年增长9.7%，主要粮食作物玉米创历史最高纪录，烟草、棉花等经济作物均获丰收。

1986年4月，津巴布韦政府颁布了第一个《国家发展五年计划（1986—1990）》，该计划是在《过渡期国家发展计划》基础上形成的，目标是实现年均经济增长率达5.1%（《过渡期国家发展计划》是8%），重新安置7.5万户家庭（《过渡期国家发展计划》是16.2万户）。[①] 1989年，津巴布韦成立投资中心，设立一站式投资服务窗口，以此扩大吸引外资。

表6—2　　　　　　1980—1989年津巴布韦国内生产总值表
（以1980年不变价格计算）

年份	GDP总量（百万津元）	增长率（%）
1980	3224	10.7
1981	3537	9.7
1982	3589	1.5
1983	3461	-3.6
1984	3540	2.3
1985	3803	7.4
1986	3881	2.1
1987	3861	-0.5
1988	4143	7.3
1989	4332	4.6

资料来源：Tor Skalnes, *The Politics of Economic Reform in Zimbabwe: Continuity and Change in Development*, Macmillan Press Ltd., 1995, p. 103.

下面是1989年的景象：商店里，堆满商品的货架从一头排到另一头，上面有世界上品质最好的牛肉、咸肉、猪腿肉，注水的事还从没听说过，还有一流的香肠。鸡肉和鸭肉成行成列，奶酪的品种虽然不多，但品质优良。面包、蔬菜、水果都没得挑。……所有这一切都是这个国家自己出产的。或许你会觉得自己养活自己也算不上什么了不起的成就，可周

---

① Staffan Darnolf & Liisa Laakso (eds.), *Twenty Years of Independence in Zimbabwe: From Liberation to Authoritarianism*, Palgrave Macmillan, 2003, p. 17.

边的许多国家还做不到这一点。对莫桑比克、马拉维、赞比亚、纳米比亚、安哥拉的人民来说,津巴布韦的食品简直就是难以企及的奢侈,更不要说再往北边,处在这种那种灾难中的国家。联合国报告称:"不应把津巴布韦同其他非洲国家做比较,他更接近一个南美国家。"① 总体来说,20世纪80年代津巴布韦经济保持了较好的发展态势,经济水平处于南部非洲甚至整个非洲大陆前列。津巴布韦的发展创造了"十年奇迹",被誉为当时非洲大陆的"一片绿洲"。

二 重新安置

独立战争期间,津巴布韦全国共有120万人沦为难民,约占总人口的1/6,其中20万人逃亡国外,70万人栖身在所谓的"保护村",30万人在难民营。为了解决这些问题,津巴布韦政府作出了巨大努力。首先,在不到一年的时间里基本上完成了大量难民的安置工作,把他们遣送回各自的家乡,分给土地、种子和肥料,安排他们从事农业生产,农业发展部还在全国各地设立培训中心,为重新安置的人们传授农业技术,帮助他们发展农业,实现自给自足,使他们在新的家园里重新开始安居乐业的生活。其次,在恢复和发展生产的基础上,政府颁布了最低工资法,提高黑人工人的最低工资,并对低收入者实行免费医疗,为群众建造大批低价住房,保证广大低收入者的基本生活。穆加贝政府把发展占全国人口80%的农村地区列为发展优先,拨出款项修筑道路、兴建卫生设施、解决供水设备、开辟商业网点等。同独立前相比,广大黑人群众不仅政治地位发生了根本变化,而且生活上也有了显著改善。

人们清楚过去的保留地是什么样子。南罗得西亚的土地住上殖民者后,黑人被陆续从肥沃的土地上赶走,重新安置在保留地上。那里土壤贫瘠,常常不通道路,也没有学校和诊所,甚至连供水都没有。穆加贝掌权后,他做出决定,当务之急是投入资金,改善农村条件,这一举措取得很大成效。

在1979年兰开斯特大厦制宪会议上,英国曾承诺提供现款用来赎买

---

① [英]多丽丝·莱辛:《非洲的笑声——四访津巴布韦》,叶肖等译,第400—401页。

白人农场主的土地，由津巴布韦政府对黑人实行安置。但是，英国并未真正覆行它的诺言，以致津巴布韦政府的安置计划不能顺利进行，如期完成。对无地、少地、只占有极为贫瘠土地的黑人进行安置是关系到社会稳定、经济发展的一件极其重要的根本大事。

三 发展教育

独立后，津巴布韦政府积极发展教育事业，确立优先发展教育的目标，努力消除教育领域的种族歧视，扩大全国教育机会，进行课程改革。为此，津巴布韦通过了新的教育法，规定每个儿童都有受教育的权利，小学教育为免费义务教育；拨出教育经费修复战时关闭的约2000所中小学，努力解决师资问题，推行两部制，实行小学免费教育。

1980年津巴布韦小学毛入学率达到88%，学生总数超过120万人。女童的入学率也大为提高，到20世纪80年代末已占到在校小学生的一半。[1] 中学教育亦快速发展，1980—1981年间在校中学生人数翻了一番，达15万人，此后一直保持增长，1990年已超过90万人，津巴布韦一跃成为非洲国家中学生毛入学率最高的国家之一。[2] 简言之，在独立后的头十年，津巴布韦教育发展取得了很大成就。

四 对外关系

面对比较复杂的国际环境，津巴布韦政府奉行积极中立和不结盟的对外政策，对外来势力的干涉保持高度警惕。穆加贝强调津巴布韦属于第三世界，希望同东、西方集团的国家都建立友好的关系，只要不损害津巴布韦的独立。津巴布韦积极开展国际往来，加强同非洲和第三世界国家的团结，在相互尊重主权、互不干涉内政的基础上同许多国家建立了友好合作关系。津巴布韦重视发展同邻国的睦邻关系，促进区域性经济合作。对南非白人政权实行和平共处政策，虽然断绝了邦交，但保持

---

[1] Staffan Darnolf & Liisa Laakso (eds.), *Twenty Years of Independence in Zimbabwe: From Liberation to Authoritarianism*, Palgrave Macmillan, 2003, p. 143.

[2] Staffan Darnolf & Liisa Laakso (eds.), *Twenty Years of Independence in Zimbabwe: From Liberation to Authoritarianism*, pp. 145–146.

经济和贸易关系。在国际事务中，津巴布韦坚决反对帝国主义、新老殖民主义、种族主义和扩张主义，支持非洲国家的正义斗争。

1980年津巴布韦独立时，政治上允许反对党存在，经济上执行温和政策，承诺10年内不搞土改，不触动白人利益，得到西方青睐，与西方国家曾有过短暂的"蜜月期"。作为前殖民宗主国，英国是津巴布韦主要贸易伙伴，在津有大量投资，还口头承诺向津提供土改资金。津巴布韦独立后，美国即宣布予以承认，双方建立大使级外交关系。1981年3月，在津巴布韦重建与发展大会上，美国承诺在未来三年内向津提供2.25亿美元的援助，用于战后重建、土地分配和人力资源培训。到1986年底，美国共向津巴布韦提供了3.8亿美元的援助，其中大部分为赠款。① 里根政府还曾把津巴布韦视为撒哈拉以南非洲民主与经济发展的样板。但是，这种"友好"时期只是短暂存在，后来就反目成仇。

五 面临问题与挑战

自1980年独立以来，津巴布韦经济增长非常不稳定。抛开其他因素不谈，津巴布韦经济严重依赖天气，干旱直接影响经济增长，先后经历了1982—1984年干旱、1987年干旱，并导致1983年和1987年出现经济负增长。

教育方面，有人认为独立后津巴布韦各个层次的教育扩张太快，导致教育质量和管理跟不上，师资力量严重不足，以及学生考试通过率非常低，如参加O-Level考试通过率还不到20%，这是津巴布韦在独立头十年教育领域犯的一个错误。此外还造成了一种不公平现象：对大多数穷人而言，他们只能去差学校，只有富人才能去好学校。

就业方面，在独立后的头十年，津巴布韦每年新增就业岗位不足1万个，而各类学校毕业生达20万人，因此就业问题成为津巴布韦政府面临的最严重问题之一。② 根据津巴布韦政府经济改革框架报告，1989年全

---

① Alfred J. Cartage (ed.), *Focus on Zimbabwe*, Nova Science Publishers, Inc., New York, 2009, p. 108.
② Staffan Darnolf & Liisa Laakso (eds.), *Twenty Years of Independence in Zimbabwe: From Liberation to Authoritarianism*, pp. 148-149.

国失业率达到26%。每年约有20万毕业生，但只有2万到3万人能够在正规部门找到工作。①

总之，独立后的头十年，津巴布韦在政治、经济、社会、外交方面取得了不少成就。但是一个国家的发展不会是一帆风顺的，年轻的津巴布韦共和国在前进的道路上依然困难重重。国内种族、部族、政党矛盾十分复杂，要彻底解决这些矛盾还需继续作出努力。经济发展方面，存在诸如外汇匮乏、财政赤字庞大、通货膨胀率高等问题有待解决。

---

① Tor Skalnes, *The Politics of Economic Reform in Zimbabwe: Continuity and Change in Development*, Macmillan Press Ltd., 1995, p. 122.

第七章

政治经济变革与调整(1990—1999)

20世纪90年代东欧剧变和苏联解体后,津巴布韦面临的国内和国际形势发生了十分深刻的变化,穆加贝及民盟面临前所未有的挑战。受国际大局势的影响,非洲大陆开始受到民主改革思潮的洗礼,开始尝试在政治上进行多党民主制改革。这一时期,大部分非洲国家的民主化进程是在曲折中前进的,部分非洲国家采取了改革措施,将一党制改为多党制,实行议会制和总统选举,通过宪法修正案改变政治制度等。津巴布韦也不可避免地受到非洲民主化浪潮的影响,进行了一些改革。经济方面,在国际货币基金组织的主导下,津巴布韦自1991年开始进行经济结构调整,进口自由化、金融自由化导致高利率,进而导致企业破产,失业率增加,通货膨胀,经济停滞不前。由于这些改革远远脱离津巴布韦实际情况,最终以失败告终,从而将津巴布韦经济拖入泥潭。

第一节 民主化浪潮的影响

津巴布韦1979年独立宪法规定个人具有集会、结社及组织政治性党派的自由,在制宪意义上确立了津巴布韦将实行多党制。然而,津巴布韦执政党民盟早在独立前就将党内目标确定为建立一党制国家,并付诸实践。独立之后,穆加贝领导的民盟就将一党制作为建设社会主义的必经之路。1984年,民盟召开第二次全国代表大会,通过了将建立一党制社会主义国家作为党的奋斗目标的新党章。1985年,津巴布韦举行独立后第二次全国大选,民盟又一次在议会中获得多数席位。1985年大选中,民盟的选票大部分来自绍纳族居住的选区。此次大选更进一步坚定了穆加贝推行一党制的决心，津巴布韦成为非洲少数几个实际上的一党制国家。

津巴布韦执政党选择以一党制作为其政治目标主要是受以下因素影响：首先，执政党领导人意志。早期穆加贝在南非黑尔堡大学求学期间，第一次接触到马克思主义。独立战争期间，穆加贝在党内确立了以马克思主义、列宁主义和毛泽东思想为基础指导。其次，为了维护新独立国家稳定的政局。独立之初，津巴布韦面临着一系列问题。穆加贝认为，实行一党制能够更好地解决种族、部族矛盾，维护国家稳定，发展国民经济。此外，津巴布韦同其他非洲国家一样，受到东方社会主义阵营经济较快发展的鼓舞。

一党制的建立打破了外界对津巴布韦独立后政局将动荡不安的预言。首先，一党制促进了非洲黑人内部的团结。穆加贝政府一方面积极推行各民族和各党派团结合作的主张，积极维护国内和平稳定；另一方面，加紧推进两党合并事宜。尽管部分人盟成员另立门户，组织了所谓的新人盟来表达对两党合并的不满，但事实上两党的多次会谈促成了1987年12月联合协议的签署，合并后更名为津巴布韦非洲民族联盟（爱国阵线）。至此，津巴布韦执政党在议会中有96%的议席，居于绝对多数，事实上的一党制得以最终形成。其次，政局稳定促进了经济发展。由于民盟长期处于执政地位，政府的行政权力比较集中，经济政策得以连续使津巴布韦成为当时少有的经济发展速度快于人口增长的非洲国家。

20世纪80年代末非洲许多国家受民主化浪潮影响，纷纷开始仿照西方国家多党制的模式，进行政治体制改革。这是在新形势下，非洲领导人对国际社会政治压力妥协的结果。随着苏联解体，以美国为首的西方资本主义阵营占据压倒性优势。国际力量对比的变化给包括津巴布韦在内的非洲国家造成前所未有的国际压力，严重影响了非洲国家内部的稳定。津巴布韦长期积累的社会矛盾被激化，民主化浪潮难以阻挡，多党制改革势在必行。

在西方民主化浪潮冲击下，民盟领导层内部对本国是否适用于马克思列宁主义产生了怀疑。国内反对实行一党制的人士借助多党民主化的风潮，公开主张在津巴布韦实行政治上的多元化。1991年初，穆加贝总统迫于国内外压力正式宣布不再制定取缔反对党的法律。1992年，执政党民盟明确宣布实行多党制，并强调公民应有结社和批评政府的自由，此后津巴布韦政治舞台上涌现出了一些新党。据有关学者统计，到1994年底，津巴布韦大约有20个政党，其中比较重要的有6个。这些政党的实力和在民众中的影响不断扩大，各种反政府政治势力开始集结，社会动荡因素增加，对执政党民盟提出了新的挑战。

第二节　经济结构调整计划

独立头十年，津巴布韦实现了政治、经济总体稳定发展，创造了"十年奇迹"。但是好景不长，独立后第二个十年，即20世纪90年代，津巴布韦迫于世界银行和国际货币基金组织的强大压力，开始进行经济改革和结构调整。但是，由于所采取的措施严重脱离实际且急于求成，致使津巴布韦经济增长出现大幅滑坡，宏观经济形势每况愈下。

一　经济结构调整计划的背景

独立十余年来，津巴布韦经济保持一定稳定增长，但是人口增长与经济增长大抵相当，从而抵消了经济增长的成效。新增企业少，就业机会少，造成大量人员找不到工作，失业率居高不下，并由此引发许多社会问题。

津巴布韦自独立以来，由于民盟政府宣布以社会主义为发展方向，1989年之前没有正式的投资法，投资者一怕国有化，二怕投资无保障，加上营业税率高达56%，使投资者几乎无利可图。这些因素加起来使独立后津巴布韦能够吸引的投资很少，投资不足成为影响经济增长的最重要原因。

津巴布韦政府的财政状况不好，通常政府的财政赤字约占国内生产总值的10%左右，但是1989年津巴布韦外债已占国内生产总值的90%。造成这种状况的原因是多方面的：第一是教育、卫生开支过大，两项合起来超过政府预算的1/4；第二是独立后政府行政机构恶性膨胀，独立时只有文职人员 4 万人，后来迅速增加到 20 万人；第三也是最重要的原因，即国营企业亏损严重，政府补贴一增再增，造成严重的财政负担。

早在 1987 年初，世界银行就提出取消进口限制的建议，当时津巴布韦政府担心这样做可能冲垮它们原来主要靠生产代用品发展起来的工业，因此没有接受。同年底，津巴布韦私营企业家组成的工业协会又提出分两阶段开放经济的建议：第一阶段放松外汇控制，第二阶段扩大出口，对此津巴布韦政府也没有立即接受。1988 年，津政府同世界银行和国际货币基金组织就通过逐步取消补贴以减少财政赤字达成了一些共识，但是拒绝了对方提出的全部取消补贴的建议。

1990 年苏联、东欧剧变以及南非形势的变化，促使津巴布韦政府决定接受经济结构调整计划。推行种族主义统治的南非政府释放了主要的非洲民族主义组织领导人，并逐步废除种族隔离法律，这些变化预示着国际上对南非多年来的经济制裁必将最后取消。南非经济实力本来就远较津巴布韦强大，为了抢在南非前面优先获得西方投资，津巴布韦政府决定同意进行经济结构调整。

二　经济结构调整计划的内容

经过一年左右的准备，1991 年 2 月，津巴布韦政府接受国际货币基金组织和世界银行提出的经济结构调整计划（ESAP），公布了《经济改革框架》（1991—1995 年），计划通过逐步放松国家对物价、进出口的控制以及降低税率等措施，达到刺激经济增长，从而逐步解决失业问题。目标是每年国内生产总值增长率达到 5%，吸引总投资为 34.4 亿美元，平均每年投资 6.9 亿美元。

第一，开放原来须经政府部门批准的投资手续、物价控制、工资定额等阻碍经济增长的环节。国家成立投资中心，促进吸引外资，投资企业全部利润均可汇出国。除基本食品及电力、燃料等之外的商品一律放开价格。压缩国家对玉米生产的补贴，其中一部分钱用来补助因受通货膨胀影响的穷人。

第二，逐步实行贸易自由化。计划到 1995 年取消所有进出口货物的限制，立即放松对企业进口设备、材料和零配件的控制。逐步降低进口税和取消附加税，计划将关税由29%降至1995年的25%，大幅降低附加税直到1995年完全取消。立即将公司营业税由56%降为45%，并对从事投资和出口业务的公司采取优惠税率，同时降低低收入职工的个人所得税。

第三，整顿国营企业。对亏损的国营企业实行关停并转，逐步减少乃至取消对亏损企业的补贴；给企业以更大的自主权，允许国营企业同私营公司或外资企业合资经营。

第四，精简政府和公共部门机构，5年内将政府预算赤字压缩一半，即到1995年财政赤字将占国内生产总值的5%。5年内政府部门要减少1/3，文职人员将裁减25%，大约5万人。

第五，加快重新安置土地进度。政府认为可将安置速度加快到头十年的4倍而不影响农业生产，关键是要建立一个将白人大部分土地转让给黑人的机制，对利用不足的土地征税。

概括来说，该计划的主要目标是：1991—1995年实现国内生产总值年均增长5%；储蓄和投资均增至占国内生产总值的25%；出口实现年均增长9%；减少预算赤字，从占国内生产总值的10%减至1995年的5%；降低通货膨胀率，从17.7%降至1995年的10%；通过减少公务员工资支出来降低财政赤字，使工资支出占国内生产总值的比重从1990/1991年度的16.5%减至1994/1995年度的12.9%；裁减公务员职位2.3万个（不含卫生教育领域）；实施工资限制。国有企业改革也是一项重要内容，目标是减少国家直接财政补贴和转移，从1990/1991年度的6.29亿津元降至1994/1995年度的4000万津元。①

三 经济结构调整计划失败

但是，由于错综复杂的原因，经济结构调整计划的各项指标都未能实现。1991—1995年津巴布韦国内生产总值年均增长率只有可怜的0.9%；预算赤字不降反升，1994/1995年度预算赤字占国内生产总值的

---

① Staffan Darnolf & Liisa Laakso (eds.), *Twenty Years of Independence in Zimbabwe: From Liberation to Authoritarianism*, pp. 56 – 57.

比重达 13.4%；投资和储蓄占国内生产总值的比重从未超过 25%；通货膨胀率 1992 年达历史最高的 42.1%，1994 年为 22.3%，1995 年为 22.5%。由于大举借债，津巴布韦陷入债务泥潭。到 1998 年底，津巴布韦欠外债 900 亿津元，内债 430 亿津元，总计 1330 亿津元，占国内生产总值的比重高达 95%。①

表 7—1　　　　　　1985—1999 年津巴布韦经济发展指标

	1985—1990	1991—1995	1996—1999
GDP 实际增长率（%）	4.0	0.9	2.7
实际工资指数（1980 = 100）	100.6	75.7	86.0
就业增长率（%）	2.4	0.8	1.5
投资占 GDP 的比重（%）	15.5	22.5	15.5
储蓄占 GDP 的比重（%）	16.8	16.9	14.3
通货膨胀率（%）	11.6	27.6	32.6

资料来源：Staffan Darnolf & Liisa Laakso（eds.），*Twenty Years of Independence in Zimbabwe： From Liberation to Authoritarianism*，Palgrave Macmillan，2003，p. 63.

国有企业改革也以失败告终。1997/1998 年度，津巴布韦 8 家大型国有企业总计亏损 110 亿津元，包括国家石油公司亏损 55 亿津元，国家电力公司亏损 22 亿津元，国家铁路公司亏损 7 亿美元等。亏损原因有很多，包括经营管理不善，汇率变动影响，投资不合理，宏观经济环境不利等，此外腐败也是一条重要原因。到 1999 年，全部国有企业欠债超过 450 亿津元，其中一半以上是外债。② 国有企业亏损严重，国家不得不对这些企业进行补贴以维持其生存，避免破产。据官方统计，1993—1994 年度津巴布韦政府对国有企业的补贴占国内生产总值的 3.8%，1994—1995 年度对国有企业的补贴进一步增至占国内生产总值的 6.4%，其中对最大 20

---

① Staffan Darnolf & Liisa Laakso（eds.），*Twenty Years of Independence in Zimbabwe： From Liberation to Authoritarianism*，pp. 58–60.
② Staffan Darnolf & Liisa Laakso（eds.），*Twenty Years of Independence in Zimbabwe： From Liberation to Authoritarianism*，p. 59.

家国有企业的补贴额总计 11.5 亿津元,这无疑大大增加了国家的财政负担。① 事实证明,公务员和国有企业改革,是深层次的结构和质量问题,而不是简单的数量问题,只靠裁减人员是难以奏效的,而是需要全面彻底改革。

在吸引外资方面,津巴布韦经济改革的重点目标是扩大吸引外资,以便创造更多的就业机会。为实现此目标,津巴布韦政府官员两次三番去世界各地招商,结果并不理想,最大的一笔投资是澳大利亚矿业公司,投资 18 亿津元,用于开采津巴布韦的铂金。除此以外,其他投资的数目都不算太大。

据中央统计局(CSO)统计数据,1990/1991 年度津巴布韦贫困率为 40.4%,1995/1996 年度上升至 63.3%;同期的极端贫困率则由 16.7% 上升至 35.7%。缺少土地仍然是导致贫困的主要原因,政府计划在 1982—1984 年重新安置 16.2 万户家庭,1986—1990 年重新安置 7.5 万户家庭,但到 1990 年代中期实际只安置了 5.2 万户家庭,土地问题远未解决。② 在实施经济结构调整以后,津巴布韦货币贬值了,现在津元只值过去的 1/4,这让业已穷困交加的人们更加走投无路。老百姓说,现在要勒紧裤腰带,穷人要吃更多的苦了,或者按照绍纳语的说法,糖到头了。③

按照经济结构调整计划,津巴布韦政府为缩减财政开支,其中一项措施便是裁减公务员,一些在政府中工作的老兵首当其冲成为裁减对象。例如,地方政府部推广和培训处雇佣了超过 300 名老兵,青年体育和文化部青年局、社区发展和妇女事务部社区发展局等都雇佣了许多老兵,他们中许多人被裁员,失去了工作,生活十分困难。随着老兵处境越来越困难,他们对民盟政府的不满日益增加。1992 年 4 月老兵协会在奇诺伊(Chinhoyi)举行成立大会。老兵们痛斥民盟被劫持,严重腐化变质,"被一群披着羊皮的狼控制"。老兵们疾呼:"现在的民盟已不再是当初我们创建的那个政党,不再是 1980 年战争胜利后我们带回家的那个政党,民

---

① 何丽儿:《津巴布韦大选预测》,载《西亚非洲》1995 年第 2 期。
② Staffan Darnolf & Liisa Laakso (eds.), *Twenty Years of Independence in Zimbabwe: From Liberation to Authoritarianism*, p. 65.
③ [英] 多丽丝·莱辛:《非洲的笑声——四访津巴布韦》,叶肖等译,第 509 页。

盟已死。"① 经济结构调整计划直接引起了老兵们的不满。

最终，世界银行发现，经济结构调整计划在津巴布韦非常不受欢迎。1999年9月，世界银行驻津巴布韦代表汤姆·阿伦（Tom Allen）在一次会议发言中承认经济结构调整计划失败。他把失败原因归结为：经济增长必须是包容性的；社会领域的开支必须受到保护；减贫政策必须是改革计划不可分割的一部分，而不是附带部分；国家干预很有必要；国家所有权至关重要。② 经济结构调整计划宣告失败，是导致后来津巴布韦进一步陷入政治经济危机的重要原因。

第三节　社会分化

20世纪90年代，津巴布韦国内民众对民盟政府思想僵化、国内失业率高企、经济每况愈下日益不满，各种社会矛盾不断激化，不同政治势力迅速崛起，社会思潮多元化，社会分化严重。

一　群众运动

"面临着独立的喜悦，人们的期望值非常高。在殖民统治下没有的，独立后应该有；殖民统治下不好的，现在应该好或更好。然而，独立并未带来他们所期望的一切。期望意味着等待，长时间的等待产生了怀疑情绪。在有的国家，这种怀疑随着情况的改变而消失，但在有的国家这种怀疑导致了不满。人们开始对政府的各项政策表示不满，对贪污腐败的领导人不满，对自己的贫困状态不满，对孩子接受的教育不满，对自己菜篮子里的东西不满。这种不满引发了抵触情绪，进而产生了反抗行动。"③

20世纪90年代，津巴布韦工人运动、学生运动频发，以各种方式表

---

① Zvakanyorwa Sadomba, *War Veterans in Zimbabwe's Revolution: Challenging Neo-colonialism & Settler & International Capital*, James Currey, 2011, pp. 102 – 103.

② Staffan Darnolf & Liisa Laakso (eds.), *Twenty Years of Independence in Zimbabwe: From Liberation to Authoritarianism*, p. 74.

③ 李安山：《非洲民族主义研究》，中国国际广播出版社2004年版，第173页。

达对穆加贝政府的不满。1990年10月、1991年5月、1992年5月,都爆发了学生运动,有的甚至与警察发生冲突。1992年6月,津巴布韦工人举行反政府示威活动。1996年8—9月,津巴布韦公务员要求加薪,组织了一场全国性罢工。同年10月—11月,全国医护人员举行罢工,要求增加工资。每一次运动都意味着社会矛盾的爆发,并且为下一次社会矛盾爆发埋下了隐患。

任何时候都能听到关于大学的谈论,因为学生又罢课抗议腐败了,每天都有关于部长高官的丑闻,牵涉到各种贿赂、诈骗、贪污、侵吞。学生们打着革命和理想的旗号聚众闹事,向穆加贝请愿,希望穆加贝支持他们。可穆加贝没那么做。警察冲进校园,做出愚蠢行径,向躲了学生的教室里发射催泪弹,许多学生受了伤。①

1998年1月31日,全国制宪大会在津巴布韦大学正式成立,由来自社会各界的民主运动人士和非政府组织代表组成,包括工会运动、学生团体、青年组织、妇女团体、教会、商业、人权组织等,其领导人是拉沃茅·马杜克(Lovemore Madhuku)。该组织致力于推动宪法改革,主张限制总统权力,扩大民主,实现法治,保护人权,被穆加贝讥讽为"机会主义者"。民盟法律书记爱德森·兹沃戈(Edison Zvobgo)曾表示:"几个人坐在一颗大树下,就说自己是全国制宪大会,这怎么可能?他们既不是制宪,也不是大会。"② 但是,在后来2000年举行的宪法公投中,该组织是一支反对力量,对于政府支持的宪法草案公投失败发挥了很大作用。

二 老兵崛起

"老兵"在津巴布韦是一个非常特殊的群体。津巴布韦《退伍军人法》(War Veteran Act)对老兵的定义作出了规定:"所谓老兵,是指1962年1月1日至1980年2月29日期间,接受军事培训、连续参加在津

---

① [英]多丽丝·莱辛:《非洲的笑声——四访津巴布韦》,叶肖等译,第193页。

② Brian Raftopoulos & A. S. Mlambo (eds.), *Becoming Zimbabwe: A History from the Pre-colonial Period to 2008*, p. 207.

巴布韦及其邻国的解放斗争，为津巴布韦在1980年4月18日赢得独立作出贡献的人。"① 在独立后的多年里，津巴布韦的老兵们一直默默无闻，他们没有自己的组织。

老兵们为津巴布韦革命和解放作出了巨大贡献，但是在国家独立后却没有得到应有的待遇。"参加过那场战争的黑人遍布津巴布韦各地，有的打了六年，有的七年，甚至八年。在丛林里，在山岗上，他们中有的人从十到十一岁起就卷入了那场战争，在一场残酷的战争中活了下来，其惨烈程度超过任何报纸的报道。他们缺枪少弹，缺医少药，有的根本没有经过训练就上了战场。多年里，他们待在丛林里，靠丛林活命，就算丛林不是他们自己的财产，至少也是父辈的遗产。身边都是与自己平等的人，都是朋友，白人和白人的冷酷行径是大家的共同焦点，所有人同仇敌忾。如今，他们又重归平民的生活，大多数人干着收入微薄的工作，有的根本就没有工作，居住在犯罪丛生的城郊结合地带。也有的人打仗时落下了残疾，得到'重新安置'，读几本书写几个字。"②

1989年4月，津巴布韦民族解放战争退伍军人协会（Zimbabwe National Liberation War Veterans Association，ZNLWVA）成立，由参加过津巴布韦独立战争的退伍军人组成，简称"老兵协会"。该协会在成立初期并没有在津巴布韦政治生活中发挥重要作用。

进入20世纪90年代以后，津巴布韦经济每况愈下，老兵的生存状况日益恶化，他们不仅没有得到梦寐以求的土地，而且连退伍军人的待遇也无法保障。与此同时，曾经与他们一起并肩作战的民盟官员则衣食无忧，甚至贪腐成风，引发了老兵的强烈不满。这种不满不断积聚，最终在1997年全面爆发，导火索是政府向在战争中负伤的老兵们支付的赔偿金遭到官员贪污。

1997年7月，愤怒的老兵走上街头，冲击了正在首都哈拉雷国际会议中心举办的第四届美非商业峰会。8月老兵又围攻了民盟总部，迫使穆

---

① Staffan Darnolf & Liisa Laakso (eds.), *Twenty Years of Independence in Zimbabwe: From Liberation to Authoritarianism*, p. 110.

② ［英］多丽丝·莱辛：《非洲的笑声——四访津巴布韦》，叶肖等译，第117页。

加贝总统与他们进行会谈。最终，政府同意给予老兵一系列待遇保障，包括每个老兵得到一次性补偿5万津元（约合4100美元），从1998年1月起每个老兵每月可领取养老金2000津元（约合160美元）。当时津巴布韦约有5万名老兵，根据上述承诺，政府共需要向他们支付45亿津元（约合2.57亿美元），这笔钱是在预算之外的，大大增加了政府的财政负担。

  为了筹措付给老兵的资金，津巴布韦政府采取了两项措施：一是大量印刷货币，二是大幅增加税收。而这两项措施都事关重大，对津巴布韦政治经济形势发展产生了重要影响。大量印刷货币直接导致本国货币贬值，引发通货膨胀，仅在1997年11月14日一天时间里，津巴布韦元就贬值一半以上，股票市场崩溃，从而拉开了津巴布韦货币贬值、恶性通货膨胀和经济危机的序幕，成为津巴布韦宏观经济走向危机的开始。[①] 大幅增加税收则引发企业不满，并且将压力直接传导至工人身上，从而引发津巴布韦工会大会在1997年12月组织大罢工进行抗议。也正是从这一时期开始，津巴布韦老兵协会正式登上政治舞台，成为穆加贝及民盟既倚重又"令人头疼"的一支政治力量。

  关于民盟与老兵的关系，可以用三个词来概括：合作、冲突与和解。"他们之间相互利用来追求实现各自的目标，尽管有时候目标会相互重叠。民盟利用老兵来维护自己的权力与合法性，允许和鼓励老兵以暴力手段对付自己的对手，并给予他们奖励。老兵们则凭借他们对解放斗争的卓越贡献来要求优先获得国家资源——包括工作、职务晋升、养老金和土地。为了满足自身要求，老兵们经常对资源竞争者诉诸武力威胁，还包括那些他们认为是挡住了自己道路的民盟领导和官僚。"[②] 在后来的津巴布韦政治与社会生活中，老兵扮演了越来越重要的角色。

[①] Alfred J. Cartage（ed.），*Focus on Zimbabwe*，Nova Science Publishers, Inc.，New York，2009，p. 97.

[②] Staffan Darnolf & Liisa Laakso（eds.），*Twenty Years of Independence in Zimbabwe: From Liberation to Authoritarianism*，p. 105.

三 民革运成立

在实现两党合并以后,津巴布韦成为事实上的一党制国家,虽然也有一些小党存在,但是对民盟构不成任何挑战,更谈不上威胁。例如在1990年和1996年的两次总统选举中,穆加贝分别以87%和93%的高得票率当选;在1990年和1995年的两次议会选举中,民盟分别赢得全部120个议席中的117席和118席,占据绝对优势地位。这种情况一直持续到1999年,随着反对党民革运成立才发生改变。

津巴布韦1990年大选从多个方面来说都具有重要意义。它是1987年修改宪法之后的首次大选,民盟和人盟两党合并后的首次大选,也是津巴布韦历史上首次实行单一选票的大选,即不再有黑人选民和白人选民之分。首先看总统选举,在民盟领导人穆加贝和津巴布韦统一运动党(Zimbabwe Unity Movement,ZUM)领导人埃德加·特科雷(Edgar Tekere)之间展开。最终穆加贝获得87%的选票,以绝对优势当选,特科雷获得13%的选票。再看议会选举,在全部120个议席中,穆加贝领导的民盟赢得117席,津巴布韦统一运动党获得2席,民盟(恩东加派)获得1席,其他参选的政党,包括统一非洲民族委员会(United African National Council,UANC)和全国民主联盟(National Democratic Union)等,一无所获。

1996年3月举行的总统选举中,总统候选人除了民盟领导人穆加贝以外,还有统一党领导人穆佐雷瓦和民盟(恩东加派)领导人西托莱,这两人在选举前便宣布退出,但是他们的名字仍然保留在选票上。选举结果公布,穆加贝以93%的绝对优势得票率连任总统。但是,随着最大的反对党——争取民主改革运动(Movement for Democratic Change,MDC,简称"民革运")的成立,穆加贝及民盟的长期执政优势地位受到极大挑战。

津巴布韦工会大会(Zimbabwe Congress of Trade Unions,ZCTU)成立于1981年2月28日,当初是由执政党民盟所创建,旨在增强政府对工会运动的影响力,减少产业劳资纠纷。成立以后,津巴布韦工会大会的会员规模迅速扩大，1985年达到约20万人，其影响力随之上升。① 起初，津巴布韦工会大会的领导层与民盟政府保持密切关系，但是从20世纪80年代中期开始越来越多地批评政府，逐步走向了政府的对立面。

摩根·茨万吉拉伊（Morgan Tsvangirai）1952年3月10日生于津巴布韦马尼卡兰省布埃拉地区（Buhera）的一个黑人农民家庭。茨万吉拉伊22岁时来到位于中马绍纳兰省的英美宾杜拉镍矿工作，成为一名矿工，一直干了10年。1980年津巴布韦独立后，茨万吉拉伊加入执政党民盟，成为穆加贝的坚定支持者，并一度成为民盟的高层官员。但是，镍矿工人出身的茨万吉拉伊并没有继续在民盟党内谋求官位，而是走上了领导工会运动的道路。他曾担任津巴布韦全国矿业工人联合会执委，1989年当选为津巴布韦工会大会秘书长。此后他领导国内工会运动不断发展，越来越严厉地批评政府政策，与政府关系日益恶化。

1992年之前，津巴布韦每个行业中只允许有一个工会组织。随着1992年《劳工法》的修改，一些限制被取消，全国各地工会组织日益增多，工会活动越来越壮大。在各个正式的就业行业中，除了政府公务员以外，大多数雇员都加入了不同的工会组织。各工会组织由津巴布韦工会大会负责管理。

国家经济困难造成工人工资大幅下降，生活困难。工会大会报告称，一个工人维持其五口之家的生活每个月需要227.27美元，而全国120万工人中，大约70%的工人月工资低于72.7美元，难以养活家庭。②

1998年1月，由于玉米价格飞涨，人民生活困难，津巴布韦各地爆发了骚乱，政府不得不出动军队和警力维持秩序，造成一些人员伤亡，以及参与暴乱的数千人被捕，此次事件被称为"粮食骚乱"。这次骚乱之后，津巴布韦工会大会继续对政府施压，提出一系列要求。包括要求废止从1997年末开征的营业税、发展税和提升物价措施，批评政府的新自由主义经济政策，批评政府官员专制、腐败。津巴布韦工人运动发挥的

---

① Gwyneth Williams & Brian Hackland, *The Dictionary of Contemporary Politics of Southern Africa*, London: Routledge, 1988, p. 322.

② The Zimbabwe Human Rights NGO Forum, *A Consolidated Report on the Food Riots*, 19 – 23 January, 1998, http://hrforumzim.org/wp-content/uploads/1998/01/consolidatedreportonfood.pdf.

作用愈发明显，影响力越来越大。

1999年2月，津巴布韦工会大会组织社会各界约700人在首都哈拉雷召开大会，决定成立反对党，与民盟展开政治斗争。9月11日，"争取民主改革运动"（民革运）正式宣告成立。该党以推翻穆加贝及民盟统治为诉求，利用其工会组织背景及在城市拥有众多支持者的有利条件，频繁发动集会、游行、罢工、罢市等抗议示威活动，向执政党发起有力挑战。

第 八 章

政治经济危机与动荡（2000—2009）

21世纪头十年，津巴布韦政局出现大幅动荡，经济每况愈下，社会矛盾激化，民心思变，外交处境十分被动，执政党民盟面临前所未有的挑战，陷入严重危机。

第一节 "快车道"土地改革

土地问题是津巴布韦解放斗争的根本动因，这是人们所公认的。[①] 津巴布韦的土地问题由来已久，是一个长期的、基本的社会矛盾。土地问题不仅仅是单纯的经济问题，还是津民盟维持其支持基础和执政地位的重要武器。

一 土地问题由来

英国殖民者从1890年开始大规模入侵津巴布韦，逐步建立起白人殖民主义统治。纵观英国在津巴布韦近百年的殖民史，实际上就是一部土地争夺史。殖民者以武力手段抢占了广大黑人世代赖以生存的土地，并以所谓法律形式试图将这种强盗式的掠夺合法化和永久化。如1930年殖民当局颁布的《土地分配法》规定：占人口总数不到5%的白人分得4100万英亩最好的土地，而占人口总数超过95%的黑人只分得4400万英

[①] David Kaulemu (ed.), *The Struggles after the Struggle*, The Council for Research in Values and Philosophy, Washington D. C., 2008, p. 7.

亩贫瘠的土地。①

自19世纪末始,英国南非公司进入津巴布韦,便驱赶当地黑人到土著保留地并大量掠夺他们的土地。经过疯狂掠夺之后,津巴布韦土地占有不平等问题令人咋舌:20世纪初平均每个白人占有的土地相当于黑人的30倍,40年代高达37倍,70年代为近19倍。即使在欧洲白人大举移民南罗得西亚以后,白人最多不过占全国人口总数的5%,但他们占有的土地数量同占人口总数95%的黑人土地数量大致相等。除占有土地面积悬殊之外,白人所占均为交通方便、土质肥沃的好土地,而黑人所有均为偏远、降雨量稀少的贫瘠之地。土地占有不公问题是白人种族主义者长期掠夺的结果,也因此成为黑人解放运动的内在动力。

津巴布韦土地使用中存在的最大问题是土地分配不平等,这是白人进入这一国家后实行殖民统治、对土地贪婪占有造成的结果。土地使用中最根本的冲突发生在大型商业农场主与社区农民之间,近百年来的殖民统治使黑人失去了自己的土地,他们只占有低劣的第三、四类土地,这种格局直到2000年以前没有发生太大变化。此外,过快的人口增长率导致人口过剩,土地严重超载,加剧了这种不平等性。

1979年津巴布韦独立前夕,当穆加贝坐下来与对手谈判国家独立问题时,双方在土地问题上的妥协客观上将这一尖锐矛盾留给了将来。有关津巴布韦独立的伦敦兰开斯特大厦文件规定,任何白人财产必须在宪法授权范围内才能征得,同时还有50多条附加条件,这一政策10年不变;只能通过公平的市场买卖才能从白人定居者手中获得土地,英国和美国也因此承诺对征收白人土地给予补偿。这意味着,一方面穆加贝没有要求对白人所占土地进行无偿剥夺,这反映了借此推动种族和解的良好意愿,另一方面这些规定捆住了新政府的手脚,限制了它用征收的方法一劳永逸地解决土地问题,客观上承认了白人殖民者对土地占有的合法性。

为了早日结束内战、实现独立,穆加贝迫不得已在《兰开斯特大厦

---

① Leonard T. Kapungu, *Rhodesia*: *The Struggle for Freedom*, Orbis Books, New York, 1974, p.29.

协议》上作出让步,同意保留白人的土地权利,土地转让在"愿买愿卖"的原则上进行,按市场价格购买。如此一来,津巴布韦虽然独立了,但是土地问题并未得到解决,革命的目标并未实现,一场不彻底的革命必然会给日后留下很大隐患,事实证明就是如此。

津巴布韦白人商业农场的数量,在20世纪70年代中期达到最高峰,有6000余个,独立后逐步减至4500多个,控制了全国最好的土地,农产品产量占全国的2/3。[1] 1980年独立时,津巴布韦大型商业农场的面积平均达2474公顷,而社区土地农场平均只有23公顷;大型商业农场的产值占全国农业总产值的76%,而社区土地农场仅占21%;再从人口密度来看,白人土地上每平方公里只有9人,而黑人社区土地上每平方公里多达28人。[2] 白人农场的成功主要有以下原因:殖民政府将最好的土地分给它们;在灌溉、道路、电力等方面的公共投资也都是为白人服务的,黑人享受不到;白人有免费的技术培训,可以提高产量;因为土地是它们自己的,享有土地所有权,可以从银行获得贷款;白人拥有大量黑人劳工,可以强迫他们辛苦劳动。与此形成鲜明对比的是,黑人农场只有最贫瘠和干旱的土地,享受不到公共投资服务,缺乏教育和技术培训,无法从银行获得贷款,此外人口不断增长超出土地的承受力。[3]

对于土地问题的重要性,穆加贝反复强调:"只要农民对土地问题不满意,我们的国家就永远不可能实现和平。"[4] 应运而生的民盟为实现民族解放而战,其核心目标之一便是夺回被殖民者霸占的土地,并分配给无地或少地的广大黑人,实现耕者有其田。土地、土壤、大地,这些本来就是从黑人那里得来的。在整个解放战争,也就是丛林战争期间,穆加贝作出许诺:有朝一日打败了白人,所有的黑人都会拥有自己的

---

[1] Tor Skalnes, *The Politics of Economic Reform in Zimbabwe: Continuity and Change in Development*, Macmillan Press Ltd., 1995, p. 150.

[2] Jefferiy Herbst, *State Politics in Zimbabwe*, University of California Press, 1990, p. 39.

[3] Joshua Nkomo, *Nkomo: The Story of My Life*, Methuen London Ltd., London, 1984, pp. 249-250.

[4] Jefferiy Herbst, *State Politics in Zimbabwe*, University of California Press, 1990, pp. 40-41.

土地。①

但是，当穆加贝做出妥协，将土地问题留给未来之时，他实际上是将矛盾留给了未来的自己。此后多年里，穆加贝一直被一种恶性循环的两难局面所折磨：从经济发展角度来看，最优选择是不触动现有土地占有状况。因为改变土地占有状况，势必意味着触动牢牢掌握着津巴布韦经济命脉的白人利益，进而导致国家经济状况的无序与混乱。然而，对于穆加贝来说，不在土地问题上有所作为，在政治上就是不正确的。改变津巴布韦土地占有不公平现象的允诺既是穆加贝得天下的原因，也是他们能够坐天下的基础。一方面是国家的经济命脉，另一方面是政权的政治基础。穆加贝一直寻求既要稳定国家经济命脉，又要维护自己的政治基础。但两者间具有截然相斥的性质，几乎到了动辄得咎的地步，穆加贝多年来一直苦无良策。

1990年开始，津巴布韦政府通过多次修宪开始土地改革和再分配的进程，但是进展缓慢。1992年，政府颁布《土地征收法案》，旨在"自愿买卖的基础"上，从经营和拥有大规模农场的白人农场主那里获取土地。但是津巴布韦的经济情况不佳，几乎没有用于购买土地的资金，只有依靠国际社会的援助。当时，英国和美国还继续向津政府提供用于补偿白人农场主和安置黑人农民的资金，并介入具体进程。

但是，有了《兰开斯特大厦协议》的保护，白人自然不愿意出让土地，民盟政府对此却无可奈何，作为其政治纲领重要部分的重新安置计划因此大大受阻。1992年以前，在土地转让过程中很少或者几乎没有强制征用。也就是说大多数土地都是自愿买卖的，英国政府和津巴布韦政府平均分担安置费用。到1993年底，总共只有5.5万户家庭（约44万人）得到重新安置。这一数字与津巴布韦政府1982年确立的重新安置16.2万户家庭的目标相差甚远，即使与1985年确立的每年重新安置1.5万户家庭的温和目标相比也有很大差距。②

---

① [英]多丽丝·莱辛：《非洲的笑声——四访津巴布韦》，叶肖等译，第115页。
② Tor Skalnes, *The Politics of Economic Reform in Zimbabwe: Continuity and Change in Development*, Macmillan Press Ltd., 1995, p. 156.

到 1999 年，白人农场主占有大部分肥沃可耕地的局面依然如故。约 1100 万黑人中，得到土地和重新安置的只有不到 7 万名农民，大部分普通的黑人民众并没有得到土地。在这个时期，住在土著区内的低收入黑人人口不减反增，社会问题日趋严重。

1998 年关于土地改革和重新安置捐助国国际会议召开。会议对津巴布韦政府强制征收土地的做法作了专门讨论，提出了指导"第二阶段"土改的原则：按照法律程序行事；奉行透明性和一贯制原则；确认以降低贫困为目标；确保土地征收资金的合理使用。但是与会国家并未在提供资金方面采取积极的步骤，英国和美国还指责土地重新分配过程中存在普遍的腐败现象，使得西方援助国与津政府的合作关系恶化。土地问题越发严重，人民生活水平低下，执政党威信下降，土地改革势在必行。

人民逐渐失去了耐心，尤其是那些追随民盟出生入死闹革命的老兵们有一种"被出卖"和"被欺骗"的感觉，对民盟的不满情绪日益增加。评论指出，非洲国家独立的矛盾之处在于，通过斗争获得了独立，但是独立却没有给我们带来斗争想要实现的目标。[①] 通过斗争获取土地的目标没有实现，通过斗争改善生活的目标没有实现，矛盾越来越集中。恰在此时，英国布莱尔政府以资金使用缺少透明度、政府官员腐败为由停止了原先承诺给津巴布韦的援助，这成为压垮骆驼的最后一根稻草。愤怒的津巴布韦老兵从 2000 年初开始以暴力方式抢占白人农场，这种行为得到民盟的默许和支持，从而走上了"快车道"土地改革道路。

二 "快车道"土地改革过程

到 2000 年，津巴布韦全国总人口 1200 万人，仅 4500 个白人农场主就控制着全国 33% 的土地，而他们根本无意改变现状。[②] 2000 年初，

[①] David Kaulemu, "Running in Vicious Circles: Paradoxes of Struggles for Peace in Zimbabwe", in David Kaulemu (ed.), *The Struggles after the Struggle*, p. 36.

[②] David McDermott Hughes, *Whiteness in Zimbabwe: Race, Landscape and the Problem of Belonging*, Palgrave Macmillan, 2010, Preface, p. xi.

穆加贝政府提出一个关于无偿征用白人农场的宪法修正案，并进行全民公投。结果出乎意料地以54.6%的票数被否决，这使穆加贝认识到执政党有失去人民支持的危险。为此，穆加贝政府一方面执行更为激进的土地政策，另一方面对随即爆发的黑人强占土地风潮持支持态度。

2000年7月，穆加贝政府宣布启动"快车道"土改进程，由国家土地资格认定委员会负责认定予以征收和再分配的白人农场土地，再分给无地或少地的黑人。快车道土地改革采取了A1和A2两种模式，延续了津巴布韦农业自殖民时代以来就采取的划分标准，即小型农户和大型商业农场。就像世界银行的一份报告指出的那样，"快车道"土地改革的任务之一就是鼓励当地人控制大型商业农场。它的大门不仅向穷人敞开，而且还向愿意冒险进入商业种植的富人敞开。①

快速土地改革进程包含两项内容：其一是确保16万名无地黑人贫民获得土地，从中受益；其二是造就51000名黑人商业农场主。7月31日，国家土地征收和再分配委员会主席、副总统姆西卡（J. W. Msika）宣布：在原先确定征收的804个农场之外，再征收2237个农场，总数达3041个农场，征收总面积达到500万公顷，用于再分配。此举立刻遭到白人农场主的激烈反对。12月，白人商业农场主联盟向津巴布韦高等法院提交一份诉状，指控政府的快速土改制度不合法。结果商业农场主联盟胜诉，高等法院裁定快速土改的方法违宪，应立即撤出被占农场。

但是，穆加贝总统随即推翻了法院判决。他从古巴参加77国集团南方首脑会议后返回首都哈拉雷，在机场表态称，老战士侵入白人农场是对抵制土改势力的一种抗议行动。津巴布韦的土地问题不属于司法问题，而是政治问题，因此不能通过司法机关解决。穆加贝还表示："我们这里没有反白人运动，如果白人要走，他们可以自由离开，津巴布韦的国门为他们开着，我们还可以请警察卫队护送他们出境。"穆加贝还声称是不会下令要老战士撤出农场的，并且赞扬老战士"保持了解放斗争精神"。此

---

① ［英］约瑟夫·汉隆等：《土地与政治：津巴布韦土地改革的迷思》，沈晓雷等译，第79页。

后，全国范围内抢占白人土地之风愈演愈烈。

在2000年，弗吉尼亚地区的一个白人农场主达维·斯蒂芬（Dave Stevens）被杀死，这是在暴力占领土地运动中第一个被杀死的白人。到2002年，暴力占领土地已基本平息，大约4000个白人农场主被赶走，10名白人被杀，此外还有许多白人农场中的黑人工人被杀，成百上千的人流离失所。①

2005年7月，穆加贝宣称土地改革的目标就是"让津巴布韦不再有一个白人农场"。② 2005年8月，穆加贝发表声明："毫无疑问，我们的英雄们对于我们新阶段斗争中关键任务的完成感到由衷高兴。如今，土地获得了解放，我们的英雄们躺在这片名正言顺的土地上。他们的精神将永远发扬光大，在这片土地上自由地传播，不再受任何镣铐的束缚。再次感谢第三次奇穆伦加！"③ 这场"快车道"土地改革被穆加贝称为第三次解放斗争。截至2008年，津巴布韦还有约600个白人农场。

三 "快车道"土地改革的影响

津巴布韦广大黑人进行斗争的逻辑很简单：你们抢走了我们的土地，必须还回来；你们未经允许就闯入我们的家园，必须离开。④ 这场狂风暴雨式土改的结果是，大部分以暴力方式被白人抢走的土地最终又以暴力方式被黑人抢夺了回来。土地改革对津巴布韦政治、经济、社会、外交产生了一系列重要而深远的影响。但是，土地改革到底使哪些人得到了土地，成为土改的受益者？以及这些新分配土地的使用情况如何？也成为备受争议的问题。

---

① David McDermott Hughes, *Whiteness in Zimbabwe: Race, Landscape and the Problem of Belonging*, Preface, p. xi.
② Alfred J. Cartage (ed.), *Focus on Zimbabwe*, p. 28.
③ Prosper Matondi, *Zimbabwe's Fast Track Land Reform*, Zed Books, London, 2012, p. 2.
④ David Kaulemu, "Running in Vicious Circles: Paradoxes of Struggles for Peace in Zimbabwe", in David Kaulemu (ed.), *The Struggles after the Struggle*, p. 38.

表8—1 东马绍纳兰省格罗芒兹区（Goromonzi District）A2农场分配情况

（2006年津巴布韦政府土地调查数据）

农场主职业	农场数量	所占比例（%）
商人	53	12.3
公务员	72	16.6
退伍军人	75	17.3
政府部长	5	1.2
普通人	148	34.3
政治人物	2	0.5
战争辅助人员	6	1.4
ZEPDRA	20	4.7
警察	14	3.3
国防军陆军军人	18	4.2
国防军空军军人	4	1.0
其他	14	3.2
总计	431	100

资料来源：Lionel Cliffe, Jocelyn Alexander, Ben Cousins & Rudo Gaidzanwa (eds.), *Outcomes of post-2000 Fast Track Land Reform in Zimbabwe*, Routeledge, 2013, p.174.

表8—2 东马绍纳兰省格罗芒兹区（Goromonzi District）A2农场分配情况

（2009年调查报告）

农场主职业	农场数量（个）	所占比例（%）
政府部长、外交官以及执政党民盟高层人物	6	10
国防军军人	11	18
警察和总统办公室工作人员	4	6
商人	8	14
私营业者	5	8.5
公务员	16	26.5
退伍军人	3	5
无业者/普通农民	7	12
总计	60	110

资料来源：Lionel Cliffe, Jocelyn Alexander, Ben Cousins & Rudo Gaidzanwa (eds.), *Outcomes of post-2000 Fast Track Land Reform in Zimbabwe*, Routeledge, 2013, p.172.

从经济上看，快车道土地改革强制没收大量白人农场，把土地分给无地或少地的黑人，原有的经济结构遭到破坏，新的经济结构尚未建立起来，给津巴布韦经济带来致命性打击。首当其冲的是农业，2000年到2013年津巴布韦农业产量直线下降50%多，从南部非洲的"面包篮子"变成了严重缺粮国家。农业是国民经济的基础，会直接影响其他经济部门，从而导致津巴布韦经济日益恶化。自从1998年以来，津巴布韦经济总量下降40%，官方公布的通货膨胀率达8000%，失业率估计在80%以上。① 2006年，津巴布韦烟草产量降至独立以来最低——只有5000万公斤，而2000年高达2.37亿公斤。② 津巴布韦经济困难，造成许多人不得不到国外谋生。据估算，至少有300万津巴布韦人常年生活在国外，约占该国总人口的25%—30%。③

表8—3　　　　　　　　1998—2007年津巴布韦农业产量下降情况

农作物	1998年商业产量（千吨）	2007年商业产量（千吨）	2007年产量占1998年比重（%）
小麦	521	160	31
大豆	113	64	57
烟草	210	65	31
咖啡	10	1	10
茶叶	18	15	83
糖	553	384	69

资料来源：Lloyd Sachikonye, Zimbabwe's Lost Decade: Politics, Development & Society, Weaver Press, Harare, 2011, p. 119.

政治上，国内反对派及各种政治势力迅速崛起，给长期执政的穆加贝政府及民盟带来严峻挑战，社会更加多元化。外交上，津巴布韦遭到西方国家的联合制裁。措施包括对穆加贝夫妇及民盟高官发出旅行禁令，

---

① Alfred J. Cartage (ed.), *Focus on Zimbabwe*, p. 2.
② Alfred J. Cartage (ed.), *Focus on Zimbabwe*, p. 105.
③ Alfred J. Cartage (ed.), *Focus on Zimbabwe*, p. 26.

冻结他们的资产，禁止向津巴布韦出售武器，英联邦暂停津巴布韦资格等。在西方长期制裁下，津巴布韦转而奉行"向东看"政策。

"快车道"土地改革基本上完成了独立战争时期未能实现的收回被占土地的目标，具有重大而特殊的意义，因此甚至被称为津巴布韦历史上的"第三次解放战争"。但是，津巴布韦也为此付出了遭受西方严厉制裁和经济几近崩溃的沉重代价。直到今天，土地问题仍然深深影响和困扰着津巴布韦。

第二节 2008年大选危机

民革运1999年9月成立以后，抓住广大民众对民盟政府不满的心理，打出"民主、自由、人权、变革"等旗号，抨击穆加贝政府，赢得了不少城市居民的支持，迅速发展壮大，成为执政党民盟最强有力的竞争对手，津巴布韦有了真正意义上的反对党。

一 民革运壮大与分裂

2000年1月26日，民革运在奇通圭扎市召开了第一次党员代表大会，通过了党章，并选举摩根·茨万吉拉伊为党主席。2000年6月，津巴布韦举行议会选举，这是执政党民盟与反对党民革运之间的首次选举较量。在全部120个议席中，民革运一举拿下全部120个议席中的57席，与民盟的62席（另有1席由独立派人士获得）几乎平分江山。民革运成为议会第二大党，与民盟形成分庭抗礼之势。这是自津巴布韦独立以来执政党和反对党之间第一次出现势均力敌的局面，也是第一次在议会中出现如此强大的反对派集团。因此，为了维持自己的执政党地位，削弱反对党势力成了此次议会选举后民盟的首要政治任务。

2002年3月，津巴布韦迎来6年一次的总统选举。这是穆加贝和茨万吉拉伊之间的首次总统选举较量，也是穆加贝的总统之位首次遇到重大挑战。穆加贝虽然连选连任，但是仅获得56%的选票，而首次参选的民革运领导人茨万吉拉伊获得42%的选票，这样的得票比例放在以前是完全不可想象的。选举结果表明，长期以来民盟"一党独大"的政治局面不复存在,来自反对党的威胁在日益增加,民革运的政治影响力进一步上升。

2005年3月,津巴布韦举行新一届议会选举。在全部120个选举席位中,民盟赢得78席,比上届增加16席;民革运获得41席,比上届减少16席;还有1席被独立候选人获得。同年11月,津巴布韦举行恢复设立的参议院选举。在全部50个选举席位中,民盟获得43席,得票率74%;民革运获得7席,得票率20%。

2005年下半年,民革运党内在是否参加新设的议会参议院选举问题上陷入纷争,分裂为意见相左的"参选派"和"抵制派"。茨万吉拉伊属于抵制派,他认为当前形势下的选举"毫无意义","纯粹是浪费时间和资源",民革运同意参加选举即意味承认此前"舞弊选举"的合法化,因此反对参加参议院选举,并主张发动群众运动进行抵制,以此迫使穆加贝政府改革选举制度,创造公平公正的选举环境。与茨万吉拉伊相对立,民革运秘书长维尔斯曼·恩库比(Welshman Ncube)主张参加参议院选举。他认为,如果不参加选举,则意味着自动放弃在议会的影响力,将权力拱手让与民盟。两派相持不下,形成尖锐对立。

2005年10月,民革运全国委员会就是否参加参议院选举问题进行投票表决,结果以33票对31票决定参加选举。但是,茨万吉拉伊以违反党章为由,宣布表决结果无效,并开除了恩库比等26名民革运高层官员。这些人不承认开除令,宣布他们仍然属于民革运,但是不再承认茨万吉拉伊的领导地位,并且另立领导层。学生运动领袖出身的阿瑟·穆塔巴拉(Arthur Mutambara)成为该派领导人,因此称为民革运(穆派),而茨万吉拉伊领导的主流派则称民革运(茨派),两派均自称是民革运的正统。内部斗争导致民革运分裂,从而使该党的力量受到削弱。①

二 2008年大选

2008年大选是津巴布韦历史上最受争议的一次大选。

2008年3月,津巴布韦举行了独立以来首次联合大选。在议会选举

---

① Alfred J. Cartage (ed.), *Focus on Zimbabwe*, p. 16.

中，津巴布韦执政党仅获 99 个席位，失去议会中多数党地位，而由茨万吉拉伊领导的民革运多数派获得了 100 席，民革运另一派获得 10 席，独立人士获得 1 席，这一选举结果改变了此前民盟一统天下的局面。

在总统选举方面，现任总统穆加贝和最大反对党候选人茨万吉拉伊分别获得 43.2%、47.9%，都没有超过 50%。因此，选举委员会根据津巴布韦法律宣布将进行第二轮选举，最终的获胜者将在第一轮选举中得票最高的两位候选人中产生。尽管反对派及国际社会呼吁推迟选举时间，但津巴布韦选举委员会坚持如期举行选举，并于 6 月 29 日公布选举结果。津巴布韦选举委员会宣布，此次投票率为 43%，穆加贝总统得票 2150269 票，茨万吉拉伊得票 233000 票。现任总统穆加贝毫无悬念地以 85.51% 高得票率当选，而津巴布韦民革运候选人茨万吉拉伊得票率仅为 9.3%。

大选造成津巴布韦国内局势的混乱。反对党领导人茨万吉拉伊拒绝接受此次选举结果，否认此次选举的合法性。反对派组织了多次抗议活动，指责政府选举舞弊，故意掩盖选举结果，津巴布韦国内支持派与反对派之间发生暴力冲突。同时，国际舆论也对穆加贝政府多有指责。英国、美国等西方国家领导人以及联合国前秘书长安南均在不同的场合敦促津巴布韦政府实现政治民主化，保证透明选举。穆加贝总统在国内外压力下表示，国家统一和民族团结的实现需要国内各方缩小差异，加强团结合作，并愿意与反对党进行对话。

在津巴布韦，暴力与选举似乎是一对双胞胎，每逢选举必有暴力事件发生，从一开始就是如此，之后就像埋下了种子一样，愈演愈烈。暴力与津巴布韦选举总是如影随形，无论是选举前还是选举后，都会有暴力事件发生。[①] 据津巴布韦人权非政府组织论坛（Zimbabwe Human Rights NGO Forum）报告称，2006 年共发生了 368 起严刑拷打事件，509 起袭击事件，11 起政治绑架事件；2007 年共发生了 586 起严刑拷打事件，855 起袭击事件，19 起政治绑架事件。这些数字表明，津巴布韦的政治暴力

---

① Tor Skalnes, *The Politics of Economic Reform in Zimbabwe: Continuity and Change in Development*, Macmillan Press Ltd., 1995, p. 84.

事件呈大幅上升趋势。①

2007年3月，穆加贝政府逮捕了茨万吉拉伊以及约240名反对派支持者，报道称茨万吉拉伊在拘押期间受到毒打，此事件引起国际社会高度关注。联合国秘书长对暴力事件进行谴责，并批评津巴布韦政府颁布的集会游行禁令，称此行为侵犯了公民有权进行和平集会的基本民主权利。美国国务卿莱斯也发表声明称，"事实再次证明穆加贝政权是粗暴的、压迫人民的，只会给津巴布韦人民创造灾难"。②

2008年大选期间，津巴布韦政治暴力事件愈演愈烈，茨万吉拉伊遂以自身及支持者安全受到严重暴力威胁、选举不可能自由公平为由退出选举。2008年6月初，第二轮选举到来之前，津巴布韦的政治暴力愈演愈烈，有50多人被杀，2000多人受伤，3万多人无家可归。茨万吉拉伊表示："当选票将要让人们为之付出生命的代价时，我们不能再请求人们来投票，我们将不再参加这场残暴而虚伪的选举。"③ 随即宣布退出第二轮总统选举。

此次总统选举结束后，许多西方国家，如英国、美国皆表示愤怒，认为穆加贝的当选不合法，英国首相就发表声明，要求非洲联盟拒绝承认此次选举结果；法国官方直言此次大选"非法"；美国提出对津巴布韦实行经济制裁；有些国家甚至提出要对津巴布韦实行军事干预等。大多数非洲国家对这次大选结果存质疑，甚至批评和指责，津巴布韦和非洲其他各国的关系也出现了难以预料的危机。

三 权力分享与联合政府

穆加贝虽然在2008年再次赢得总统大选，保住了其执政地位，但远不及以往名正言顺。为缓和国内局势，实行经济复苏，穆加贝总统在保持一贯强硬政策和作风的同时，迫于国内反对派势力以及来自国际社会的压力也不得不采取与反对派实行政治对话的策略。但是抵制西方意识

---

① Alfred J. Cartage (ed.), *Focus on Zimbabwe*, pp. 18-19.
② Alfred J. Cartage (ed.), *Focus on Zimbabwe*, p. 17.
③ Alfred J. Cartage (ed.), *Focus on Zimbabwe*, p. 100.

形态对津巴布韦的影响、对反对派势力的扩大进行遏制仍是穆加贝总统施政的重要组成部分。反对派民革运对此次大选结果最初是强烈反对，但随后其政治态度有所妥协，这为分歧双方的谈判和国内局势的缓和创造了条件。

2008年7月，津巴布韦国内两大主要政党民盟与民革运在首都哈拉雷签署一项谅解备忘录，表达了两派三方进行政治谈判、解决分歧与矛盾的意愿。南非总统姆贝基作为南部非洲发展共同体协调人也在备忘录上签字。两派三方就权力分享问题的政治谈判于8月10日正式开始，谈判过程断断续续，曾因双方存在严重分歧而几度中断，但最终于9月15日达成一致意见，签署了权力分享协议。

根据签署的协议，津巴布韦两派三方同意共同组成联合政府。穆加贝继续担任总统，茨瓦吉拉伊出任总理，民革运（穆派）主席穆坦巴拉、民革运（茨派）副主席库佩任副总理。内阁31个部长中仅有15位是津民盟成员，其余全是民革运党员。穆坦巴拉领导的派别在民革运的16席中占3席。协议还就15个副部长的席位进行了安排。

值得关注的是，该项协议中津巴布韦分歧各方对恢复国家经济稳定和增长，制止经济下滑趋势，以及制定新的经济恢复战略达成了广泛共识。穆加贝总统承诺将与民革运合作，"让我们结为同盟"。津巴布韦总理茨万吉拉伊则表示，分歧已经过去，多党团结一致，共同协作，共创美好未来。

联合政府成立后正常运转，国内局势基本稳定，津巴布韦进入为期四年多的民盟与反对党联合执政时期。权力分享协议的签署标志着津巴布韦政治经济局势开始步入正轨，初步奠定了实现和平与安定的基础，这为解决由大选引发的长达数月的政局动荡创造了良好契机，同时也为津巴布韦经济复苏带来一线希望。

第三节　西方制裁与"向东看"政策

随着津巴布韦与西方关系恶化，美、英等西方国家对津巴布韦实行制裁措施。津巴布韦顶住压力，与西方进行坚决斗争，同时提出"向东看"政策，加强与中国、俄罗斯等国的关系。

一　西方制裁

在独立之初，津巴布韦同西方国家一直维持着较好关系，英美两国的投资和捐助构成津外汇的主要来源，并在很大程度上支持着津巴布韦脆弱的民族经济体系。津巴布韦所需的能源、原材料及产品许多都赖于进口，外汇是生产发展的基础，也是支撑民生的重要组成部分。冷战结束后，西方国家在非洲大力推行"民主化"和"多党制"，并将其作为进行援助的先决政治条件，而穆加贝对此表示反对，使得津巴布韦与英美等国开始产生矛盾。

"快车道"土地改革导致津巴布韦同西方关系急剧恶化。西方政府、非政府组织、媒体与津国内白人农场主、反对派联手，夸大土改中的暴力行为及官员腐败，极力丑化民盟和穆加贝形象。美国、欧盟、加拿大、澳大利亚等以"民主""人权"为由对津制裁，力图推翻民盟政权。2002年3月，英国推动英联邦首脑会议暂停津巴布韦成员国资格12个月。2003年12月，其英联邦成员国资格再遭无限期暂停，津巴布韦随即宣布退出英联邦。2005年1月，美国将津巴布韦列为全球6个"暴政前哨国家"之一。美国负责非洲事务的助理国务卿托马斯·伍兹（Thomas Woods）称津巴布韦是"恶政与非法政府的教科书"。[①] 2005年津巴布韦选举后，美国国务卿赖斯发表声明，不得不承认此次选举总体上是和平进行的，但同时指出选举存在以下问题：选举过程不自由、不公正；选举规则非常有利于政府，而不利于反对派；独立媒体被封锁；集会自由受到限制；粮食被用作选举武器；大量在国外的选民被剥夺了选举权。[②] 2008年3月津巴布韦大选后，美、英等国公开要求穆加贝总统下台，并联手推动联合国安理会表决制裁津决议草案，但遭中国与俄罗斯的否决。

英国鼓动并联合欧盟、美国、澳大利亚、加拿大等国以"大选舞弊"

[①] Alfred J. Cartage (ed.), *Focus on Zimbabwe*, p. 31.

[②] "The Statement of Secretary Rice", http://www.state.gov/secretary/rm/2005/44141.htm, April 1, 2005.

"破坏民主""践踏人权"等为借口发起对津制裁。措施包括对津巴布韦实行武器禁运、资产冻结和旅行禁令等,制裁对象包括穆加贝总统夫妇、民盟高层官员以及与民盟相关的机构、组织和企业等,迄今已持续十多年,给津巴布韦造成巨大损失,加剧了该国政治、经济和外交困难形势。据民盟2013年7月发布的数据,2001—2013年间,西方制裁给津巴布韦造成的经济损失高达420亿美元,底层民众的生活受到很大负面影响,下降到很可怜的地步。①

针对西方制裁,民盟没有丝毫屈服,而是展开了不屈不挠的斗争。穆加贝总统对英国首相布莱尔恨之入骨,声称"要挖12英尺而不是6英尺的坟墓来埋葬布莱尔"。② 无论是在国内场合还是国际舞台上,民盟总会抓住一切机会抨击西方,指责它们的制裁是强加的、非法的、肮脏的和可耻的,旨在以外交手段干涉他国内政、颠覆津巴布韦合法政权,是造成该国经济困难和社会不稳定的根源,要求西方尽快解除制裁。

2009年两党三方联合政府成立后,西方对津巴布韦政策有所缓和。美国在继续施压的同时,在一定程度上展示和解姿态,并给予津巴布韦人道主义援助,以寻求维持其在津影响力。2014年初,美国通过联合国世界粮食计划署向津巴布韦提供2900万美元紧急粮援,并计划未来5年在津实施1亿美元粮援项目。2014年11月1日,欧盟解除对津巴布韦大多数经济制裁措施,恢复通过政府渠道向津巴布韦提供发展援助,表示在2015—2020年间将向津提供2.34亿欧元的发展援助。自2015年初起,多个来自欧美的政府和经贸考察团访问津巴布韦,探讨合作问题。

近年来,津巴布韦由于国内经济形势趋于恶化,亟须外部支持,对西方立场强硬态度亦有所软化。但是双方之间根本矛盾犹存,实现关系正常化仍需时日。目前,美国和欧盟仍然保持对津巴布韦的一些制裁。

二 "向东看"政策

与此同时,民盟提出了外交上的"向东看"政策。"迄今为止,津巴

---

① Farirai Machivenyika, "Sanctions Cost Zim U. S. $42 Billion", *The Herald*, 10 July, 2013.
② Alfred J. Cartage (ed.), *Focus on Zimbabwe*, p. 35.

布韦外交部从未发布过任何正式文件来阐述'向东看'政策的内容,但是这并不影响该政策指导外交决策。"① 总的来说,"向东看"政策旨在加强津巴布韦与以中国为代表的亚洲发展中国家关系,对抗西方制裁,摆脱对西方依赖,实现自身政治经济发展,提高自身国际地位,改善自身国际环境。

民盟尤为重视加强同中国的传统友好关系,视中国为当今世界经济快速发展的典范,也是西方的强有力竞争者,希望能够借鉴中国成功的发展经验,得到中国的帮助,从而实现自身发展,因此"向东看"政策在很大程度上可以理解为"向中国看"政策。穆加贝总统曾经意味深长地说:"'向东看'政策根植于我们的独立斗争。一定不要忘记,独立战争时期向我们伸出援手、帮助我们实现解放的,中国功不可没。当时是所谓的红色世界,而不是自命不凡的西方基督教世界帮助我们实现自由,获得解放。"②

除中国以外,津巴布韦还重视发展同俄罗斯、印度、伊朗、马来西亚、印度尼西亚、新加坡、阿联酋等国的关系。民盟认为,这些国家与津巴布韦有相似的遭受殖民压迫的历史,因此有共同思想和语言,在经济发展方面加强同他们的关系也将是互利的、有回报的。

津巴布韦与俄罗斯长期保持友好关系,近年来务实合作不断增加。双方于 2014 年 4 月在莫斯科召开两国经贸联委会。津巴布韦议会 2014 年 5 月批准了两国投资促进与保护协定。俄罗斯希望在自然资源开发利用等方面加强与津巴布韦的技术合作。俄外长拉夫罗夫于 2014 年 9 月访问津巴布韦,是两国建交 34 年来俄外长首次访津,反映出双方政治上相互支持、经贸上拓展务实合作。2015 年 5 月,穆加贝访问俄罗斯出席卫国战争 70 周年庆典。目前,双方正在进行价值 30 亿美元的大岩墙(Great Dyke)铂金矿项目合作,为最大的单笔投资项目。

近年来津巴布韦与印度关系也有所升温,2014 年 1 月印度工商部长

---

① Jeremy Youde, "Why Look East? Zimbabwean Foreign Policy and China", *Africa Today*, Vol. 53, No. 3, Spring, 2007.

② Jeremy Youde, "Why Look East? Zimbabwean Foreign Policy and China".

访津，推动落实农业和人员培训等项目。2014年3月，双方签署中小企业技术转让备忘录。2014年6月，津印签署航空合作协定，拟开通两国间直航航班。

津巴布韦与伊朗关系良好。穆加贝曾于2006年访问伊朗，希望在能源、农业、矿业等领域加强双方合作。伊朗总统内贾德表示：我们为津巴布韦重新取得对本国资源的控制权感到高兴，我们认为津巴布韦有权捍卫其主权与土地，支持其土地重新分配计划，并强烈谴责西方国家以霸权手段威胁津巴布韦。2010年4月，伊朗总统内贾德访问津巴布韦，他表示西方对津巴布韦制裁是"邪恶的"，并且终将失败。内贾德总统称，伊朗与津巴布韦都致力于维护国家主权和自由，两国的这种努力引发了那些"扩张性国家"的敌意。穆加贝则表示，津巴布韦与伊朗之间建立了真诚的、牢不可破的伙伴关系，两国在反对帝国主义和殖民主义，维护国家主权和独立问题上有着相同的立场。

有批评者认为，"向东看"政策不过是民盟的实用主义政策。西方国家对"向东看"政策也持冷嘲热讽态度，认为随着穆加贝政权垮台，该政策也将随之而去。不过，"向东看"政策不仅没有稍纵即逝，反而在非洲一些国家中引发热议，该政策至少为一国发展道路选择、对外政策考量提供了新思路。

第九章

津巴布韦本土化政策

人们所说的"本土化",通常是指跨国公司的"本土化",即跨国公司的海外子公司在东道国从事生产和经营的过程中,为迅速适应当地的政治、经济及文化环境,尽量淡化跨国企业的母国色彩,在人员、资金、原材料、经营管理、技术开发等方面都实施本地化策略,努力成为地道的本地公司。"本土化"的实质是跨国公司将企业的生产、营销、管理、人事等方面全方位融入东道国经济与社会的过程,也是将企业文化融入东道国文化的过程。

但在津巴布韦,"本土化"有另外的不同含义。根据2007年9月津巴布韦议会通过的《本土化与经济授权法》规定:在津巴布韦的任何企业都必须由本地人占有51%以上的股份,津巴布韦政府有责任保障本土化目标尽快实现。也就是说,津巴布韦"本土化"的核心是实现企业股权本土化。该政策自出台伊始,便引发极大争议。

第一节 本土化政策的背景和目的

早在20世纪90年代,津巴布韦政府便开始酝酿和尝试本土化。1990年,津巴布韦本土企业发展中心(IBDC)宣告成立,旨在扶持黑人中小企业发展,这是本土化的最早尝试。此后一些本土化组织又相继成立,包括本土妇女企业组织、本土商业农场主联盟、本土小型矿业者协会等。到20世纪90年代中期,本土化议题变得越来越热,媒体上的讨论铺天盖地。但是随着2000年快速土地改革运动的到来,本土化的声势迅速被淹没,直到土地改革的热度逐渐消退之后,本土化在 2007 年又卷土重来。对于早期的本土化尝试,有评论指出:"在穆加贝看来,20 世纪 90 年代的本土化政策首要是一种有用的宣传工具,通过宣传政府的本土化政策受到一些白人的阻碍,来推卸自己在经济发展不力和医疗、教育事业倒退上的责任,这种情况从 20 世纪 80 年代末就已经开始了。"① 任何一项政策的形成,都有其特定的历史背景和社会环境,国家政策更是如此。津巴布韦政府之所以出台和实施本土化政策,与这个国家曾经遭受殖民统治的历史、复杂的政治形势和艰难的经济状况密不可分。

首先,津巴布韦曾长期遭受英国殖民统治,本土化政策是为了纠正和消除殖民统治造成的历史不公正。长达近百年的殖民统治给津巴布韦人民带来巨大创伤,广大黑人处在被压迫、被剥削和极度边缘化的境地,遭受政治、经济和社会不公正对待。国家资源和经济命脉掌握在少数白人手中,黑人不掌握资源,对经济没有发言权,享受不到教育、医疗和其他社会服务,只是充当廉价劳动力。即使在获得独立新生之后,白人垄断国家经济的状况短期内并未得到改变。津巴布韦需要一个真正为广大人民服务的政治、经济和社会体制,让他们过上幸福生活。② 津巴布韦政府设计本土化政策的初衷就是为了纠正殖民统治遗留的不公正后果,消除殖民主义在经济领域的影响,提升津巴布韦人民的国家主人翁意识,保障他们的经济权利,使他们能够获得对本国资源和经济的所有权及控制权,从而成为国家经济发展的重要参与者和建设者。津巴布韦时任青年、本土化与经济授权部(简称"本土化部")部长卡苏库维利(Saviour Kasukuwere)这样来解读本土化政策:"无论我们是否去法院,有一件事情是确定的,那就是这个国家的人民必须从属于他们的资源中获益。我们下定决心朝着本土化的方向前进。我们国家有资源,为什么人民还要受穷呢?我们国家有钱、有资源,我们只是在寻找可以平等分享资源的

---

① Brian Raftopoulos & Daniel Compagnon, "Indigenization, the State Bourgeoisie and Neo-authoritarian Politics", in Staffan Darnolf & Liisa Laakso (eds.), *Twenty Years of Independence in Zimbabwe: From Liberation to Authoritarianism*, Palgrave Macmillan, New York, 2003, p.24.

② Canaan Dube, *Zimbabwe's Indigenisation Programme: the Process, the Benefits and the Challenges*, Victoria Falls, 2013.

朋友、伙伴。我们遭受过殖民主义统治，因此需要应对历史遗留给我们的殖民主义挑战问题。"① 按照这一设计，本土化则是继土地改革之后津巴布韦旨在消除殖民影响、去殖民化的又一重大政策。

其次，津巴布韦多党选举制政治形势日趋复杂，本土化政策意在为执政党赢得更多选民支持。在摩根·茨万吉拉伊（Morgan Tsvangirai）领导的争取民主变革运动（简称"民革运"）成立之前，穆加贝总统领导的津巴布韦非洲民族联盟（简称"民盟"）长期执政，而且在历次选举中都占据绝对优势，对中央政府、议会和地方保持全面掌控。但随着民革运于1999年成立，津巴布韦有了真正意义上的反对党，民盟"一党独大"的政治局面发生改变。在2000年举行的议会大选中，民革运一举拿下120个议席中的57席，与民盟的62席几乎平分江山。2001年以后，民革运又将马旬戈、布拉瓦约及首都哈拉雷等重要城市的市长之位收入囊中。在2002年的首次总统选举较量中，穆加贝虽然连选连任，但只获得56%的选票，这样低的得票率放在以前是不可想象的，而茨万吉拉伊获得42%的选票，可以说虽败犹荣，一炮打响。这些选举结果表明，穆加贝及其领导的民盟在津巴布韦政坛上多年来的绝对优势地位已不复存在，来自反对党的威胁在日益增加。面对这种情况，穆加贝和民盟进行深刻反思，谋求对策，寻找出路，本土化政策也正是在这种形势下应运而生。民革运认为，执政党民盟之所以提出本土化，很明显是为了一党之私利，目的在于通过蒙骗拉拢选民获得更多选票，该政策是为选举服务的，是穆加贝及民盟的选举工具。民盟对此予以否认，强调本土化政策完全是为了国家和人民，与总统选举或任何其他选举均无关。不过，津巴布韦驻华大使保罗·奇卡瓦（Paul Chikawa）撰文表示："如果有人想对此牵强附会，也是不可避免的，因为从追求公职与统治以服务公众的角度来看，政策和选举之间存在着广泛、抽象的联系。"② 本土化部长卡苏库维利称，本土化政策可以使津巴布韦民众直接或者间接受益。无论是投资

---

① Sebastian Mhofu, "Zimbabwe Mine Takeover Further Divides Coalition Government", *Voice of America News*, April 6, 2012.

② ［津巴布韦］保罗·奇卡瓦：《本土化政策到底是什么？——津巴布韦驻华大使答疑》，载《中国投资》2016年第9期，第23页。

者、企业员工还是社区居民，都可以从本土化中直接受益，普通民众可以通过购买企业股票等方式从本土化中间接受益。因此，本土化不仅可以使富人变得更富，而且使每个人都有机会致富。① 他还表示："我们的本土化和经济授权政策应当有广泛的基础，应当照顾到所有从学校里辍学的人们，以及所有社会上被边缘化的人们，要让他们有事可做。"② 如上所说，如果普通民众真能从本土化中受益的话，那么他们自然会投票支持政策的制定者。

第三，津巴布韦经济多年来每况愈下，本土化政策是为了扭转经济恶化趋势并实现经济增长。2000 年开始的以暴力方式推行的"快车道"土地改革将大量白人农场主强制驱离，使原本非常发达的本国农业遭受致命性打击，津巴布韦从南部非洲的"面包篮子"变成了严重缺粮国家。厄尔尼诺现象带来旱涝不均的极端天气，影响粮食收成，加剧了缺粮问题。农业是国民经济的基础，农业衰败直接影响国计民生。民以食为天，粮食短缺直接导致食品价格猛涨，进而影响其他商品价格飞涨。津巴布韦政府从 2001 年开始不断印制发行大面额纸币，从 1 千到 1 万，再到 1 亿，最终达到 100 万亿（1 后面加 14 个零）。如此大面额的纸币如同废纸，造成极度恶性的通货膨胀，国家经济陷入崩溃。从 2009 年初开始，津巴布韦政府被迫宣布停用津元，实行美元、欧元、兰特等多元货币体系，恶性通货膨胀的局面得到控制，经济出现短期好转。但由于严重依赖商品进口，对外贸易连年逆差，外汇储备基本为零，长期遭受西方制裁，津巴布韦经济一直非常困难，举步维艰。津巴布韦政府推出本土化政策，成立本土化部和本土化委员会等相应机构，设立本土化基金、企业员工股权基金和社区股权基金等，希望以此来加强对外国投资的管控，从外国投资中获得更大利益，使外国投资能够真正为本国经济发展和民众受益服务。本土化部长卡苏库维利曾这样定义："本土化政策绝不只是一个用来纠正历史错误的道德倡议，它既是一项务实的经济增长战略，

---

① Garikai Chengu, "Indigenisation: An Enrichment Exercise for Ordinary Zimbabweans", *New Zimbabwe*, 30 December, 2011.

② Kudzai Chimhangwa, "Zimbabwe Indigenisation: Pressure Mounts on Foreign Business," *The Standard*, October 27, 2017.

有助于实现全部的国家经济增长潜力，又是一种促进国家民主化的手段。"① 但是，本土化到底是促进经济发展，还是阻碍经济发展，成为人们争论的最大焦点。

第四，津巴布韦遭受长期殖民统治和多年西方制裁造成本国民众对外国投资者的敌意，本土化政策旨在改善本国民众与外国投资者的关系。2000 年开始的"快车道"土地改革导致津巴布韦同西方关系急剧恶化，利益受损最大的前殖民宗主国英国鼓动并联合欧盟、美国、澳大利亚、加拿大等国以"大选舞弊""破坏民主""践踏人权"等为借口发起对津巴布韦的制裁。迄今已持续十多年的制裁，给津巴布韦造成巨大损失，使津巴布韦人民深受其苦，加剧了该国政治、经济和外交困难形势。据民盟 2013 年 7 月发布的数据，2001—2013 年间，西方制裁给津巴布韦造成的经济损失达 420 亿美元，底层民众的生活受到很大负面影响，下降到很可怜的地步。② 这种情况造成津巴布韦民众在一定程度上对外国投资者特别是西方投资者的憎恨和敌意。本土化政策试图在津巴布韦创造一个共存的、和谐的、包容的经济环境，重树本国民众对外国投资者的信心和好感度，防止他们产生憎恨情绪，将外国投资视为新殖民主义。津巴布韦驻华大使奇卡瓦称："在本土参与（正如本土化政策所规定的）与外国直接投资之间保持一种适当的平衡是促进经济有效、可持续发展的最好方式，并能为双方带来双赢的结果。"③ 也许本土化政策制定者的初衷是良好的，他们希望能够实现外国投资者与本国民众携手发展、公平分享利益。

第二节 本土化政策的主要内容

津巴布韦本土化政策以国民议会审议通过、总统签署的《本土化与

---

① Garikai Chengu, "Indigenisation: An Enrichment Exercise for Ordinary Zimbabweans", *New Zimbabwe*, 30 December, 2011.
② Farirai Machivenyika, "Sanctions Cost Zim U.S. $42 Billion", *The Herald*, 10 July, 2013.
③ ［津巴布韦］保罗·奇卡瓦：《本土化政策到底是什么？——津巴布韦驻华大使答疑》，第 23 页。

经济授权法》为核心法律依据，辅之以《本土化和经济授权法总条例2010》《本土化和经济授权法框架、程序和指导方针》等政策法规文件，对本土化的定义、实施对象、实施办法、实施计划以及惩罚措施等进行了详细规定。从2007年起，这些法律规定陆续出台，也说明本土化政策是一个从无到有、不断完善的过程。

（一）《本土化与经济授权法》（简称《本土化法》）。该法由执政党民盟占多数的津巴布韦议会于2007年9月通过，穆加贝总统于2008年3月签署，正式成为国家法律。该法共包含6部分正文和4个附件。

第一部分为"前言"，对相关定义做了说明，其中最核心、最关键的是对"津巴布韦本地人"（indigenous Zimbabwean）的定义，是指在1980年4月18日独立以前遭受不公正种族歧视、处在弱势地位的津巴布韦人及其子孙后代，以及他们所拥有或控股的公司、社团、企业联合组织、合伙企业等。[1] 该定义虽然没有直接明确说黑人或者白人，但实际上已经把白人排除在"津巴布韦本地人"之外，这被批评是变相的种族主义。

第二部分为"本土化与经济授权：总体目标与措施"，明确规定在津巴布韦的任何企业都必须由本地人占有51%以上的股份，津巴布韦政府有责任保障本土化目标的实现，由本土化部长负责贯彻执行本土化政策，对本土化实施进行全面指导、监管、协调、评估、解释，以及其他相关事宜。[2] 根据这一法律规定，2009年2月津巴布韦组成联合政府时，设立了专门的青年、本土化与经济授权部。

第三部分为"国家本土化与经济授权委员会的成立与职责"，该委员会由11到15人组成，设首席执行官1名，由本土化部长经请示总统后任命。委员必须来自社会各界，其中包括本土化部及其他有关部委的官员4人，本土化与经济授权领域的专家至少2人，律师至少1人，妇女、青年以及残疾人代表至少各1人。委员会还设主席和副主席各1名，由本土化部长任命。委员会的主要职责有5项：就本土化与经济授权战略向本土

---

[1] Part Ⅰ："Preliminary"，*Indigenisation and Economic Empowerment Act*，Act 14/2007.

[2] Part Ⅱ："Indigenisation and Economic Empowerment: General Objectives and Measures"，*Indigenisation and Economic Empowerment Act*，Act 14/2007.

化部长提供建议;就实现本土化目标的适当措施向本土化部长提供建议;负责掌管国家本土化与经济授权基金;监督本土化法是否得到贯彻执行;履行法律赋予的其他职责。本土化部长对委员会的工作进行指导和监督,委员会每年要向本土化部长提交年度报告,此外还要提交不定期报告或有关专题报告,完成本土化部长交办的工作。①

第四部分为"国家本土化与经济授权基金",依法设立该基金,用于向津巴布韦本地人在本土化过程中股权获得、企业收购、项目启动或扩张、市场调研、能力建设等方面提供相应资金支持。基金来源包括本土化收益、捐赠、贷款、税收、利息、财政支持以及其他收入。由国家本土化与经济授权委员会负责管理该基金。②

第五部分为"征税",在本土化税收方面做了相关规定,任何公司或个人若违反规定,存在偷税漏税行为,将被处以六级以下罚款或一年以下监禁,或者两项处罚同时执行。③

第六部分为"总则和过渡",对提交公司股权登记信息、企业申诉权、国家投资信托基金等方面做了规定。④

除了上述6部分正文以外,还有4个附录,分别对国家本土化与经济授权委员会、国家本土化与经济授权基金、国家本土化与经济授权章程等进行了详细补充规定和说明。

(二)《本土化和经济授权总条例2010》(简称《总条例2010》)。在《本土化法》颁布之后一段时间内,本土化政策并未真正付诸实施。直到2010年2月,津巴布韦政府以公报形式颁布了《本土化和经济授权总条例2010》,进一步明确了本土化政策的实施细则和期限规定,首次提出了保留行业本土化问题。《总条例2010》共包括17条规定以及6个附录,

---

① Part Ⅲ: "Establishment and Functions of National Indigenisation and Economic Empowerment Board", *Indigenisation and Economic Empowerment Act*, Act 14/2007.

② Part Ⅳ: "National Indigenisation and Economic Empowerment Fund", *Indigenisation and Economic Empowerment Act*, Act 14/2007.

③ Part Ⅴ: "Levies", *Indigenisation and Economic Empowerment Act*, Act 14/2007.

④ Part Ⅵ: "General and Transitional", *Indigenisation and Economic Empowerment Act*, Act 14/2007.

从 2010 年 3 月 1 日起正式实施。

第 3 条 "条例目标"规定：自本条例实施之日起 5 年内，或者自公司成立之日起 5 年内，企业应将至少 51% 的股份转让给津巴布韦本地人。除非为了达到其他预期的社会或经济目标，转让份额不得减少，转让期限不得延长。① 此条重申了本土化股份转让的最低比例，规定了本土化股份转让的基本期限是 5 年。

第 4 条 "企业须报告现在或未来本土化执行进度"规定：凡是资产值（asset value）在 50 万美元以上的企业，无论津巴布韦本地人持股是否达到 51% 以上，都必须在本条例生效之日（2010 年 3 月 1 日）起 45 天以内向本土化部长提交填写完整的本土化执行计划书（IDG01 表）；2010 年 3 月 1 日以后新成立的企业，无论津巴布韦本地人持股是否达到 51% 以上，都必须在企业成立之日起 60 天以内向本土化部长提交填写完整的本土化执行计划书（IDG01 表）。任何津巴布韦本地人持股尚未达到 51% 以上的企业，都必须在本条例生效之日（2010 年 3 月 1 日）起 45 天以内提交填写完整的本土化执行计划书（IDG01 表）；2010 年 3 月 1 日以后新成立的企业，必须在企业成立之日起 45 天以内提交填写完整的本土化执行计划书（IDG01 表）。如违反该规定，企业所有者或者公司董事将面临 12 级以下罚款或者 5 年以下监禁，或者两项处罚同时执行。② 这条规定明确了现有企业和新成立企业提交本土化执行计划书的期限，也成为后来津巴布韦政府多次发起本土化最后通牒的依据。

第 5 条 "本土化执行计划的通过与修改"规定：自收到企业本土化执行计划书之日起 45 天以内，本土化部长必须以书面公告形式答复企业，如果达到了本土化最低要求，则予以批准；如果未能达到本土化最低要求，则予以驳回。被驳回企业必须在公告发布之日起 45 天以内重新

---

① Section 3："Objective of Regulations", *Indigenisation and Economic Empowerment（General）Regulations*, 2010, Statutory Instrument 21 of 2010.

② Section 4："Every Business to Notify Extent of Present or Future Compliance with Indigenisation", *Indigenisation and Economic Empowerment（General）Regulations*, 2010.

提交修改过的本土化执行计划书。①

第 6 条"合并或重组企业的本土化"、第 7 条"分拆或分立企业的本土化"、第 8 条"控股权转让企业的本土化"规定：企业在进行合并、重组、分拆、分立或控股权转让时，必须向本土化部长提交本土化执行计划书（IDG02 表），经本土化部长认定符合本土化有关规定后才批准交易，否则不予批准。②

第 9 条"投资企业的本土化"规定：无论本国还是外国投资者在申请投资许可证时，都要依据本条例第 4 条规定，按照新成立企业对待，须提交本土化执行计划书（IDG01 表）。若达不到本土化最低要求，则不予发放投资许可证。非经本土化部长和主管投资部长的同意，外国人不得投资以下只允许本地人经营的 14 个保留行业：1. 农业（初级食品和经济作物生产）；2. 交通运输业（公交车、出租车和汽车租赁服务）；3. 批发与零售业；4. 美容美发业；5. 职业中介；6. 房地产中介；7. 洗车泊车服务；8. 谷物加工；9. 面包店；10. 烟草分级与包装；11. 烟草加工；12. 广告代理；13. 牛奶加工；14. 当地艺术和工艺品的提供、市场推广和营销。③ 政府原则上不再批准外国投资者进入这 14 个领域，不再向外国投资者发放新的经营许可，已经进入这 14 个保留行业的非本地人企业，必须按照本土化要求将 51% 以上的股份转让给本地人。这 14 个保留行业后来又有所变化和调整，反映了本土化政策的多变性，往往令投资者无所适从。

第 13 条"本土化资产评估"规定：本土化部长每年最多一次在全国发行的报纸上发布公告，要求企业在公报发布之日起 21 天内提交资产评估报告（IDG03 表），任何资产超过 50 万美元的企业都必须及时申报。

---

① Section 5: "Approval and Amendment of Indigenisation Implementation Plans and Prescription of Thresholds and Timeframes", *Indigenisation and Economic Empowerment（General）Regulations*, 2010.

② Section 6: "Indigenisation of Merged or Restructured Businesses", Section 7: "Indigenisation of Unbundled or Demerged Businesses", Section 8: "Indigenisation Where Controlling Interests in Businesses Are Relinquished", *Indigenisation and Economic Empowerment（General）Regulations*, 2010.

③ Section 9: "Indigenisation of Projected or Proposed Investments", *Indigenisation and Economic Empowerment（General）Regulations*, 2010.

如违反该规定，企业所有者或者公司董事将面临 12 级以下罚款或者 5 年以下监禁，或者两项处罚同时执行。①

第 14 条"企业员工股权基金"规定：在企业员工股权基金中，津巴布韦本地员工所占股份比例不得低于 75%，管理层所占股份比例不得超过 35%。② 该基金的目标是通过经济授权使企业员工增加收入，改善生活。有了该基金，企业员工可以在工资之外获得一笔额外收入，退休时可以通过处理股份获得一次性补偿。该基金占企业股份比例最低 5%，最高可达 28%。③

本条例还包含 6 个附录，除附录 3 列出了 14 个保留行业以外，其余附录皆为本土化实施过程中的各种申报表格。

本条例后来又经过多次修改补充，包括 2010 年 5 月 14 日津巴布韦政府发布第 95 号法令进行第一次修改（SI95/2010），同年 6 月 25 日发布第 116 号法令进行第二次修改（SI116/2010），2011 年 3 月 25 日发布第 34 号法令进行第三次修改（SI34/2011），同年第 84 号法令进行第四次修改（SI84/2011），以及 2013 年 5 月第 66 号法令进行第五次修改（SI66/2013）等。相关规定越来越多，越来越完善和细化，为落实本土化政策提供法律保障，为推动本土化进程明确实施细则。

（三）《矿业企业本土化执行计划的最低要求》。矿业是津巴布韦政府实施本土化决心最大、重视程度最高、条件最严厉的行业。2011 年 3 月 25 日，津巴布韦政府发布第 114 号公告，明确规定了矿业企业本土化执行计划的最低要求。条例规定：凡是资产净值（net asset value）超过 1 美元、尚未达到本土化要求的非本地人矿业企业必须在本公告发布之日起 45 天以内（即 2011 年 5 月 10 日以前）提交本土化执行计划，并且在 6 个月以内（即 2011 年 9 月 24 日以前）必须完成股权转让，确有正当理

---

① Section 13："Indigenisation and Empowerment Assessment Rating"，*Indigenisation and Economic Empowerment（General）Regulations*，2010.

② Section 14："Employee Share Ownership Schemes or Trusts"，*Indigenisation and Economic Empowerment（General）Regulations*，2010.

③ Canaan Dube，*Zimbabwe's Indigenisation Programme：the Process，the Benefits and the Challenges*，Victoria Falls，2013.

由者经本土化部长批准后最多可延期 3 个月（即 2011 年 12 月 24 日以前）。① 本规定将矿企本土化的资产要求调整为资产净值在 1 美元以上，将股权转让期限从 5 年缩短为 6 个月，体现了对矿业领域本土化的严苛性。据本土化部长卡苏库维利介绍，津巴布韦有将近 200 家矿业公司，其中最主要的有 15 家，包括英帕拉铂金公司（Impala Platinum）、英美铂金公司（Anglo American Platinum）、含羞草铂业公司（Mimosa Platinum）、科罗多尼亚矿业公司（Caledonia Mining Corporation）、新黎明矿业公司（New Dawn Mining Corporation）、非洲联合资源公司（African Consolidated Resources）、姆瓦纳非洲矿业公司（Mwana Africa）等。

（四）《制造业企业本土化的资产净值、股份比例和最长期限》。2011 年 10 月 28 日，津巴布韦政府发布第 459 号公告，明确规定了制造业企业进行本土化的资产净值要求和股份转让进度。条例规定：资产净值在 10 万美元以上的非本地人制造业企业必须在 4 年内完成本土化股权转让，其中第一年至少达 26%，第二年至少达 36%，第三年至少达 46%，第四年达到 51% 以上。② 之所以是 4 年，因为距离 2010 年 3 月颁布《本土化和经济授权总条例 2010》已经过去了一年多。

（五）《金融业等九大行业企业本土化的资产净值、股份比例和最长期限》。2012 年 6 月 29 日，津巴布韦政府发布第 280 号公告，明确规定金融、旅游、教育体育、艺术娱乐文化、工程建筑、能源、服务业、电信和交通运输等九大领域的非本地人企业必须在一年内完成转让 51% 以上的股份。③ 此规定将本土化扩大到教育领域，招致尤为激烈的批评，因为津巴布韦大多数私立学校都是教会学校或者信托学校，不以营利为目的。

---

① "Minimum Requirements for Indigenisation Implementation Plans Submitted by Non-indigenous Businesses in the Mining Sector", *Indigenisation and Economic Empowerment (General) Regulations*, 2011, General Notice 114 of 2011.

② "Net Asset Value, Lesser Share and Maximum Period for Businesses to Indigenise in the Manufacturing Sector", *Indigenisation and Economic Empowerment Act*, General Notice 459 of 2011.

③ "Net Asset Value, Lesser Share and Maximum Period for Businesses to Indigenise in the Finance, Tourism, Education and Sport, Arts, Entertainment and Culture, Engineering and Construction, Energy, Services, Telecommunications, Transport and Motor Industry Sectors", *Indigenisation and Economic Empowerment Act*, General Notice 280 of 2012.

2015年1月，津巴布韦政府对本土化的审批权进行调整。原来本土化执行计划审核、本土化合规性审查和本土化证书颁发等权力都集中在本土化部长手中，调整后这些权力分散到各行业主管部长手中。例如，今后矿业公司的本土化将由矿业部长审批，农业领域的本土化将由农业部长审批，旅游业的本土化则由旅游部长审批，而此前所有行业的本土化均由本土化部长审批。

（六）《本土化和经济授权法实施框架、程序和指导方针》（简称《指导方针》）。2016年1月4日，本土化部长派瑞克·朱沃（Patrick Zhuwao）代表政府发布了此文件，重申本土化政策的目标与原则，强调针对资源类行业、非资源类行业和保留行业这三大类不同行业，本土化的要求有所不同，予以区别对待。《指导方针》共53条，分为"引言"（1—7条）、"政府立场"（8—10条）、"资源类行业本土化"（11—17条）、"非资源类行业本土化"（18—20条）、"保留行业本土化"（21—24条）、"本土化执行计划框架"（25—29条）、"经济授权措施"（30—34条）、"本土化税"（35—41条）、"本土化税用途"（42—43条）、"投资申请程序"（44—47条）、"采购"（48—50条）、"国家本土化与经济授权章程"（51—53条）等12个部分。

关于资源类行业的本土化，《指导方针》指出，穆加贝总统已经多次阐明津巴布韦政府在资源类行业本土化问题上的立场，尤其强调矿产资源为不可再生资源，一旦开发殆尽就不会再有，政府有责任确保这类资源的开发利用必须符合津巴布韦人民及其子孙后代的最大利益。资源类行业必须严格遵守和执行本土化政策，按照有关法律规定，实现由本地人占51%以上股份的目标，这是很清楚的，也是不容置疑和商量的。《指导方针》第14条明确列出了资源类行业包括：1. 空气、土壤、水资源和矿产资源；2. 哺乳动物、鸟类、鱼类和其他动物；3. 树木、草地和其他植物；4. 泉水、湖泊、芦苇地、沼泽地、湿地和溪流；5. 任何具有审美、景观、历史或考古价值的地方。《指导方针》第16条规定资源类行业本土化必须将51%以上的股份转让给政府指定的基金和企业：国家本土化和经济授权基金、国家主权财富基金、员工股权信托基金、社区股权信托基金、津巴布韦矿业发展公司、津巴布韦钻石联合公司，以及任何其他政府所有或控股的企业。①

关于非资源类行业的本土化，《指导方针》重申了2011年第459号政府公告关于制造业本土化和2012年第280号政府公告关于金融业等九大行业本土化的相关规定，指出非资源类行业最终也要实现本土化，但相对于资源类行业而言予以宽限，可以分阶段进行股权转让。

《指导方针》强调企业应当为实现津巴布韦社会经济可持续发展服务，列出了4项社会经济发展预期目标：促进当地社区发展；提升本地人从原材料中的受益度；向津巴布韦转让新技术；创造就业机会，对本地人进行技能培训。② 为实现上述目标做出积极贡献的非资源类企业，经过政府有关部门评估后将获得一定的授权指标或者积分，这些授权指标或者积分可以转换为股份，作为实现本土化的一部分，从而允许企业减少股份转让，即可以降至本土化政策规定的51%以下，对社会经济的贡献越大，企业必须转让的股份就可以越少。以制造业为例，企业对员工进行职业培训可得4分，技术发展可得2分，产品附加值增加可得10分，优先当地采购可得5分，低碳环保可得4分，连锁或者外包项目可得2分，企业发展可得3分，符合国家经济授权章程可得1分。所有这些授权指标或者积分加起来总共是31分，可以转换为31%的股份。也就是说，一个为津巴布韦社会经济发展做出积极贡献的制造业企业，只需向本地人转让最低20%的股份即为达到本土要求，获得本土化证书。

关于保留行业的本土化，《指导方针》总共列出16个保留行业，即除了《本土化和经济授权总条例2010》列出的14个保留行业之外，又新增两个：燃油零售和除钻石以外的手工采矿业。《指导方针》还重申政府将不再批准新的非本地人企业进入保留行业，但这也并非绝对，如果是

---

① "Indigenisation in the Resources-Based Sector", *Frameworks, Procedures and Guidelines for Implementing the Indigenisation and Economic Empowerment Act*, 4 January, 2016.

② "Pathway 1: Measures for the Economic Empowerment of Indigenous Zimbabweans", *Frameworks, Procedures and Guidelines for Implementing the Indigenisation and Economic Empowerment Act*, 4 January, 2016.

有关部委决定并经内阁批准，也允许有特例。① 可以看出，本土化政策有关规定不仅多变，而且并非一刀切。

关于投资申请程序，《指导方针》规定：所有投资申请均须向津巴布韦投资局（ZIA）提交；所有尚未提交本土化执行计划的公司最迟应在2016年3月31日前提交；对于投资申请，津巴布韦投资局（ZIA）将按照本土化法律规定，在咨询相关部委和国家本土化与经济授权委员会之后做出决定。② 津巴布韦政府再次设定了本土化的最后期限，试图以最后通牒的方式来达到本土化目标。

（七）《穆加贝总统关于澄清政府在本土化与经济授权政策上立场的声明》（简称《总统声明》）。2016年4月11日，穆加贝总统签署了该声明，并通过政府公报予以发布，旨在就本土化问题做出"最高指示"，以平息愈演愈烈的本土化风波。《总统声明》强调本土化是国家的重要政策，旨在使历史上遭受不公正对待的津巴布韦本地人获得经济所有权，掌控国家的生产方式和生产要素，成为国家主流经济的重要参与者。声明重申在落实执行本土化政策时，分为资源类行业、非资源类行业和保留行业三大类，不同行业区别对待。

政府十分重视资源类行业的本土化。考虑到诸如矿产之类的资源容易枯竭，政府有责任确保资源的开发利用必须符合本国当代人民及其子孙后代的最大利益。因此，根据本土化政策，津巴布韦政府及其（或其）指定机构将持有资源类行业企业51%的股份，其余49%的股份由合作方投资者所有。本行业的投资者必须遵守法律规定的本土化义务，这是不容商量的。对于尚未达到51%股权本土化要求的企业，必须保证所开采资源总价值的75%以上作为本地成分留在津巴布韦，本地成分包括工资、薪酬、税收、社区股权基金以及诸如采购、联合项目等形式。此条规定实际上主要针对矿业企业，除了转让股权以外，又多了个可选择的方案，从而大大增加了本土化政策的灵活性，可以避免政府和企业之间僵持不

---

① "Sectors Reserved for Indigenous Zimbabweans", *Frameworks, Procedures and Guidelines for Implementing the Indigenisation and Economic Empowerment Act*, 4 January, 2016.

② "Investment Application Process", *Frameworks, Procedures and Guidelines for Implementing the Indigenisation and Economic Empowerment Act*, 4 January, 2016.

下的局面。

对于包括金融业在内的非资源类行业，企业应当致力于实现下列社会经济发展预期战略目标，为社会经济可持续发展与转型做出积极贡献：一是提升津巴布韦原材料的附加值并扩大出口，增加国家所急需的外汇收入；二是向津巴布韦转让适当技术，以提高生产力，这对于减少进口依赖十分重要；三是创造就业，向津巴布韦人传授新技能；四是投资者与本地合作伙伴协商，将部分企业股权以及（或者）员工股权转让给津巴布韦人；五是发展和创造联合项目、企业升级项目和价值链，实现相关行业部长大力吸引外国直接投资的预期目标。企业所获得的经济授权积分或者指标用以反映投资者为国家发展所做的贡献，积分评定通过相关行业部长与私人投资者协商谈判进行。

对于保留行业，只允许津巴布韦本地人经营，不再新批准外国人进入，除非获得相关部长的特别豁免。保留行业包括：1. 交通运输业（公交车、出租车、汽车租赁服务）；2. 零售和批发贸易；3. 美容美发业；4. 职业中介；5. 房地产中介；6. 洗车泊车服务；7. 谷物加工；8. 面包店；9. 烟草加工；10. 广告代理；11. 当地艺术和工艺的提供、市场推广和营销。当保留行业的名录发生调整变化时，政府应当不时以公告形式予以公布。① 与之前相比，《总统声明》里的保留行业名录再次发生变化。

第三节 本土化政策的实施情况

自 2007 年《本土化和经济授权法》出台以来，至今已经有十年，其间不断有法律法规文件出台，使本土化政策日趋完善。但是由于该政策从诞生之日起便饱受争议，遭到多方抵制和反对，实施起来难度很大，进展缓慢。为了加快推行本土化政策，津巴布韦政府曾多次对外资企业下达"最后通牒"，要么遵守本土化，要么吊销营业执照。本土化政策本身内容繁多，且频繁修改调整，存在规则含混不清甚至相互矛盾之处，

---

① Robert Mugabe, *Presidential Statement to Clarify the Government Position on the Indigenisation and Economic Empowerment Policy*, Harare, 11 April, 2016.

有时候连政策制定者也说不清楚本土化到底是怎么回事、如何执行。即使在津巴布韦政府内部，对本土化政策也是态度不一，有时候甚至矛盾会公开化。不同行业的本土化由不同部委来负责和监管，所以往往存在部门重叠、管理混乱的现象，令企业无所适从。再加上近年来津巴布韦经济形势非常困难，外资企业很难找到合适的、有能力购买股权的本地合作伙伴，所以本土化政策一直难以真正落实。

根据《本土化和经济授权总条例2010》规定，有关企业必须在条例生效之日（2010年3月1日）起45天以内，也就是说2010年4月15日之前提交本土化执行计划书；新成立企业必须在60天以内，也就是说2010年5月31日之前提交本土化进程计划书。但由于企业响应不积极，政府不得不将最后期限一再推迟。有些企业迫于压力提交了本土化执行计划书，但多是申请本土化豁免或者延期执行，更多的企业则是在观望。

针对这种情况，津巴布韦政府决定以"最后通牒"的方式来推进本土化。2011年8月，时任本土化部长卡苏库维利向有关矿业公司、银行和制造业企业发出最后通牒，要求它们在两周内必须提交本土化执行计划，否则将面临被吊销营业执照、由政府接管的危险。仅以矿业领域为例，至少有137家矿业公司因达不到本土化要求而面临营业执照被吊销的危险。"截至9月底，任何达不到本土化要求的矿业公司将被扫地出门，我们会要求它们把资产移交给政府"，卡苏库维利如是表态。① 此人是主张力推本土化的"强硬派"代表人物之一，他称任何人都阻挡不了本土化的步伐，在此之前他已经否决了175份矿业企业提交的本土化计划，这些方案只同意转让25%的股份，其余26%的股份以企业为当地社会所做的贡献来折算。② 但是，津巴布韦储备银行行长吉迪恩·戈诺（Gideon Gono）持不同立场，他发表声明称："作为唯一有权发放和收回银行营业执照的部门，储备银行无意针对外国银行采取行动，卡苏库维利的最后通牒有将本已脆弱的津巴布韦经济复苏带入脱轨境地的危险。"③ 卡苏库

---

① "Indigenisation: Government Throws Out 175 Proposals", *New Zimbabwe*, 20 July, 2011.
② "Indigenisation: Government Throws Out 175 Proposals".
③ "Zimbabwe Economy: Disagreements over Indigenisation", *EIU Views Wire*, 13 September, 2011.

维利反唇相讥，声称戈诺若不贯彻执行本土化法律，就应该辞职或者被解职。戈诺还认为本土化法与银行法相冲突，迫使外资银行出让51%的股份是非法的，因为津巴布韦没有法律规定可以强征银行资产，他还警告卡苏库维利不要插手银行事务。卡苏库维利则表示，根据《本土化法》规定，本土化部对津巴布韦所有行业的本土化都有管辖权。①

在卡苏库维利的高压政策之下，有些外资企业提交了本土化执行计划。以全球第二大铂金矿业公司英帕拉铂金公司（Impala Platinum）为例，该公司在津巴布韦设立子公司经营铂金矿多年，是津巴布韦最大的外资矿企之一。2012年3月，即在最后通牒规定的期限过去半年多以后，英帕拉铂金公司宣布，经过与本土化部谈判协商，双方就该公司本土化执行计划达成协议，51%的股份转让方案如下：10%的股份转让给社区基金，由英帕拉铂金公司向社区基金提供无息贷款购买股份，并以股权收益来偿还贷款，这部分股份的受益人是当地社区居民；10%的股份出售给员工股权基金，由英帕拉铂金公司向该基金提供有息贷款购买股份，并以股权收益来偿还贷款，这部分股份的受益人是公司全职员工；另外31%的股份转让给津巴布韦国家本土化与经济授权基金，为此津巴布韦政府需要支付给英帕拉铂金公司3.72亿美元，而且必须以现金形式。对于此条件，英帕拉铂金公司首席执行官戴维·布朗（Bavid Brown）强调："如果拿不出现金来，就别想进行股权转让。"② 众所周知，在目前困难的经济状况下，津巴布韦政府根本拿不出这么多钱来购买股份。可见即使外资企业在最后通牒的威胁下提交了本土化执行计划，也很难真正落实，达到本土化政策设计的初衷和目标。

2013年7月，津巴布韦举行大选，穆加贝击败茨万吉拉伊连任总统，民盟掌控议会多数席位，结束了与反对派组成联合政府的局面。2013年8月22日，穆加贝总统在其就职演说中重申"本土化是一项既定政策，是我们为实现完全主权而选择的道路"，"本土化政策是我们宣言的核心部

---

① "Barclays Africa Executive Set to Meet Saviour Kasukuwere", *Business Daily*, 10 June, 2013.
② "Impala Platinum Agrees to Indigenization in Zimbabwe", *Engineering and Mining Journal*, May 2012, p. 18.

分，是人民投票支持的，也必须成为我们发展努力的核心部分"。① 在此新形势下，津巴布韦政府发出了第二次本土化最后通牒，而这次主要是针对保留行业。2013 年 10 月，津巴布韦国家本土化与经济授权委员会发布声明称：从 2014 年 1 月 1 日起，凡是保留行业内仍未取得本土化证书的外资企业，将面临 4 级以下罚款或者 3 个月以下监禁，或者两项处罚同时执行。② 本土化部常秘乔治·马戈斯万戈韦（George Magosvongwe）在议会上表示："我确定仍然有一些非本地人公司在经营保留行业，不过 2014 年 1 月 1 日将是最后期限，他们必须按要求放弃他们在保留行业的股份。③ 他还表示中央政府将派出执法部门会同地方政府进行严格执法，保证本土化目标的实现；津巴布韦本地人要做好"接班"准备，以填补外商被赶走后出现的空白，防止出现经济短缺。这次最后通牒在从事保留行业尤其是批发零售业的外商中间引发极大恐慌，他们担心自己的企业受冲击，生意受影响。在此压力之下，一些保留行业的外商被迫花钱购买了本土化证。但真正在最后期限到来之后，本土化又没有了下文，这让人们不得不怀疑津巴布韦政府只是在借本土化之名进行"敛财"。

第三次最后通牒发生在 2016 年，也是闹得最为轰轰烈烈的一次。根据 2016 年 1 月津巴布韦政府发布的《本土化和经济授权法实施框架、程序和指导方针》规定，所有尚未提交本土化执行计划的外资企业必须在 2016 年 3 月 31 日之前提交。但是多数企业对此"置若罔闻"，到 2016 年 3 月，只有 35 家企业提交了本土化执行计划。④ 面对这种情况，本土化部长朱沃在 2016 年 3 月 23 日举行记者招待会，称津巴布韦内阁已通过一致决议，重申本土化法必须得到遵守和执行，有关企业必须在 3 月 31 日这一最后期限之前提交本土化执行计划；对于未能达到本土化要求的企业，政府可以在不通知对方的情况下直接取消其营业执照。朱沃还强硬表态

---

① President Robert Mugabe's Inauguration Speech, 22 August, 2013.

② Kudzai Chimhangwa, "Zimbabwe Indigenisation: Pressure Mounts on Foreign Businesses", *The Standard*, October 27, 2013.

③ Kitsepile Nyathi, "Zimbabwe Gives Foreigners December Ultimatum to Close Businesses", *Daily Nation*, November 22, 2013.

④ "35 Foreign Firms Submit Indigenisation Plans", *The Herald*, 29 March, 2016.

称，无须再讨论本土化的好坏，它是这个国家的法律，2016年已经过去3个月，但是外资企业仍然无视该法律，这迫使我们不得不采取相应措施。此次本土化最后通牒看上去是最严厉的一次，一时间本土化又成为悬在外资企业头上的一把利剑，引发轩然大波。

反对者通过各种渠道表达对本土化最后通牒的不满，同时把怨气全都撒向了始作俑者、"罪魁祸首"本土化部长朱沃，称朱沃有一半莫桑比克血统（其母亲为穆加贝总统的姐妹，父亲是莫桑比克人），一个本身就不够"本土化"的本土化部长，有什么资格来强制推行本土化？在这背后，由于朱沃是总统外甥这一特殊身份，矛头的最终指向实际上是穆加贝总统。

即使在津巴布韦政府内部，对本土化的态度也不一致，尤其是在外资银行本土化问题上，财政部长与本土化部长之间存在严重分歧，并导致矛盾公开化。津巴布韦储备银行行长约翰·曼古迪亚（John Mangudya）称对金融部门的本土化进展感到满意。财政部长派瑞克·奇纳马萨（Patrick Chinamasa）发表声明响应储行行长："我很高兴地告知大家，津巴布韦所有受影响的外国金融机构都已在最后期限2016年3月31日之前提交了可信的本土化计划。"① 津巴布韦的外资银行主要有：英国的渣打银行（Standard Chartered Bank）和巴克莱银行（Barclays Bank），南非的标准银行（Stanbic Bank）和MBCA银行，以及博茨瓦纳的ABC银行（BancABC）等。此声明"惹恼"了本土化部长朱沃，他公开指责奇纳马萨"很无知"，和储备银行行长一起偏袒外资银行，并称既然奇纳马萨选择把问题公开化，那么他也不得不公开予以"纠正"。朱沃发表了针锋相对的声明："财长奇纳马萨在其声明中列出的金融机构名单没有一家符合本土化要求，它们都是不合规者……如果这些银行被关门，储户们和投资者的损失将由奇纳马萨负责。"② 此外，津巴布韦国家广播公司（ZBC）在本土化问题上发表了不同看法，也引发朱沃强烈不满，他指责国家广

---

① "Ministers Chinamasa, Zhuwao at War—Again", *New Zimbabwe*, 2 April, 2016.
② "Ministers Chinamasa, Zhuwao at War—Again".

播公司公然与穆加贝总统和内阁唱反调，已经沦为反对党的喉舌。①

本土化部长和财政部长在本土化问题上公然对峙，并公开指责储备银行行长和国家广播公司，使本土化风波愈演愈烈，最后不得不由穆加贝总统亲自出面来"收场"，也就有了2016年4月11日的《总统声明》。该声明除了进一步明确区别对待三大类不同行业的本土化以外，还重新明确了金融业法律法规及主管部门，并对本土化部长的职权进行了限制。关于金融业声明宣称：银行业将继续遵守《银行法》，由津巴布韦储备银行负责管理，保险业则遵照《保险法》。这一政策立场对促进金融业的稳定性、提振信心和扩大包容性具有重要作用。关于本土化部长的职权，声明确认：本土化部长的职责是通过内阁相关委员会对各部委落实本土化政策进行协调。上述两条规定实际上明确了本土化过程中的部门职责划分，大大削弱了本土化部长的职权，不同行业的本土化由不同部委负责，本土化部主要起协调作用。单就金融业来说，各大外资银行的本土化由津巴布韦储备银行具体负责，而不是本土化部。这样一纸总统声明总算将喧嚣一时的本土化风波逐渐平息了下去，也使本土化政策的前景变得更加模糊和不确定。

本土化政策一直以来饱受争议。它名义上为国家法律，却受到反对党的强烈抵制。即使在政府内部，都是由执政党掌管的不同部门之间对本土化的看法亦有所不同，本土化部与财政部、储备银行、国家广播公司等部门之间因本土化问题关系紧张、矛盾公开化。受到影响的津巴布韦外资企业更是怨声载道，普遍对该政策持抵制、观望和消极态度，想方设法逃避或者应付本土化。津巴布韦国内外经济学家和相关机构也大都不看好本土化，认为在目前如此艰难的经济形势下，应当加大力度吸引外资，而不是将外资赶走。

津巴布韦执政党民盟竭力为本土化政策辩护。它援引联合国和非盟的相关文件内容，为本土化政策寻求依据。联合国大会1966年通过的《经济、社会及文化权利国际公约》规定：所有人民都有权自由谋求他们的经济、社会和文化发展，有权为了自己的目的自由处置他们的天然财

---

① Paidamoyo Muzulu, "Zhuwao's Explosive Letter to Mugabe", *The Standard*, 3 April, 2016.

富和资源。非洲统一组织（非盟的前身）1981 年通过的《非洲人权与民族权宪章》（亦称《班珠尔人权与民族权宪章》）规定：所有人民都有权自由处置他们的财富和自然资源，在任何情况下这一权利都不得被剥夺。民盟据此坚称，津巴布韦人民完全有权自由处置他们的财富和自然资源，而且在任何情况下这一权利都不得被剥夺。本土化是国际公认的准则，津巴布韦不是第一个实行本土化的国家，世界上很多富裕国家，比如美国、日本、法国、中国、芬兰、挪威、意大利、奥地利、新加坡、韩国和南非等，都在实行不同形式的本土化。① 民盟还把本土化政策写入 2013 年宪法，其中第 2 章第 14 条第 1 款明确规定：国家和各级政府机构必须采取措施，通过适当、透明、公平、公正和坚决的行动，努力使津巴布韦所有处在社会边缘的个人、团体及社区获得经济授权。② 民盟还一再强调，本土化不是国有化，不是强征没收外国资本，而是为了将投资者带来的资金、设备、技术与本地资源更好地结合起来，是一种"双赢战略"。

但是反对党不这么看。民革运认为本土化是民盟单方面强制推行的政策，是穆加贝独裁专制的体现，是欺骗拉拢选民、为赢得选举服务的"政治工具"，是一小撮寄生阶层侵吞和劫掠国家财产的"经济工具"，是损人利己的"入户抢劫行为"。本土化是民盟的自我孤立，是民盟认识到自己的统治地位不会长久，所以才想在经济上大捞一把。本土化本质上是排外的，将津巴布韦急需的外国投资拒之门外，只会使经济变得更加糟糕，给社会带来混乱，而不会像民盟所宣传的促进经济发展、赋予人民权利和创造就业。"本土化如何能够创造就业？只有经济蛋糕变大，而不是变小，才能创造就业；只有保证成立更多的公司，而不是强行接管现有公司，才能创造就业；我们的大部分年轻人不得不到国外去找工作，而民盟正在毁坏经济。"③ 民革运茨派领导人、时任联合政府总理茨万吉拉伊这样抨击本土化政策。他还表示作为联合政府，没有经过民革运同

---

① Canaan Dube, *Zimbabwe's Indigenisation Programme: the Process, the Benefits and the Challenges*, Victoria Falls, 2013.

② Article 14, Chaprter 2, "Empowerment and Employment Creation", *Zimbabwe's Constitution of* 2013.

③ "Indigenisation Won't Create Jobs: PM", *New Zimbabwe*, 5 December, 2011.

意，民盟不能单方面推行本土化。时任政府工业部部长威尔史曼·恩库比（Welshman Ncube）认为本土化政策的不确定性、政府的通牒威胁会吓跑外国投资者，严重影响国家经济恢复。他说："有许多外国投资者愿意把更多的钱投向津巴布韦，例如世界知名的邓禄普轮胎公司，但在听说本土化之后就立即搁置了投资计划。"① 反对派经济学家温斯·穆瑟维（Vince Musewe）强烈批评民盟及其本土化政策："事实上，民盟正在竭尽所能吓跑外国投资。它甚至鲁莽地认为我们不需要外资，必须恢复津元才能解决现金短缺问题。""民盟精心设计的本土化政策既不能促进经济增长，也不能创造我们所需要的就业。它既不会吸引外国投资者，也不会吸引津巴布韦侨民回来为国家做贡献。""对大多数津巴布韦人来说，经济和政治权力长期集中在一个政党手中，已不再是可以接受的选择了。"② 穆瑟维对民盟的指责由本土化政策上升到其统治地位上来。对于本土化51/49股份比例这一核心规定，反对派拿来大肆嘲讽政府："设想一下，只要政府能够履行哪怕只有51%的职责，我们的国家就会有多么进步；只要就业率能够达到51%左右，只要我们的部长们，尤其是卡苏库维利，真正用上他们51%的脑子，津巴布韦就会是一个多么和平繁荣的国家。"③

执政党内部在对待外资和本土化问题上分歧也很大。以本土化部长朱沃为代表的一部分人可以说是"激进派"，主张从快从严推行本土化，认为外资无助于津巴布韦经济，威胁关闭达不到本土化要求的外资企业，公开指责实施本土化政策不力的其他部委和部长。以财政部长奇纳马萨为代表的可以说是"温和派"，主张渐进式推行本土化，认为津巴布韦经济离不开外国投资，外资银行在津巴布韦金融体系中发挥重要作用，考虑到银行业不同于其他一般行业，具有高度敏感性，因此在外资银行本

---

① Peta Thornycroft, "Zimbabwe Economy Hurt by Uncertainty About Indigenization Law", *Voice of America News*, February 8, 2011.

② Vince Musewe, "Indigenization Won't Revive Zimbabwe", *New Zimbabwe*, 7 January, 2013.

③ Dingilizwe Ntuli, "Editor's Memo: Kasukuwere Must Use 51% of His Brain", *Zimbabwe Independent*, July 13, 2012.

土化问题上必须慎之又慎。两派的斗争还被认为是执政党民盟内斗的一部分，与政治问题密不可分。

本土化部长朱沃公开发表一些极端言论，被认为"足以吓跑外国投资者"。例如本土化法中关于"津巴布韦本地人"的定义，将同为津巴布韦公民的白人排除在外，被批评者认为这具有明显的种族主义歧视。但朱沃对此不以为然，反而毫无遮掩地说："本土化就是一项基于种族的政策，这是不争的事实。以前是白人处在过度优势地位，本土化政策就是要彻底改变这种状况，专门为黑人谋求相对于白人的优势。本土化就是为了黑人，这是底线。"① 在对待外国投资问题上，朱沃公然宣称："外国人来不是为了建设津巴布韦经济，也不是为了帮助我们，而是来攫取价值的，他们要来就必须按照我们的要求去做。请外国人不要再说你们来是创造价值的！你们创造不了铂金，是上帝创造了铂金；你们创造不了钻石，是上帝创造了钻石；你们也创造不了黄金，是上帝创造了黄金。上帝把黄金放在了一片叫津巴布韦的土地，恩赐给我和每个津巴布韦人。因此，认为外国直接投资创造价值的观念是完全错误的和不虔诚的。"② 很多人批评朱沃愚昧无知、狂妄自大，不明白"津巴布韦需要世界远远超过世界需要津巴布韦"，作为一个内阁部长竟然发表如此言论，对津巴布韦吸引外资非常不利，同时认为穆加贝总统任人唯亲，负有不可推卸的责任。民盟党内持这种看法的亦大有人在。

作为本土化政策的实施对象，津巴布韦的外资企业普遍持抵制态度，纷纷指责该政策的不合理之处，想方设法进行逃避和拖延，利用政策的一些柔性规定申请豁免、减少股份出让或者延长期限，努力使企业免受或少受本土化可能带来的损失，维护企业的最大利益。受影响的外资企业抱怨，本土化政策只规定向津巴布韦本地人转让股权，却没有意识到权利与义务平等的原则，没有规定他们承担与股权相当的义务。英帕拉铂金公司首席执行官戴维·布朗表示："对当地人持有51%权益的本土化

---

① Cyril Zenda, "Zimbabwe: Indigenisation is for Blacks Only", *Financial Gazette*, 12 November, 2015.

② Ivan Zhakata & Ellah Mukwati, "Zimbabwe: Foreigners Can't Build Zim", *The Herald*, 24 December, 2015.

法规的各种意见很清楚地刊登在报纸上，人们认为这是对投资者不友好的行为。获得49%的经济利润与承担大部分风险和大量投资债务是不相称的。"① 该公司计划在津巴布韦投资 4.5 亿美元，是津巴布韦 20 年来最大的一笔单项投资，但受本土化政策的影响，该项投资可能被搁置。有企业认为本土化实际上是强征资产，这一说法得到很多支持："从一开始，本土化部长就发起了一场混乱不堪的运动，试图强迫外资企业把51%的股份出让给民盟的亲信们和名声不佳的机构，而它们却没钱来购买这些股份，从而意味着本土化实际上是变相的强征资产。"② 但是津巴布韦政府对此予以坚决否认，一再强调本土化并非国有化，也非强征资产。

经济学家对本土化政策大多持一边倒的批评态度。经济学家约翰·罗伯特森（John Robertson）针对穆加贝总统关于本土化给外国投资者带来"困惑"的声明，指出投资者实际上对本土化政策一清二楚，一点也不困惑。他说："投资者都知道本土化政策对他们的投资计划来说是非常敌视的，因此没有什么困惑可言。所谓的困惑是指政府原本相信他们能够将盗窃人们股份和财产的行为合法化。现在解决问题的唯一出路就是撤销这一敌视投资者的法律。"③ 针对政府关于本土化旨在为普通民众谋取经济权利、使广大人民受益的说法，批评者认为，也许政府的初衷是好的，但实际上这一说法是自欺欺人的，最终本土化政策只会使少数掌权者和富人受益，并且有可能沦为利益交换和助长腐败的工具；对广大百姓而言，他们很难从本土化中得到什么好处，反而还要承受本土化带来的国家经济进一步恶化之苦。经济学家穆瑟维表示："如果民盟真的关心我们的未来，我想他们应当首先承认自己在过去所犯的严重错误，并且向我们保证将来不会再犯。他们应当承认自己的经济政策并没有带来

---

① 李雅君、王顺昌编译：《津巴布韦矿业正经受"本土化"考验》，载《世界有色金属》2010 年第 10 期，第 32 页。

② Dingilizwe Ntuli, "Editor's Memo: Kasukuwere Must Use 51% of His Brain", *Zimbabwe Independent*, July 13, 2012.

③ Sebastian Mhofu, "Zimbabwe May Amend Indigenization Law", *Voice of America News*, April 13, 2016.

发展，反而是欠发展和财富集中到少数人手中。"①有专家质疑本土化政策到底想实现什么目标？如果以经济增长为目标，有很多方法可以实现，不用杀鸡取卵；如果以人民权利为目标，也有很多办法可以实现，不用本土化政策。"历史表明，这样的政策很难达到预期效果，只会助长腐败，煽动种族主义，滋生裙带关系和裙带政治。最后的结果是导致另外一场经济衰退，当然没有人愿意再回到黑暗时代。"② 还有专家指出，在全球化不可逆转的国际大背景下，本土化是排外主义的表现，"本土化政策在非洲国家很普遍，是非常危险的排外主义产品。例如在加纳，本土化是尼日利亚人抱怨加纳政府的政策针对非加纳人的原因，其中大多数是尼日利亚人。这是一个恶性循环，导致非洲国家之间的贸易减少，贫困水平居高不下，从而进一步助长了本土主义思想。"③ 经济学家拉弗·穆鲁卡（Ralph Mhuruka）则批评津巴布韦政府越俎代庖，在本土化过程中扮演的角色错误："你看看现在的情况，政府成为本土化的主要参与者，而将本应该参与其中的所有企业都排除在外，这是不对的。在经济授权过程中应该由企业自身去谈生意，政府只是充当监督者的角色，而我们现在看到的是政府跑在了前头。"④ 较为中立的经济学家一般认为，在目前津巴布韦境况艰难的情况下，最需要的是以开放优惠的政策吸引外资，而不是用如此严苛的本土化政策吓跑外资。投资者所持股份不得超过49%这一硬性规定，犹如高高筑起的门槛，会使外国投资者望而生畏，将他们拒之门外，对津巴布韦开放市场、发展经济是极大的阻碍。

总体来说，本土化政策受到极大争议，招致多方批评，引发广泛关注。对有意投资津巴布韦的外国投资者而言，本土化成了他们首要关心的问题，是一道绕不开、必须面对的门槛。如果达不到本土化要求，就无法取得投资许可证，后续的其他相关文件、许可、签证等都无法办理，

---

① Vince Musewe, "Indigenization Won't Revive Zimbabwe", *New Zimbabwe*, 7 January, 2013.
② "Sit Down Comrades, We Can Still Indigenise This Economy", *News Day*, July 9, 2012.
③ "Why Mugabe's Indigenisation Policy is bad for Zimbabwe's economy", *Ventures Africa*, April 19, 2016.
④ Sebastian Mhofu, "Zimbabwe Mine Takeover Further Divides Coalition Government", *Voice of America News*, April 6, 2012.

企业投资经营也就无法展开。客观来讲，任何一个主权国家都有权决定自己的外资政策，可以自主决定哪些领域允许或不允许外资进入，决定外资企业的形式是独资企业、合资企业还是合作企业，甚至也可以决定合资企业中双方所占的股份比例。世界上很多国家都有类似的本土化政策，津巴布韦并非第一个实施这样政策的国家，但它的本土化应该是非洲乃至世界上最为严厉的。虽然本土化政策并未真正完全严格落实，或者说在实施过程中"走样变形"，但它足以吓跑许多现实的和潜在的外国投资者。

津巴布韦本来就是一个争议颇多、受人关注的非洲国家，本土化政策无疑又为其添加了一份争议。津巴布韦政府之所以推行本土化政策，并非一时心血来潮，而是有其深层次考虑。但是政策的设计出台是一回事，其实施效果又另当别论。本土化政策充分考虑了历史根源，却忽视了当今全球化大趋势和世界经济发展的基本规律；本土化政策片面强调保护本国资源和利益，却未能给予外国投资者足够的投资便利与安全保障；本土化政策宣称能够促进经济发展，结果却事与愿违，成为最大的争议点。本土化法案出台后的十多年里，遭到多方抵制和反对，加之实施条件不完全具备，落实起来难度很大，进展并不顺利，实施效果不佳。对于本土化政策，予以修改甚至废除的呼声一直很高。2017年11月姆南加古瓦总统上台后即宣布废除本土化法案，受到普遍欢迎。

第十章

继往开来的十年(2010—2019)

第一节 2013年宪法与大选

2013年3月,津巴布韦通过公民投票的形式对新宪法举行投票表决,5月22日,该宪法经穆加贝总统正式签署发生法律效力。毋庸置疑,这部宪法与1979年的独立宪法相比取得了巨大进步,被认为是津巴布韦宪政发展史上的一个重要里程碑。同年7月,津巴布韦举行新一届大选,穆加贝领导的民盟完胜反对党民革运,由此结束了两党联合执政的局面,重回民盟一党执政。

一 2013年宪法

津巴布韦首部宪法是1979年12月在英国主持下由津巴布韦各主要党派在伦敦兰开斯特大厦举行的制宪会议上制订,独立时开始生效。后来经过多次修改,其中几次重大修改包括:2005年津巴布韦议会通过第17号宪法修正案,规定议会增设参议院,实行两院制;2007年通过第18号宪法修正案,规定每届总统任期由原来的6年改为5年,与议员的任期相同,总统、议会和地方政府选举同时举行;2008年9月15日,津巴布韦两党三方达成分权协议,津巴布韦议会据此于2009年2月通过第19号宪法修正案,确立了联合政府的框架结构。

与此同时,根据相关政治协定,津巴布韦将制定和通过新宪法,然后依照新宪法举行总统和议会选举。新宪法草案经历长达3年多的反复修订,各方最终达成一致,于2013年3月16日进行全民公决。为了保障投票顺利进行，津巴布韦全国共设立了 9400 多个投票站，并将投票日设为公共假期。整个投票过程平稳、有序、顺利，没有发生人们所担忧的暴力事件。3 月 19 日，津巴布韦选举委员会公布投票结果显示，新宪法草案以 95% 的高得票率获得通过。全国 560 万合法选民中，参加投票的有 330 多万名选民，投票率近 60%，其中赞成票超过 300 万张，反对票近 18 万张，另有 5.6 万张无效选票。5 月 9 日，新宪法获得津巴布韦议会批准。5 月 22 日，新宪法由穆加贝总统签署而正式生效，成为津巴布独立以来的第二部宪法，也是第一部完全由津巴布韦人民自主制定的宪法。

津巴布韦 2013 年宪法共 18 章 345 条，以及 6 个附件。其中最引人关注的条款是关于总统任期和权力等方面的规定。新宪法第五章第 91 条和 95 条规定，每届总统任期为 5 年，一人担任总统不得超过两届，不论是否连任。但同时又规定，该条款没有历史追溯力，其法律效力也是从新宪法生效之日起算。这就意味着，已经执政了 33 年之久的穆加贝仍然有资格参加今后的两届总统选举。批评者认为，这是专门为穆加贝量身而设，为他继续参加总统选举铺平了道路。新宪法既对总统任期做出了明确规定和限制，又为穆加贝连选连任提供了法律依据和保障，是各方既斗争又妥协的结果。

关于总统继任，2013 年宪法第五章第 101 条规定，如果总统在任内去世、辞职或者去职，将由第一副总统接任总统之位，直到本届总统任期结束；第二副总统递补成为第一副总统，同时新上任的总统必须任命一名新的第二副总统。这种设置是为了保障在出现非正常情况时，国家权力能够正常交接和运转。

关于弹劾总统，2013 年宪法第五章第 97 条第 1 款规定，总统有下列情况之一，国民议会参、众两院均半数以上票数通过决议便可启动罢免总统的程序：（一）严重失职；（二）未能遵守、维护和保卫宪法；（三）故意违反宪法；（四）由于身体或者精神状况原因不能继续履行总统职务。一旦启动罢免总统程序，参、众两院要成立一个由 9 名委员组成的联合委员会展开调查并提出调查报告。总统罢免案须经参、众两院均 2/3 以上多数票赞成方可通过。

关于总统豁免权，2013年宪法第五章第98条规定，总统在任期内享有民事和刑事豁免权，但是在任期结束后便不再享有豁免权，对于其在任期前、任期后、也包括任期内的诉讼案件，均可诉诸法院。这一条是反对派坚持的结果，也被认为是限制总统权限的一大进步。

2013年宪法强化了议会权力，规定总统在作出解散议会等重大决定时，须经议会两院2/3多数票通过。新宪法还规定设立宪法法庭，对政府滥用职权问题进行审理。新宪法要求警方与军方必须保持中立，不得干预任何与选举有关的事务。新宪法增强了对妇女政治、社会权利的保障，如第六章第124条规定，国民议会由270名议员组成，其中210人通过一般性选举从全国210个选区中选出，不分性别，男女均可选；另外60名议员须为女性，10个省中每省6人，通过选举产生，以此保障妇女的参政议政权利。

作为国家的根本大法，新宪法被认为是津巴布韦各政治派别相互妥协的结果，为津巴布韦举行2013年大选铺平了道路。

二 2013年大选

两党联合执政期满后，津巴布韦迎来2013年大选，穆加贝领导的民盟和茨万吉拉伊领导的民革运（茨派）继续进行全面较量。此次总统选举是穆加贝与茨万吉拉伊之间的第三次对决，也成为他们之间的最后一次对决。

2013年7月31日，津巴布韦举行总统、议会和地方政府"三合一"选举。8月3日，津巴布韦选举委员会公布计票结果显示，在总统竞选中，执政党民盟候选人、现任总统穆加贝赢得了61%的投票，其主要竞争对手、民革运（茨派）候选人茨万吉拉伊仅获得34%的选票。在议会参众两院选举中，民盟亦获得压倒性优势。在270名众议员中，民盟占197名，民革运（茨派）占70名，民革运（恩派）占2名，独立候选人1名。在80名参议员中，60名由一般选举产生，其中民盟占37名，民革运（茨派）21名，民革运（恩派）2名，另有18名是酋长，2名是残疾人代表。2013年大选以穆加贝及民盟大获全胜、茨万吉拉伊及民革运（茨派）全面败北告终。8月22日，穆加贝总统宣誓就职，实现了权力平稳过渡，并由此结束了两党联合执政的局面，重回民盟一党执政。

表10—1　　　　　　　　2013年津巴布韦总统选举结果

候选人	政党	得票数（票）	得票率（%）
罗伯特·穆加贝	民盟（爱国阵线）	2110434	61.09
摩根·茨万吉拉伊	民革运（茨派）	1172349	33.94
维尔斯曼·恩库比 （Welshman Ncube）	民革运（恩派）	92637	2.68
杜米索·达本瓜 （Dumiso Dabengwa）	人盟	25416	0.74
凯斯诺提·姆夸泽 （Kisinoti Mukwazhe）	津巴布韦发展党	9931	0.29

资料来源：津巴布韦选举委员会。

穆加贝在获胜后发表演讲称自己的胜选无可争议，批评者如若接受不了可以"去死"。他说："我们取得的胜利是如此具有压倒性，以至于一些人是如此受伤。如果他们不能消化这一点，他们就去死吧。"① 他还将对手茨万吉拉伊斥为"可怜的傀儡"、"受西方支持的小丑"。

在选举中失利的一方拒绝承认选举结果，并诉诸法院，要求裁定结果无效，重新举行选举，这是当前非洲国家选举中存在的普遍现象，是非洲民主制的一大"特色"，在津巴布韦也是如此。对于2013年大选结果，反对党民革运（茨派）拒绝予以承认，其领导人茨万吉拉伊称选举"被严重操控"，指责选举存在舞弊行为，完全是一场"闹剧"，因此选举结果是非法的、无效的、不可信。8月9日，民革运（茨派）向津巴布韦最高法院提交了诉讼申请，要求法院裁定选举结果无效，并在60天内重新进行选举。一周以后，最高法院裁定选举"自由、公正、可信"，茨万吉拉伊败诉。

国际社会对此次选举反应不一，主要体现在西方国家与其他国家的

---

① 《穆加贝连任后首度演说，捍卫胜选让批评者"去死"》，中国日报网，2013年8月13日。

观点和立场差异上。非盟、南共体以及大多数非洲国家均承认选举结果，认为此次选举总体上和平、自由、公正、诚实、可信。津巴布韦大选非洲联盟观察团团长、尼日利亚前总统奥卢塞贡·奥巴桑乔表示，尽管存在个别瑕疵，但总体而言，这次津巴布韦大选公正、自由，能够反映津巴布韦人民的真实意愿。奥巴桑乔的这一表态也代表着非洲国家的普遍立场。南非总统祖马、莫桑比克总统格布扎、纳米比亚总统波汉巴等非洲国家领导人纷纷向穆加贝连任总统表示祝贺。只有博茨瓦纳政府对津巴布韦选举能否保证"自由、透明、可信"提出质疑，其总统卡马表示有必要对选举结果进行审查。①

非洲区域外的国家，中国和俄罗斯作为安理会常任理事国，均认可此次津巴布韦大选。中国观察团认为此次大选是组织有序、平和进行、结果可信的一次选举进程。中方认同非洲联盟和南部非洲发展共同体观察团对津巴布韦大选的肯定，并呼吁参与竞选的各政党接受选举结果，持不同意见政党应通过法律途径和平解决分歧，而不是诉诸暴力。② 俄罗斯认为此次选举"和平、可信"，普京总统向穆加贝获胜表示祝贺。

与非洲国家、中国、俄罗斯等国的立场相反，美国、英国、澳大利亚等西方国家则对津巴布韦2013年大选持一贯的批评和质疑态度，批评选举中存在舞弊现象，质疑选举结果的公正性。美国称选举结果"并非津巴布韦人民意愿的可信表达"。欧盟认为选举不规范，选民参与不充分，缺少透明度。澳大利亚外长鲍勃·卡尔（Bob Carr）对选举结果的可信性提出质疑，甚至要求重新举行选举。③

民革运之所以失败，是因为它在完成了从反对党到联合执政党的转变之后，并没有赢得人民的支持，反而令人民大失所望。在联合政府中，民革运掌管经济、社会部门，该党秘书长坦戴·比提（Tendai Biti）担任财政部长，他力推新自由主义经济政策，主要措施包括：大幅消减对穷

---

① "Botswana Calls for Audit of Zimbabwe Vote", *Global Post*, 11 August, 2013.
② 许林贵、刘瑜茜：《中方观察员认为津巴布韦大选组织有序，结果可信》，新华社哈拉雷8月2日电。
③ Heather Saul, "South African President Jacob Zuma congratulates Robert Mugabe on his landslide victory in Zimbabwe elections", *The Independent*, 4 August, 2013.

人的补助，冻结公务员工资和一些工人的最低工资，货币政策也完全不顾穷人利益等。与此形成鲜明对比，比提为了讨好国会议员，向他们发放每人1.5万美元的津贴，提供豪华轿车，还可以公款出国。这些政策引发民众对民革运的强烈不满，生活在社会底层的人们看不到未来，造成广大农村选民不支持民革运，城镇里的穷人选民也不支持民革运，从而导致民革运在2013年大选中失败。评论指出："昨天的工人领袖已经变成了今天资本家的哈巴狗。"① 此外，进入联合政府之后，民革运一些官员不仅政绩平平，而且深陷腐败丑闻，一心只为个人升官发财，捞取资本，茨万吉拉伊本人也绯闻缠身，严重影响了政党形象。民革运丧失了民心，失去了人民的支持，失败是必然的。对此，英国广播公司的评论颇为耐人寻味："武士"茨万吉拉伊试图废黜"国王"穆加贝，结果他自己却被侧翼包抄了。②

民革运（茨派）也对2013年选举失利进行反思。在2014年5月的一次集会上，民革运（茨派）的一些重要人物承认2013年大选失利是因为该党做的不好，民盟获胜反映了人民意愿。"是我们做的不好，10%是选举舞弊原因，而90%是我们的失误。""我们只是向选民兜售梦想和希望，而民盟是现实主义者，给你们农场、给你们5000美元等口号吸引了选民。"还有分析指出，津巴布韦反对党运动之所以不成功，是因为该国实际上没有真正意义上的反对党，它们只是外国势力和帝国主义在该国的利益代表，而不是真正代表人民。

2013年大选落败后，民革运（茨派）内部发生严重分歧，该党秘书长、联合政府时期的财政部长坦戴·比提于2014年4月宣布脱离民革运（茨派），另立民革运（革新派）（Movement for Democratic Change - Renewal）。2015年9月，民革运（革新派）在哈拉雷召开第一次全国代表大会，正式更名为人民民主党（People's Democratic Party），比提当选该党主席。这一分裂使民革运（茨派）的力量进一步遭到削弱。

---

① Munyaradzi Gwisai, Zimbabwe: Why Tsvangirai's MDC "Lost" the Election, *Green Left Weekly*, August 12, 2013.

② Andrew Harding, "Zimbabwe's Opposition-A Greek Tragedy", *BBC News*, 29 April, 2014.

第二节 穆加贝时代终结

2017年11月，南部非洲内陆国家津巴布韦发生了一场举世瞩目的政治剧变事件，该国军方断然采取行动干预国家政治，93岁高龄、掌权37年的世界最老现任总统罗伯特·穆加贝被迫辞职，前不久被解职的原副总统埃莫森·姆南加古瓦继任总统。

从11月15日军方发起行动，到21日穆加贝宣布辞职，24日姆南加古瓦宣誓就任新总统，再到30日组成新内阁。在短短半个月的时间里，津巴布韦实现了一场不流血的"和平权力交接"，政局趋于稳定，社会秩序正常。这场政治剧变标志着长达37年的"穆加贝时代"结束，津巴布韦进入了"后穆加贝时代"。

津巴布韦人民对穆加贝下台感到欢欣鼓舞，举国欢庆；对新任领导人充满期待，渴望变革，希望迎接一个新时代，建设自己的美丽国家。国际社会对这次事件普遍持认可态度，美、英等西方国家并未谴责军方行动为政变，反而向姆南加古瓦新任政府发出积极信号，借机改善与津巴布韦关系。

一 津巴布韦政治剧变的过程

11月15日凌晨，雷雨交加下的首都哈拉雷突然响起巨大爆炸声，津巴布韦国防军采取军事行动，迅速控制了总统府、议会、最高法院、执政党津巴布韦非洲民族联盟（简称"民盟"）总部大楼、国家电视台等重要核心部门，封锁机场和城市要道，将穆加贝总统夫妇软禁在其"蓝顶别墅"家中，并逮捕了财政部长、民盟青年联盟书记等高官。随后，陆军少将西布西索·莫约代表军方通过国家电视台发表声明，称此次行动既非军事政变，也非军事接管，而是为了清除总统身边的罪犯，这些人的犯罪行为导致国家陷入经济、社会危机，因此必须将他们绳之以法，待完成这一使命之后，局势就会恢复正常。[①] 事件并未造成人员伤亡，没

---

① "We Are Targeting the Criminals around the President", *The Herald*, November 15, 2017.

有引发人们所担心的流血冲突和国家动乱，首都及全国局势总体稳定，社会秩序基本正常，人们工作生活如常。

但是，津巴布韦发生"政变"的消息迅速传遍世界，引起广泛关注。11月16日，南共体派出特使抵达哈拉雷，与穆加贝总统、军方举行三方会谈，无果而终。11月17日，穆加贝总统仍然出席了津巴布韦开放大学的毕业典礼，以校长身份为3339名毕业生举行拨穗礼，授予学位证书。在这些毕业生里，其中就有军事行动领导人、国防军司令康斯坦丁·奇温加的妻子。

11月18日，来自全国各地的30多万人走上哈拉雷街头，举行规模空前、声势浩大的游行示威活动，坚决支持军方行动，强烈要求穆加贝下台。游行队伍群情激昂，欢呼雀跃，载歌载舞，尽情释放着压抑已久的情绪，显示着人民无穷的力量。这场被称为"世纪大游行"的群众运动对于迫使穆加贝下台起了重要作用，也因此永远载入津巴布韦史册。

11月19日，民盟中央委员会召开特别会议，决定解除穆加贝的党内职务，不再担任民盟主席兼第一书记，同时决定恢复姆南加古瓦的党籍，并推选他出任民盟主席兼第一书记。特别会议还发出最后通牒：限期穆加贝于11月20日中午之前辞去总统职务，否则议会将正式发起弹劾程序。当晚穆加贝发表电视讲话，人们原本以为他要宣布辞职，但最终对辞职事只字未提。

11月21日，鉴于穆加贝并未在民盟中央委员会规定的时间内宣布辞职，津巴布韦议会决定启动总统弹劾程序。面对各方强大的压力，穆加贝认识到大势已去，无力回天，遂向议会递交辞呈，众议长雅各布·穆曾达当场宣读。长达37年的"穆加贝时代"就此画上了句号，津巴布韦迎来了新时代。

11月22日，前副总统姆南加古瓦从南非返回津巴布韦，在哈拉雷机场受到英雄般的热烈欢迎。11月24日，姆南加古瓦在国家体育场举行的盛大仪式上宣誓就任总统，成为津巴布韦自1980年独立以来的第三位总统。① 11月30日，姆南加古瓦总统公布了新内阁组成名单。12月15日，民盟举行全国特别代表大会，正式批准姆南加古瓦担任党主席兼第一书记，并推选他为2018年大选总统候选人。

12月18日，津巴布韦新任国防军司令菲利普·西班达宣布"恢复革命遗产行动"（Operation Restore Legacy）正式结束，国家秩序恢复正常。这也宣告为期一个多月的津巴布韦政治剧变落下帷幕，国家走向正常发展轨道。

二 津巴布韦政治剧变的原因

这场津巴布韦政治剧变事发突然，过程充满戏剧性，结果受到各方欢迎。穆加贝是与曼德拉、尼雷尔、卡翁达等老一辈非洲政治家同时代的人物，他们大都已故去或者早已解甲归田，唯有穆加贝一直在台上，紧抓权力不放，声称"只有上帝才能把我从总统之位上带走"，以93岁的高龄仍然要竞选下届总统。但他未能等到2018年大选的到来，便在自己的老部下、老战友们发动的"兵谏"中轰然倒下，最终以黯然辞职收场，其中的原因发人深思。

（一）穆加贝试图"让位"于妻子，引发民愤和众怒，是直接原因

众所周知，穆加贝是当今世界备受争议的一个政治人物。在许多人眼里，穆加贝是一位不折不扣的反殖民主义斗士、反西方霸权主义斗士，一位坚定的民族主义者，一位长期屹立不倒的非洲政治强人，一位"腰杆子很硬的人"。与此相反，那些痛恨他的人则视穆加贝为一个名副其实的独裁者，一个双手沾满鲜血的暴君，一个把津巴布韦带向危机深渊的"昏君"。正如有评论指出，爱他的人称穆加贝是救世主，恨他的人称穆加贝是魔鬼。这种完全两极化的评论正说明穆加贝身上的极大争议性。

从1980年4月国家独立起，穆加贝便一直担任津巴布韦最高领导人，1980—1987年出任总理，1987年起改任总统，后经5次连选连任，一直到2017年11月。穆加贝极度迷恋权力，早在2008年大选前夕他就说出

---

① 津巴布韦首位总统是加南·布纳纳，任职时间是从1980年4月18日至1987年12月31日，这期间穆加贝担任掌握实权的总理，后来津巴布韦改为总统制后，穆加贝出任总统。

了这样的惊世名言："只有任命我的上帝才能把我赶下台，不是民革运，也不是英国人。"① 2016 年 12 月，民盟第 16 次全国代表大会通过决议，确定穆加贝为 2018 年大选该党唯一总统候选人。但是，自然规律终归难以违抗，随着年事已高，穆加贝必须要为自己的身后事做打算，必须要为自己家人（妻子和 3 个子女）的安全与利益着想，为此竟然有意让其妻子格蕾丝·穆加贝来接任总统。格蕾丝不仅没有参加革命战争的经历，缺少政治根基，缺乏从政经验，而且在国内外名声不好，但其觊觎总统之位的野心日渐暴露，最后甚至公开要求穆加贝"光明正大"地将总统权力"交给"她。穆加贝先是将格蕾丝"拉进"民盟政治局，让她担任民盟妇女联盟书记，后来又试图任命她为副总统，从而为最终接任总统铺路。时任副总统姆南加古瓦被认为是穆加贝总统最有希望、最有力的接班人，也因此成了格蕾丝谋求总统道路上最大的威胁和障碍。在格蕾丝及其团伙的鼓动下，穆加贝以"不忠诚、不可靠、不敬重"为由将姆南加古瓦解职，并着手对其势力展开清洗。事实证明，这是一个极其错误的"昏着"，在执政党民盟及其领导的军队内部造成"地震"，也引发广大民众的强烈不满，认为穆加贝夫妇试图将国家私有化，将总统权力私有化，将政党私有化，试图"通过性关系实现权力交接"。津巴布韦国防军遂打着"清君侧"（清除总统身边的罪犯）的旗号发动"兵谏"，其真实目的则是迫使穆加贝下台。

（二）执政党民盟内斗加剧、党内分裂严重，是深层次原因

除了在不到 5 年间（2009—2013 年）曾与反对党民革运联合执政以外，民盟长期一党执政。随着穆加贝走向年迈，民盟内部围绕接班人问题展开激烈的明争暗斗，造成党内分裂日趋严重，威胁党的团结与统一。前副总统乔伊斯·穆菊茹一度被认为是穆加贝可能的接班人，最终却因为"急于夺权"被免职并驱逐出党，一批与穆菊茹有关联的党内元老和政府高官遭到清洗。2014 年 12 月，时任司法部长姆南加古瓦被穆加贝任命为副总统。姆南加古瓦出生于 1942 年，游击战争时期跟随穆加贝出生

---

① "Robert Mugabe Says 'Only God' Can Remove Him", *The Telegraph*, http://www.telegraph.co.uk, 20 June, 2008.

入死，津巴布韦独立后历任安全部长、财政部长、众议长、农村发展部长、国防部长、司法部长等职，直至副总统。他一直是穆加贝的左膀右臂，也是仅次于穆加贝的实权派人物，在党政军内均有非常雄厚的根基，并且得到津巴布韦老兵协会这一重要政治力量的支持。姆南加古瓦人送外号"鳄鱼"，其势力因此被称为"鳄鱼派"。率领军队发动"兵变"的国防军司令奇温加便是姆南加古瓦最强有力的支持者。

与姆南加古瓦"鳄鱼派"相对立的是以第一夫人格蕾丝为首的"G40派"（即40岁少壮派），重要核心成员包括时任副总统姆博科、财政部长琼博、地方政府事务部长卡苏库维利、高等教育部长莫约、青年与本土化部长朱沃（穆加贝的外甥）、民盟青年联盟书记齐盘加等人。他们多是一帮政治投机分子，极力支持格蕾丝谋求总统之位，意在利用穆加贝夫妇为自己谋取权力，捞取利益。

民盟上述两派之间的斗争愈演愈烈，最后达到剑拔弩张的地步，严重危及执政党的生死存亡。穆加贝总统将姆南加古瓦解职成为引燃炸药的导火索，津巴布韦军方以"恢复革命遗产"为名，对政治进行干预，一举"剿灭"了G40派势力，迫使穆加贝总统辞职，支持姆南加古瓦继任总统。正如有评论认为："那是一个致命的错误，导致姆南加古瓦和奇温加做出致命反应，穆加贝如今被迫辞职。"[①]

（三）津巴布韦深陷政治、经济、社会危机，是根本原因

首先看政治危机。除了执政党内部斗争和分裂加剧以外，民盟与反对党之间的斗争和较量长期存在，由此导致的政治危机不断加深。第一大反对党津巴布韦民主变革运动（简称"民革运"）成立于1999年，迄今为止与穆加贝领导的民盟共进行了三次大选较量（2002年、2008年、2013年），每次选举都带来大量的政治暴力，引发严重的政治危机，遭到西方严厉指责和制裁，这几乎成为津巴布韦"西式民主选举"的定式。反对党攻击穆加贝及民盟治国无方，导致经济衰退，民不聊生，发动民众走上街头，举行游行示威，结果演变成打砸抢暴力事件，当局不得不

---

① ［美］罗伯特·罗特伯格：《在津巴布韦上台是民主姗姗来迟》，载加拿大《环球邮报》，2017年11月21。

采取强力手段才平息了暴乱局势。政治危机加剧了社会分裂,造成社会不稳。

其次看经济危机。2000年"快车道"土地改革以来,津巴布韦经济形势每况愈下,从南部非洲的"面包篮子"沦为严重依赖粮食进口国家,从一个经济较为发达的国家沦为一个贫穷落后的国家。津巴布韦经济长期处在"四高一少"的状态:高通胀率,高赤字率,高负债率,高失业率,外汇储备少。2008年这个国家的通货膨胀达到史无前例,发行了面值高达100万亿津元的纸币。2009年4月,政府被迫宣布停用津元,实施包括美元、欧元、兰特等在内的多元货币体系,津巴布韦也因此成为没有本国主权货币的国家。此后该国恶性通货膨胀虽然得到遏制,却又陷入严重的现金短缺危机。为此,津巴布韦政府决定发行债券货币(bond notes),强制规定债券货币与美元等值,在国内市场上流通。但是这一做法不能从根本上解决货币危机问题,也无法抑制物价上涨,反而引发人们对重回2008年恶性通货膨胀的担忧。2013—2016年津巴布韦的经济增长率分别为4.5%、3.2%、1.1%、0.6%,呈逐年下滑趋势。[1] 当今世界各国都在谋求经济增长,津巴布韦却不幸成为"世界上经济倒退最快的国家"[2],确实到了需要进行反思、改革和转变的时候了。

第三看社会危机。严峻的经济形势造成津巴布韦人民生活困苦,社会不稳定性大大增加。财政困难迫使政府将有限的资金优先用于保障军队、警察、安全部门人员的工资发放,政府公务员、市政人员、医护人员、教师等人的工资则往往被一拖再拖。现金短缺危机造成银行前排起长长的队伍,人们连夜排队只为能够取到微薄的50美元甚至20美元,生计十分艰难。政府已多年未公布国家就业状况的报告,津巴布韦工会联合会称目前该国的失业率高达90%。[3] 根据联合国《2016年人类发展报

---

[1] 参见吴传华《津巴布韦的本土化政策及其对中国投资的影响》,载《西亚非洲》2017年第5期,第154页。

[2] Alfred J. Cartage (ed.), *Focus on Zimbabwe*, Nova Science Publishers, Inc., New York, 2009, p. 27.

[3] "Zimbabwe's Unemployment Rate Now at 90 Percent: Union", https://zimbabwe-today.com, May 4, 2017.

告》，津巴布韦生活在国际贫困线（按购买力平均计算每天1.9美元）以下的贫困人口比例为21.4%，属于世界最贫穷国家之一；其人类发展指数在全世界188个国家和地区中排名第154位，属于低等发展水平之列。处于贫穷和饥饿中的人们对穆加贝政权的不满情绪在蔓延和上升，他们需要面包，想要改变。一位普通民众对媒体表示："坦白地说，我就是希望穆加贝下台。我们真的累了，我们需要新思想。我不在乎下一位总统来自哪个政党，只要他能够让我们的生活变好就行。"① 反对派借机发起大规模游行示威、集会抗议、罢工罢市事件，将矛头指向政府，要求穆加贝下台，提前举行大选。2016年8月哈拉雷爆发号称的"百万人大游行"，最终演变成打砸抢暴力事件，政府不得不出动大批军警，以强力手段平息骚乱。但这种高压手段治标不治本，不能从根本上解决问题，反而会进一步加剧社会矛盾。

津巴布韦政治、经济和社会危机交相叠加，长期积累，一旦时机来临便会总爆发，犹如火山之危。正如津巴布韦国防军在其声明中所说，"日益蔓延的政治、经济和社会危机如果得不到有效解决，将会给我们国家带来严重的暴力冲突"。②

三 津巴布韦政治剧变的影响

津巴布韦政治剧变和穆加贝下台引发世界广泛关注，一时间成为国际政治的一个热点。这是一起非同寻常的政治事件，对津巴布韦未来发展具有重大而深远的影响，标志着非洲人自主解决非洲问题能力的提升，同时给津巴布韦与西方关系改善带来了契机，中津友好关系则经受住了考验，历久弥坚。

（一）津巴布韦迎来了"后穆加贝时代"

穆加贝在位长达37年，是非洲乃至世界政坛名副其实的"不倒翁"，但是人们关于"后穆加贝时代"的议论早在一二十年之前就已经开始了。英国诺贝尔文学奖获得者多丽丝·莱辛在其《非洲的笑声——四访津巴

---

① Bridget Mananavire, "2016 A Year to Forget for Zimbos", *Daily News*, 31 December, 2016.
② "We Are Targeting the Criminals around the President", *The Herald*, November 15, 2017.

布韦》一书中写道:"在情况错综复杂的国家,人们总会相信领导人的更替会带来形势的好转。有谣传说,国家会很快有个新领导,穆加贝会辞职。"① 这说的是 1992 年的情形,也许是关于"后穆加贝时代"最早的议论。转眼来到 2008 年,在总统选举首轮投票中,民革运领导人茨万吉拉伊的得票率领先穆加贝将近 5 个百分点,反对派一片欢呼,认为取代穆加贝指日可待,外界也认为穆加贝时代行将结束,"只消轻轻一推,穆加贝政府就会土崩瓦解"。② 但就是这轻轻一击,茨万吉拉伊最终未能完成,穆加贝依然稳坐钓鱼台。在 5 年后的 2013 年大选中,茨万吉拉伊再次,也是最后一次向穆加贝发起挑战,结果以 35% 对 61% 的选票大差距落败。对此,英国广播公司的评论颇为耐人寻味:"武士"茨万吉拉伊试图废黜"国王"穆加贝,结果他自己却被侧翼包抄了。③ 直到 2017 年 11 月穆加贝黯然辞职,"后穆加贝时代"的另一只靴子才最终落地,而这距离 1992 年已经过去了 25 年。对于"后穆加贝时代",姆南加古瓦总统在其就职演说中强调,让过去成为历史,人们不分种族、民族和党派,精诚合作,共同迎接新时代的到来,共同建设美好家园。未来尽管依然困难重重,但是改变现状的第一步已经迈出,人们至少看到了前进路上的希望。

(二) 非洲人自主解决非洲问题的能力在提升

2017 年津巴布韦政治危机得以迅速、高效地和平解决,实现了一场没有流血的"和平权力过渡",避免了陷入冲突和战乱的危险,有力地保障了津巴布韦国家的和平与稳定,维护了南部非洲地区的和平与安全。这是此次事件的重要意义之所在,以及它所折射出的关于非洲大陆积极乐观的方面之一。

与此同时,纵观津巴布韦政治危机的解决过程,可以说基本上没有外部势力尤其是西方大国的干涉,而是依靠自主解决,并且取得了令人满意的结果,树立了非洲人以非洲方式自主处理非洲事务、自主解决非洲问题的典范。非洲是非洲人的非洲,非洲事务应由非洲人做主,非洲

---

① [英] 多丽丝·莱辛:《非洲的笑声——四访津巴布韦》,叶肖等译,第 509—510 页。
② 陶短房:《89 岁老总统 5 连任的奥秘》,载《廉政瞭望》2013 年第 9 期,第 72 页。
③ Andrew Harding, "Zimbabwe's Opposition-A Greek Tragedy", *BBC News*, 29 April, 2014.

问题理应由非洲人自主解决,这是 50 多个非洲国家实现联合自强的重要目标。面对国内政治危机,以和平方式而非暴力方式,在法律框架内而非无视或超越法律,依靠自身力量而非借助外来干预,予以妥善解决,应该说津巴布韦是一个很好的例子。这说明非洲国家在政治上日臻成熟,标志着非洲人自主决定本国事务、自主解决本国问题能力的提升,在非洲历史上具有积极意义。

此外,"津巴布韦模式"是否会产生示范效应值得关注。津巴布韦政治危机和平解决的路径非常清晰:军方行动掌控局势,群众运动施加压力,党内解决釜底抽薪,宪法手段水到渠成。非洲国家对此普遍持接受态度,甚至认为这不仅是津巴布韦的胜利,而且是整个非洲的胜利。由此人们担心,津巴布韦政权更迭模式是否会产生溢出效应或者示范效应?即会不会有其他非洲国家起而效仿津巴布韦,来改变本国的政治现状。2018 年 2 月 14 日,南非总统祖马在非国大党内"逼宫"之下被迫宣布辞职,由非国大主席、副总统拉马福萨继任总统,这一政局变化在一定程度上可以说与津巴布韦有异曲同工之妙。而对于存在"老人政治"的其他非洲国家,穆加贝倒台无疑也是个警钟或者提醒。

(三)西方看到了与津巴布韦改善关系的契机

自 2000 年津巴布韦实行"快车道"土地改革以来,英国、美国、加拿大等西方国家以及欧盟发起对津巴布韦的制裁,已持续近 20 年,双方关系难见改善。穆加贝倒台让西方看到了与津巴布韦改善关系的有利时机。英国对津巴布韦怀有特殊而又复杂的感情,作为殖民地的津巴布韦曾经是"英国王冠上的一颗明珠",独立后的津巴布韦与英国曾经保持一段"蜜月期"。但是好景不长,随着津巴布韦强制没收白人土地,英国高高举起制裁大棒,两国反目成仇。被没收土地和赶出津巴布韦的白人大多是英国人的后裔,他们对这片土地一直念念不忘。津巴布韦政治剧变发生以后,英国在第一时间作出反应,特蕾沙·梅首相称英国是津巴布韦"最老的朋友",将竭尽所能支持津巴布韦。英国非洲事务大臣罗里·斯图尔特立即出访津巴布韦,作为特使出席了姆南加古瓦总统的就职典礼,他表示英国政府将与津巴布韦新政府密切合作,从此开启一段两国间的"新友谊",掀开历史的新篇章。① 美国驻津巴布韦大使哈里·托马斯表示:"作为津巴布韦人民一直以来的朋友,美国很高兴看到津巴布韦迎来了走向一条新道路的历史机遇,并已准备好帮助津巴布韦实现非常急需的经济稳定,实现迫在眉睫的政治和经济改革。"② 德国总理默克尔也向姆南加古瓦总统致电祝贺,表示德国全力支持津巴布韦开启新的历史征程,进一步加强两国合作伙伴关系。

应该说,津巴布韦与西方关系的改善符合双方利益需求。但是,冰冻三尺非一日之寒,双方关系改善需要跨越很多障碍,西方国家对姆南加古瓦政府仍然持观望态度,需要看其"实际行动",会继续以民主、法治、人权、改革、自由和公正的选举等条件向津巴布韦施压。2017年12月,美国国务院向国会参议院对外关系委员会递交关于津巴布韦的报告称:"我们的立场是,姆南加古瓦政府要想改善外交关系,获得国际援助与合作,特别是美国的援助与合作,就必须进行改革。"③ 今年3月,美国总统特朗普签署命令,以"津巴布韦对美国外交政策仍然构成威胁"为由,决定将对津巴布韦的制裁继续延长一年,这无疑是个负面信号。

(四)中津友好关系历久弥坚

中国曾大力支持津巴布韦民族解放斗争,双方通过患难之交结下深厚友谊。多年来,中津友好合作不断全面深入发展,两国、两党关系不断加强。津巴布韦政治剧变发生之后,中国外交部发言人第一时间表态,"中方相信津巴布韦有能力处理好内部事务","中国对津巴布韦的友好政策不会变"。姆南加古瓦就任总统之后,习近平主席即致电祝贺,并派出特使访问津巴布韦。中津友好关系并未受到津巴布韦政局变化的影响,而是继续向前发展,正如习近平主席在贺电中所言,"中津是好朋友、好伙伴、好兄弟,中津关系经受住了时间和国际风云变幻的考验"。

早年姆南加古瓦曾在中国受过军事培训,后又多次访华,最近的一

---

① Daniel Nemukuyu, "Britain Makes First 'Re-engagement' Move", *The Herald*, November 25, 2017.

② "World Powers Send Their Regards", *The Herald*, November 27, 2017.

③ "US Sets Terms for Mnangagwa's Govt, Orders Military off the Street", *New Zimbabwe*, 13 December, 2017.

次是 2015 年 7 月作为副总统访华。姆南加古瓦总统的这一"中国背景"被人们所津津乐道，甚至有人把他比作"津巴布韦的邓小平"，希望在他的领导下，学习中国发展经验，实行改革开放政策，实现本国快速发展。姆南加古瓦总统在会见中国政府特使时表示，津巴布韦政府和人民不会忘记中方长期以来向津方提供的无私帮助，不会忘记中方在津巴布韦国家发展关键时刻给予的宝贵支持；津方高度重视对华关系，他就任总统后到非洲大陆以外出访，将首先访问中国。

近年来，中津两国政治互信不断增强，经贸合作日益扩大，人文交流持续增强，双方在各领域的合作不断扩大加深。2017 年 12 月，中津两国政府签署三份协议，包括中方向津方提供优惠贷款框架协议以及两笔无偿援助经济技术合作协定，用于哈拉雷国际机场升级改造、议会大厦、超算中心二期以及双方商定的其他项目建设。这是姆南加古瓦就任总统之后中津两国政府间的首批协议，标志着中津友好合作继续深入发展。

第三节　姆南加古瓦新政

姆南加古瓦上台以后，提出"百日新政计划"（The 100 Days Programme of Government），实施一系列政治、经济和外交改革举措，致力于维护国家稳定和团结，促进经济恢复和发展，改善对外关系和处境，重塑良好的国家形象和政府形象，受到国内社会各界的支持和国际社会的欢迎。

（一）政治上，维护国家稳定和团结，树立开明政府形象

在就职演说中，姆南加古瓦强调自己是全体国民的总统，不分种族、民族、宗教和政治派别，呼吁津巴布韦人民团结一致，共建美好家园。姆南加古瓦总统高度评价穆加贝为津巴布韦独立和发展所作的伟大历史贡献，依然尊称他为自己的父亲、导师、同志和领导，保障穆加贝作为前国家领导人的退休待遇，并将其生日（2 月 21 日）设为全国公共假期"国家青年日"。此举显示了姆南加古瓦总统宽广的胸怀和睿智高明之处，为其赢得了广泛赞誉。

姆南加古瓦总统重用军方人士，任命前国防军司令奇温加为第一副

总统，退役陆军中将西布西索·莫约出任外交部长（此人也是"恢复革命遗产行动"中的军方发言人），原空军司令佩伦斯·希里担任非常重要而又敏感的土地、农业和农村安置部长。与此同时，作为武装部队总司令，姆南加古瓦总统对军队领导层进行了调整，任命菲利普·西班达为新任国防军司令，并提拔任命了一批中高级将领，以此加强对军队的控制。在执政党民盟内部，穆加贝时期的党内高层元老大多得以留任，担任民盟政治局委员或者内阁部长。对于重用军方人士，批评者认为这是姆南加古瓦总统给予军方支持自己出任总统的"回报"，从而导致新政府军方色彩浓厚，受到外界尤其是西方的诟病。对于民盟党内元老大多留任，批评者认为这是"新瓶装旧酒"，看不出新政府与穆加贝政府有什么"不一样"，从而质疑姆南加古瓦改革的效果。但是，姆南加古瓦总统正是通过一手抓政党，一手抓军队，最大限度地维护了党内、军队和国家的团结与稳定，实现了政权顺利过渡。

在处理与反对党关系问题上，姆南加古瓦总统表现出尊重和包容的高姿态，显示出高超的政治智慧。在民革运领导人茨万吉拉伊病重期间，姆南加古瓦总统与奇温加副总统一起前去探望，此举震动朝野，被认为是历史性的"握手外交"，是津巴布韦的"新政治"。2018年2月14日，茨万吉拉伊在南非医院病逝，姆南加古瓦总统向这位昔日的政治对手表示沉痛哀悼和崇高敬意，盛赞他为"毕生致力于自由、公正、可信、非暴力选举，促进国家民主发展的全国知名人物"，① 指示政府部门协助安排好"国家资助的葬礼"，相关费用由政府承担，并派民盟全国主席穆春古丽代表政府和执政党前去参加葬礼。这些姿态和做法不仅赢得了反对派的尊重，也赢得了社会各界的赞誉，为姆南加古瓦总统加分不少。对于被没收土地的白人农场主，姆南加古瓦总统承诺国家将对他们进行赔偿，同时欢迎他们重返家园经营农场，以重振津巴布韦农业。此举对白人农场主来说是个好消息，同时向外界展示了姆南加古瓦政府致力于改善本国投资环境的决心。

---

① Tendai Mugabe & Nokutenda Chiyangwa, "State Funeral for Tsvangirai", *The Herald*, February 16, 2018.

姆南加古瓦声称要做一个"善于聆听"和"有求必应"的人民总统，同时下决心打造一个高度负责、公正透明、精简高效、清正廉洁的政府。在组建新内阁时，本着精简政府机构、压缩财政开支的精神，将部委由原来的27个减至22个。姆南加古瓦总统下令政府各部门制定和实施"百日新政计划"，做到恪尽职守，勤政为民，坚决杜绝懒政，彻底改变消极懈怠的工作作风。他还誓言消除腐败，打造清正廉洁的政府形象，以赢得民心支持，为此要求所有政府高层官员公布个人财产，并在各省成立专门的反腐败法庭。

（二）经济上，大力改善投资环境，优先实现经济发展

穆加贝执政时期，津巴布韦经济和民生每况愈下，致使政府失去人民的支持和拥护，人民对穆加贝下台感到欢欣鼓舞。姆南加古瓦对此有清醒认识，从中吸取深刻教训，上台后誓言要进行改革，重振经济，创造就业，改善民生。他在不同场合反复强调，恢复和发展经济是政府工作的重中之重，是最优先、最紧迫的任务。他提出的"百日新政计划"以重振经济为中心，要求各部门拿出切实推动经济发展的方案来，使国家早日走出经济低谷，走上经济振兴之路。

为了改善投资环境，扩大吸引外资，姆南加古瓦总统首先拿多年来饱受诟病的本土化政策开刀。该政策规定任何外资企业都必须由津巴布韦本地人占51%以上的股份，被认为是将外国投资拒之门外的重要因素。2018年3月本土化法被正式修改，规定除了钻石、铂金开采业和一些保留行业以外，任何人都可以在津巴布韦自由投资，开设独资或者合资企业，拥有全部或者部分所有权或控股权，不再受原来49%以下股权的限制。此举标志着津巴布韦大力度开放市场，吸引外资，对外国投资者来说是利好消息。

为了缓解货币流动性危机，姆南加古瓦总统下令追缴非法外流资金，并发出为期3个月的最后通牒，要求有关企业和个人将非法外流资金主动交回，否则将面临法律严惩。最后通牒期限过后，政府公布了涉嫌非法资金外流的名单，共1884家企业和个人上榜，涉及金额近10亿美元。但是，此名单公布后即引发很大争议，追缴资金的实际效果如何尚有待观察。

为了扩大商品出口,增加出口创汇,姆南加古瓦政府出台了出口奖励政策,重点扶持黄金、烟草、旅游和园艺等行业,扶持资金分别为4000万、2860万、1000万和1000万美元。在津巴布韦的外汇总收入中,出口收入占到60%以上,远高于外国直接投资和侨民汇款;出口商品以初级产品为主,其中矿产品和烟草出口收入占该国出口总收入的80%以上,制造业和服务业各占不到10%。①

为了盘活国有企业,减轻国家财政负担,姆南加古瓦政府加大了推进私有化的力度。今年1月政府发布公报,计划将一些经营不善、长期亏损的国有大型企业,包括津巴布韦铁路公司、燃油公司、邮电公司甚至航空公司等,实行私有化或者部分私有化,鼓励民营或者外国资本参与。津巴布韦目前共有92家国有企业,其中大部分处于亏损状态,据总统与内阁办公室报告显示,2016年38家国有企业共亏损2.7亿美元。②

恢复和发展经济绝非一日之功,也非一个"百日新政计划"就能实现,但是姆南加古瓦总统上台后所展现出的决心和采取的行动至少让人们看到了津巴布韦经济发展的希望。近来他又提出,新政府的长远目标是到2030年把津巴布韦建设成为一个中等收入国家。评论认为,这不仅仅是一个经济发展目标,也是姆南加古瓦总统的政治纲领,为津巴布韦发展规划了蓝图,同时为自己未来执政做好铺垫。

(三) 外交上,积极改善对外关系,努力扩大对外合作

姆南加古瓦总统上台以后,外交活动频繁,出国访问不断,积极改善对外关系,改变国家形象,扩大对外合作,大力吸引外资,在外交方面的表现可圈可点。姆南加克瓦的外交政策也越来越清晰,基本上可以概括为:立足非洲,高度重视对华关系,谋求改善与西方关系,借助国际多边体系。

非洲是津巴布韦外交政策的立足点,与周边邻国的关系尤为重要。在短短几个月时间里,姆南加古瓦总统便访问了南非、安哥拉、纳米比

---

① E. D. Munangagwa, "State of the Nation Address", http://www.zimfa.gov.zw, December 20, 2017.

② Lex Vambe, "Zimbabwe Announces Massive Plan for Privatisation of State-Owned Enterprises", https://www.pazimbabwe.com, January 3, 2018.

亚、莫桑比克、赞比亚、博茨瓦纳和刚果（金）等国，以加强双边关系，促进睦邻友好合作。今年3月，姆南加古瓦总统与博茨瓦纳总统伊恩·卡马以及赞比亚总统埃德加·伦古签署了原先久拖未决的三国合建卡尊古拉大桥的协议。评论指出，"被穆加贝拖延了10年之久的项目，姆南加古瓦总统用了不到10分钟便实现了"。①

中国是津巴布韦的传统友好国家，双方是"全天候朋友"，是重要的战略合作伙伴。姆南加古瓦总统公开表示，中国将是他赴非洲大陆以外访问的首个国家。2018年4月，姆南加古瓦总统访华，习近平主席与其举行会谈。两国元首一致决定将中津关系提升为全面战略合作伙伴关系，推动双方关系好上加好。两国政府签署了经济技术、农业、科技、人力资源开发等领域的合作文件。此访有助于进一步加强两国友好合作关系，深化双方在各领域的合作，将中津关系推向一个新的历史水平。

在改善与西方关系方面，姆南加古瓦政府制定了"重新接触"战略，谋求与西方关系实现正常化，解除西方强加的制裁，寻求西方援助与投资。为此，姆南加古瓦总统派财政部长帕特里克·奇纳马萨作为特使访问英国、法国、瑞典三国。其英国之行尤为引人关注，这是十多年以来津巴布韦政府高官首次访问英国，被称为"破冰之旅"，其中一个重要议题是关于津巴布韦重返英联邦事宜，成为人们关注的焦点。

姆南加古瓦总统还积极利用国际多边体系和舞台，为津巴布韦的发展创造有利条件。他"闪亮登场"第48届达沃斯世界经济论坛，会见多国政要和世界商业巨头，向他们宣介"新的津巴布韦"，努力吸引外国投资。他还承诺妥善处理拖欠世界银行、国际货币基金组织、非洲发展银行等多边机构的债务，加强与它们的沟通与合作，全力争取融资方面的支持。据报道，非洲进出口银行已经同意向津巴布韦提供15亿美元的资金支持，用于稳定国家经济和提供投资担保。

姆南加古瓦总统的外交政策已初见成效，短期内便为津巴布韦吸引

---

① 卡尊古拉大桥（Kazungula Bridge），位于赞比西河上津巴布韦、博茨瓦纳和赞比亚交界处，是南部非洲"南北走廊"上的重要通道，总投资2.59亿美元，穆加贝时期以津巴布韦无法从该桥建设中获益为由，一直拒绝签署三方合作协议。参见Takunda Maodza, "ED Ends Decade-long Impasse", *The Sunday Mail*, March 11, 2018.

到超过 30 亿美元的意向投资。① 但同时不可否认，津巴布韦全面改善对外关系，实现与西方关系正常化，完全解除西方制裁，还面临许多障碍、挑战以及不可测因素，未来可能并非一帆风顺。

的确如此，从 1980 年独立至今，津巴布韦将很快迎来"四十不惑"之年。津巴布韦的未来发展之路依然漫长，津巴布韦人民积极探索适合自身发展道路和发展模式的努力不会停止。道路是曲折的，未来是光明的，津巴布韦的未来也一定是光明的。

---

① Felex Share, "Over ＄3 Billion Investments Commitments Firm Up", *The Herald*, March 14, 2018.

参考文献

一 英文文献

Abiodun Alao, *Mugabe and the Politics of Security in Zimbabwe*, McGill-Queen's University Press, 2012.

Alfred J. Cartage (ed.), *Focus on Zimbabwe*, Nova Science Publishers, Inc., New York, 2009.

A. K. H. Weinrich, *Women and Racial Discrimination in Rhodesia*, UNESCO, Paris, 1979.

Andre Astrow, *Zimbabwe: A Revolution That Lost Its Way?* Zed Press, London, 1983.

Blessing-Miles Tendi, *Making History in Mugabe's Zimbabwe: Politics, Intellectuals and the Media*, Perter Lang, Bern, 2010.

Brian Raftopoulos & A. S. Mlambo (eds.), *Becoming Zimbabwe: A History from the Pre-colonial Period to 2008*, Weaver Press, Harare, 2009.

Brian Raftopoulos & Ian Phimister (eds.), *Keep on knocking: A history of the Labour Movement in Zimbabwe 1900 – 1997*, Harare: Baobab Books, 1997.

Brian Raftopoulos & Lloyd Sachikonye (eds.), *Striking Back: The Labour Movement and the Post-Colonial State in Zimbabwe 1980 – 2000*, Harare: Weaver Press Ltd, 2003.

Brian Raftopoulos & Tsuneo Yoshikuni (eds.), *Sites of Struggle: Essays in Zimbabwe's Urban History*, Harare: Weaver Press Ltd, 2001.

Colin Stoneman & Lionel Ciffe, *Zimbabwe Politics, Economics and Society*,

Pinter Publishers Limited, London, 1989.

D. N. Beach, *The Shona & Zimbabwe 900 – 1850: An Outline of Shona History*, Heinemann Educational Books Ltd, London, 1980.

D. N. Beach, *War and Politics in Zimbabwe 1840 – 1900*, Mambo Press, Harare, 1986.

David Beach, *The Shona and Their Neighbours*, Wiley-Blackwell, 1994.

David Kaulemu (ed.), *The Struggles after the Struggle*, The Council for Research in Values and Philosophy, Washington D. C., 2008.

David Martin & Phyllis Johnson, *The Struggle for Zimbabwe: The Second Chimurenga War*, African Publisher Group, Harare, 2012.

David McDermott Hughes, *Whiteness in Zimbabwe: Race, Landscape and the Problem of Belonging*, Palgrave Macmillan, 2010.

Elaine Windrich, *Britain and the Politics of Rhodesian Independence*, Croom Helm Ltd, London, 1978.

Gwyneth Williams & Brian Hackland, *The Dictionary of Contemporary Politics of Southern Africa*, London: Routledge, 1988.

H. H. K. Bhila, *Trade and Politics in a Shona Kingdom: The Manyika and Their African and Portuguese Neighbours 1575 – 1902*, Longman Group Limited, UK, 1982.

Heidi Holland, *Dinner with Mugabe: the Untold Story of a Freedom Fighter Who Became a Tyrant*, New York: Penguin, 2008.

Heike Schmidt, *Colonialism & Violence in Zimbabwe: A History of Suffering*, James Currey, 2013.

Henry Moyana, *The Political Economy of Land in Zimbabwe*, Gweru: Mambo Press, 2002.

Henry Wiseman & Alastair Taylor, *From Rhodesia to Zimbabwe: The Politics of Transition*, Pergamon Press, 1981.

Ian Scoones, Nelson Marongwe, etc. (eds.), *Zimbabwe's Land Reform: Myths & Realities*, James Currey, 2010.

Jefferiy Herbst, *State Politics in Zimbabwe*, University of California

Press, 1990.

Jericho Nkala, *The United Nations, International Law, and the Rhodesian Independence Crisis*, Clarendon Press, 1985.

Joshua Nkomo, Nkomo: *The Story of My Life*, Methuen London Ltd., London, 1984.

Leonard T. Kapungu, Rhodesia: *The Struggle for Freedom*, Orbis Books, New York, 1974.

Lionel Cliffe, Jocelyn Alexander, Ben Cousins & Rudo Gaidzanwa (eds.), *Outcomes of post - 2000 Fast Track Land Reform in Zimbabwe*, Routeledge, 2013.

Lloyd Sachikonye, *Zimbabwe's Lost Decade: Politics, Development & Society*, Weaver Press, Harare, 2011.

Michal Bratton, *Power Politics in Zimbabwe*, Lynne Rienner Publishers, 2014.

Michael West, *The Rise of an African Middle Class: Colonial Zimbabwe 1898 - 1965*, Bloomington: Indiana University Press, 2002.

N. Bhebe & T. O. Ranger (eds.), *The Historical Dimensions of Democracy and Human Rights in Zimbabwe, Volume One: Pre-Colonial and Colonial Legacies*, University of Zimbabwe Publications, Harare, 2001.

Niall Ferguson, *Empire: the Rise and Demise of the British World Order and the Lessons for Global Power*, Basic Books, New York, 2004.

Oyekan Owomoyela, *Culture and Customs of Zimbabwe*, Greenwood Press, Westport, 2002.

Peter Baxter, Rhodesia: *Last Outpost of the British Empire 1890 - 1980*, Galago Books, South Africa, 1999.

Peter Garlake, *Great Zimbabwe*, Thames and Hudson, London, 1973.

Peter Garlake, *Great Zimbabwe: Described and Explained*, Zimbabwe Publishing House, Harare, 1982.

Prosper Matondi, *Zimbabwe's Fast Track Land Reform*, Zed Books, London, 2012.

Ranka Primorac & Stephen Chan, *Zimbabwe in Crisis: The International Re-

sponse and the Space of Silence, Routledge, 2007.

Robert Blake, *A History of Rhodesia*, London: Eyre Methuen, 1977.

Staffan Darnolf & Liisa Laakso (eds.), *Twenty Years of Independence in Zimbabwe: From Liberation to Authoritarianism*, Palgrave Macmillan, 2003.

Stephen Chan & Ranka Primorac (eds.), *Zimbabwe since the Unity Government*, Routledge, 2013.

S. I. G Mudenge, *A Political History of Munhumutapa c. 1400 – 1902*, Zimbabwe Publishing House, Harare, 1988.

Terence Ranger, *Revolt in Southern Rhodesia* 1896 – 1897, London: Heinemann Educational Publishers, 1967.

Terence Ranger, *Peasants Consciousness and Guerrilla War in Zimbabwe: A Comparative Study*, James Currey, 1985.

Terence Ranger, *Are We Not Also Men?: The Samkange Family and African Politics in Zimbabwe*, 1920 – 64 (*Social History of Africa*), James Currey, 1995.

Terence Ranger, *Blawayo Burning: the Social History of a Southern African City, 1893 – 1960*, James Currey, 2010.

Tor Skalnes, *The Politics of Economic Reform in Zimbabwe: Continuity and Change in Development*, Macmillan Press Ltd., 1995.

The Catholic Commission for Justice and Peace in Zimbabwe, *Gukurahundi in Zimbabwe: A Report on the Disturbances in Matabeleland and the Midlands 1980 – 1988*, Hurst Publishers, Ltd., London, 2007.

The Office of the President and Cabinet, *90: Robert Gabriel Mugabe*, The House of Books (Pvt) Ltd, Harare, 2014.

W. Randles, Translated by R. Roberts, *The Empire of Monomotapa: From the Fifteenth to the Nineteenth Century*, Mambo Press, Zimbabwe, 1981.

Wenceslaus Mudyanadzo, *Zimbabwe's Diplomacy: 1980 – 2008*, Booklove Publishers, Gweru, 2011.

Wilfrid Mallows, *The Mystery of the Great Zimbabwe: A New Solution*, W. W. Norton& Company, New York, 1984.

Zvakanyorwa Sadomba, *War Veterans in Zimbabwe's Revolution: Challenging Neo-colonialism & Settler & International Capital*, James Currey, 2011.

The Zimbabwe Human Rights NGO Forum, *A Consolidated Report on the Food Riots*, 19-23 January 1998, http://hrforumzim.org/wp-content/uploads/1998/01/consolidatedreportonfood.pdf.

二 中文文献

何丽儿:《津巴布韦——南部非洲的一颗明珠》,当代世界出版社 1995 年版。

陈玉来:《列国志:津巴布韦》,社会科学文献出版社 2011 年版。

[美] 凯文·希林顿著,赵俊译:《非洲史》,东方出版社 2012 年版。

联合国教科文组织编写《非洲通史》国际科学委员会:《非洲通史》(第一——第八卷),中国对外翻译出版有限公司 2013 年版。

[英] P.E.N. 廷德尔:《中非史》,陆彤之译,上海人民出版社 1974 年版。

[英] 多丽丝·莱辛:《非洲的笑声——四访津巴布韦》,叶肖等译,南京大学出版社 2009 年版。

[英] 约瑟夫·汉隆等:《土地与政治:津巴布韦土地改革的迷思》,沈晓雷等译,社会科学文献出版社 2018 年版。

[英] 戴维·史密斯等:《杰出的津巴布韦人——穆加贝》,周锡生等译,世界知识出版社 1985 年版。

李安山:《非洲民族主义研究》,中国国际广播出版社 2004 年版。

刘鸿武:《尼日利亚建国百年史(1914—2014)》,浙江人民出版社 2014 年版。

[南非] A.P.J. 范伦斯伯格:《当代非洲领袖》,重庆出版社 1985 年版。

[津巴布韦] 布莱恩·拉夫托帕洛斯等著,张瑾译:《津巴布韦史》,东方出版中心 2013 年版。